XinZiYouZhuYi De FengXing
Yu GuoJi MaoYi ShiHeng

生态文明建设思想文库

杨茂林 主编

新自由主义的风行与国际贸易失衡

——经济全球化导致发展中国家的灾变

陈 玲 著

山西出版传媒集团
山西经济出版社

图书在版编目（CIP）数据

新自由主义的风行与国际贸易失衡：经济全球化导致发展中国家的灾变 / 陈玲著. -- 太原：山西经济出版社，2017.8

（生态文明建设思想文库）

ISBN 978-7-5577-0249-6

Ⅰ.①新… Ⅱ.①陈… Ⅲ.①新自由主义（经济学）—研究 Ⅳ.①F091.352

中国版本图书馆 CIP 数据核字(2017)第 213808 号

新自由主义的风行与国际贸易失衡：经济全球化导致发展中国家的灾变

著　　者：陈　玲
责任编辑：李慧平
特约编辑：任永玲
封面设计：雨　竹

出 版 者：山西出版传媒集团·山西经济出版社
社　　址：太原市建设南路 21 号
邮　　编：030012
电　　话：0351-4922133（市场部）
　　　　　0351-4922085（总编室）
E－mail：scb@sxjjcb.com（市场部）
　　　　　zbs@sxjjcb.com（总编室）
网　　址：www.sxjjcb.com

经 销 者：山西出版传媒集团·山西经济出版社
承 印 者：山西出版传媒集团·山西人民印刷有限责任公司

开　　本：787mm × 1092mm　1/16
印　　张：17.25
字　　数：270 千字
印　　数：1-1000 册
版　　次：2017 年 8 月 第 1 版
印　　次：2017 年 8 月 第 1 次印刷
书　　号：ISBN 978-7-5577-0249-6
定　　价：50.00 元

总 序

《生态文明建设思想文库》(以下简称《文库》)是为积极顺应可持续发展战略,顺应十八大着重强调的"生态文明建设"发展要求而组织撰写的。它是我们此前出版的《经济社会可持续发展思想文库》之后的又一套丛书。本《文库》的组织撰写,目的在于积极促进联合国《21世纪议程》规定的可持续发展战略的落实,同时也将批判性地反思新自由主义的风行所导致的与社会正义和生态系统法则相背离的各种理论观点。为此,《文库》将从不同角度对与可持续发展战略相关的理论与实践问题进行探讨,故涉及内容较为广泛。

在当今时代条件下,无论可持续发展战略的落实,还是生态文明建设的推进,重视马克思经典的自然伦理的指导作用,了解并探讨"自然资本论"和"自然价值论"等国际前沿理论,认清新自由主义的泛滥导致的南北差距、各国内部的两极分化及威胁第三世界国家国际贸易的不平等现实,重视区域经济生态化定向及城乡生态化建设的发展趋势,注重完善和健全的环境法的重要性等等,都是与可持续发展及生态文明建设密切相关的理应探讨的重要内容。而所有这些,同样也都是我国目前急迫需要解决的重要问题。正因为如此,本《文库》组织撰写的内容具体包括:《自然的伦理——马克思的生态学思想及其当代价值》《新自由主义经济学思想批判——基于生态正义和社会正义的理论剖析》《自然资本与自然价值——从霍肯和罗尔斯顿的学说说起》《新自由主义的风行与国际贸易失衡——经济全球化导致发展中国家的灾变》《区域经济的生态化定向——突破粗放型区域经济发展观》《城乡生态化建设——当代社会发展的必然趋势》及《环境法的建立与健全——我国环境法的现状与不足》七个方面。

其中,《自然的伦理——马克思的生态学思想及其当代价值》一书,从历史的和逻辑的两个方面,系统研究了马克思的许多经典著作,研究了马克思的自然哲学思想的形成基础,研究了"古希腊自然哲学、德国古典哲学自然观及近代自然科学对马克思自然观形成的影响。进而,作者又探讨了马克思自然观的发展历程,具体说,从对《德谟克利特的自然哲学和伊壁鸠鲁的自然哲学的差别》(马克思博士论文)的考察,到对《1844年经济学哲学手稿》的探析,再到对《资本论》等经典著作的整体认知,全面探讨了马克思自然伦理的发展过程。在此基础上,又通过对马克思自然观与生态伦理的内在联系;马克思"人本自然论"的生态伦理意蕴;马克思"非中心技术论"的生态伦理意涵;马克思"物质变换论"的生态伦理特征;马克思的"生态正义论";马克思的生态伦理与当代生态文明实践等内容的全面论述,从而揭示出由"人本自然论""非中心技术论""物质变换论"和"生态正义论"等方面构成的马克思自然伦理的主要思想。这也是本书为我们呈现的马克思早在19世纪就已经创立的自然伦理思想著述。

关于人类与自然界的伦理关系,西方其他学者也有研究。譬如,美国学者奥尔多·利奥波德于1949年出版的《沙乡年鉴》《土地伦理学》一章中,也曾谈到工业化时代的人与"土地"(即他当时认为的自然环境)的伦理关系问题。由于利奥波德在20世纪40年代末就提出了人与自然环境的伦理关系,而在当时的美国受到了很大欢迎,故此,美国人将之誉为美国的以赛亚(希伯来人的"先知")。但是,与19世纪早就强调"人与大自然的伦理关系"的马克思相比,这位受到美国人普遍尊敬的"以赛亚式人物",已经是一位迟到了的"以赛亚"。

新自由主义的经济学者,在其对马克思的著述内容不甚了解情况下,武断地散布所谓"马克思主义过时论",以达到他们传播新自由主义的目的。而《自然的伦理——马克思的生态学思想及当代价值》一书的理论价值就在于:它以实证性的研究成果对上述观点进行了逻辑学的事实反驳!从全书论述的内容可以清楚地看出,马克思自然伦理思想的超时代性和历史穿透力是十分强烈的,因为我们所处的时代,亦即联合国《21世纪议程》为世界各国规定的"可持续发展战略"的时代,不仅强调人类与自然界的伦理关系,而且还将之延伸到了"代际"范畴。换言之,延伸到哈佛大学约翰·罗尔斯《正义论》中强调的"代际正义”[1],亦即当代人与以后各代人的伦理关系方面。这也正是联合国“可持续发展战略”的主旨所在。故此,马克思自然伦理思想的伟大意义就在于:它可被运用于指导我们所处的“可持续发展战略”时代,运用于我国“生态文明”建设的实践之中。

《新自由主义经济学思想批判——基于生态正义和社会正义的理论剖析》一书,作者从马克思主义的基本观点出发,基于生态正义和社会正义,全面剖析了新自由主义的经济学理论和思想体系,剖析了它与市场原教旨主义理论上的一致性。正像亚当·斯密片面地主张自由市场经济一样,新自由主义也是同样。二者不仅有着理论上的病态一致,而且也都造成了各自所处时代的灾难性结局。所不同,后者因其中个别学者曾获“诺贝尔经济学奖”而使之更具有欺骗性,它也给当今世界各国造成更大的危害。因此,如果说亚当·斯密的自由市场经济学说导致了1929—1933年资本主义世界普遍经济危机,那么,新自由主义自20世纪70年代以来,也同样造成世界范围多次危机的发生。正像作者在《前言》中所说:新自由主义已经酿成“1987年的黑色星期一,1994年的墨西哥金融危机,1997年的东南亚金融危机,2007年的美国次贷危机,还有持续至今的全球性经济低迷。这些正以铁的事实告诉人们,新自由主义带领它的追随者,在经历短暂的繁荣后,正一步步走向更深的泥潭。经济危机间歇性爆发的间隔缩短,经济危机爆发涉及更广泛,因而危害程度也更深。

在书中,作者从马克思自然哲学思想出发,阐述了马克思在《资本论》中倡导的“人与自然正常的物质变换”的生态正义观,并借此剖析了新自由主义经济学的生态缺位。她指出:即如市场原教旨主义那样,新自由主义极力倡导的私有化、自由化、市场化,无视对自然界的过度消耗,这种以异化自然方式造成的生态影响已经全球化。在以资本为主体“追求经济不断增长的压力下,地球上几乎所有的动植物、土壤、空气、水等,都受着自由市场的操纵,屈从于资本增值的需要”。进而,她又针砭了新自由主义的所谓“经济增长观”连同其“国际贸易理论”等自“华盛顿共识”以来造成的全球性生态困境和灾变。实践证明,它已经对人类生态安全形成了巨大的威胁。正像作者在《前言》中批评指出

---

①〔美〕约翰·罗尔斯.正义论.北京:中国社会科学出版社,2001:285.

的:“新自由主义经济思想指导下的经济发展模式，忽略了人与自然之间的物质变换关系,掠夺性利用自然生态系统,才是导致全球性生态危机的真凶。”与此同时,她还进一步批评指出新自由主义极力倡导的“自由化、私有化、市场化”与“生态产品”及整个自然生态系统法则相背离的实质。在此基础上,作者不仅批判性地剖析了新自由主义学说体系的生态缺位，而且从更深层次指出了它是造成当代环境危机的核心意识形态。故此，她在第八章伊始就明确强调:“在这种价值观和意识形态的引领下,必然产生‘个人主义基础上的利益最大化’与生态道德缺失之间的严重冲突”!

对于自由市场经济学说的生态缺位,马克思在《1844 年经济学哲学手稿》中早有批评。他说:“自然界，就它本身不是人的身体而言，是人的无机的身体。”他还说:在资本主义自由市场经济制度下,“异化劳动使人自己的身体,以及在他之外的自然界,他的精神本质,他的人的本质同人相异化”①。这也是马克思最早把自然界作为“人的无机的身体”来对待,批评资本主义自由市场经济的“异化劳动”,包括异化人的无机的身体——自然界,亦即“异化自然”而不记入其账簿的相关论述。其后,福利经济学派也有批评。庇古于 1920 年曾指出:追求“经济人自身利润最大化”的自由市场经济,将会导致“外部不经济”。发生于 20 世纪 40 年代至 60 年代的“洛杉矶光化烟雾”,及 50 年代的“伦敦雾”等,均以铁的事实证实了这一点。正因为如此,美国学者赫尔曼·E.戴利在《珍惜地球》一书中指出:“亚当·斯密看不见的手使得私人的自利在不自觉地为公共利益服务，看不见的脚则导致私人的自利不自觉地把公共利益踢成碎片。”②而加勒特·哈丁则称之为“公地悲剧”!③不难看出,新自由主义最无视的正是它们胁迫第三世界国家时常常用来说事儿的“普世价值”,因为它们除了热衷鼓吹追求“经济人自身利润最大化”(内部经济)的市场经济外,并不尊重“人的无机的身体,即自然界”(马克思语);并不尊重“自然界的内在价值”(罗尔斯顿语)。故此,在它们炮制“华盛顿共识”后,便极力将这种违背自然法则的,反自然、反人类、反“普世价值”的理论,作为资本主义的国家意识形态向世

①〔德〕马克思恩格斯全集. 第 42 卷. 北京:人民出版社,1979:95.

②③〔美〕赫尔曼·E.戴利.珍惜地球——经济学、生态学、伦理学. 北京:商务印书馆,2001:41—43、146.

界各国强力推行。大量的事实证明,它已经造成了遍及全球性的“公地悲剧”!很清楚,全球自然生态系统遭到的严重破坏,正是新自由主义“经济全球化”泛滥的必然结果。这也是本书作者抨击“新自由主义经济学是造成环境危机的核心意识形态”的原因所在。

在书中,作者基于马克思主义基本原理,从社会正义角度出发,对维护国际垄断资本主义利益的新自由主义做了全面剖析。同时结合法国学者托马斯·皮凯蒂《21 世纪资本论》对欧美发达国家分配不平等问题加剧的相关研究,依据世界银行对各国贫富差距拉大的统计,依据发达国家与发展中国家收入的严重不平等,及所有受新自由主义渗透的国家贫富差距急剧拉大的大量事实,对新自由主义经济学思想提出了严厉批评。正像她在第九章所说的:“新自由主义的泛滥,使人类社会的贫富差距达到了前所未有的程度。一方面,是国与国之间发展的不平衡加剧;另一方面,在几乎所有推行新自由主义的国家内部,都出现了贫富差距拉大的问题”,它已经造成整个世界,尤其是第三世界国家的普遍灾难!正因为如此,作者在《前言》中对新自由主义的本质作了概括性评述:“新自由主义是剥夺最大多数劳动者起码权力的主义,也是剥夺第三世界最后一道防线即国家主权、民族独立,使国际垄断资本主义可长驱直入、为所欲为、加紧全面掠夺和压榨的主义,同时它也是稳定国际垄断资本全球统治地位的主义。”

在书中,作者还进一步抨击了新自由主义极力推行的“资源配置”方式,并指出:这种资源配置方式必然崇尚“弱肉强食的丛林法则”。事实上,新自由主义推行的“‘丛林法则’式资源配置”方式,也是推行社会达尔文主义的斯宾塞、白哲特、萨姆纳曾极力主张的方式,它是与人类文明进步背道而驰的,也早已被人类实践和科学研究的进步所证伪。显然,新自由主义将已经被淘汰的社会达尔文主义式“丛林法则”用于当今时代,既是人类文明进步的极大亵渎,也是反科学、反人类、反社会的行为!它无疑会造成“弱肉强食”的社会乱局,故此,必然会使业已进步了的人类文明倒退到“经济动物式”的野蛮世界。今天,世界各国,尤其是发展中国家普遍出现的马太效应,即“越有的越给予,越没有的越掠夺”,出现的贫富极度两极分化,出现的即如作者所说的“财富在财富一方积累,贫困在贫困一方积累”的种种社会乱象,都是新自由主义推行社会达尔文主义式“资源配置”方式的必然产物。很明显，这种“资源配置”方式已经造成社会分配中的极大不公。这种情况，不要说在历史上早已经遭到经典的马克思主义的批判，即使在文化人类学的研究中，同样也会摒弃这种以资本利益为核心的“资源配置”方式。美国学者弗兰克·G.戈布尔所撰《第三思潮——马斯洛心理学》第十三章《协和社会》之中，记述了美国著名文化人类学家露丝·本尼迪克特对“高协和社会”与“低协和社会”给定的标准与规定。她说：“高协和社会与低协和社会，在财富分配方式方面似乎有着区别。一个优等社会无论其富裕程度如何，财富的分配往往更加均匀；而在劣等社会里，富者越富，贫者越贫。”[①]很清楚，按照文化人类学家露丝·本尼迪克特给定的标准，新自由主义推行的就是一种与人类文明进步相抵触的劣等社会。

《自然资本与自然价值——从霍肯和罗尔斯顿的学说说起》一书，也是本《文库》的重要组成部分，是进行生态文明建设同样需要加以重视的内容。作者以当代西方学者保罗·霍肯等人的《自然资本论——关于下一次工业革命》和霍尔姆斯·罗尔斯顿的《哲学走向荒野》《环境伦理学》等前沿性绿色经典为主线，批判性地分析了西方传统工业化发展老路存在的问题。人们知道，传统的工业化发展方式，是建立在资本主义工业化基础上的发展模式，是以人类统治自然、征服自然、肆意掠夺自然为目的，并以此作为经济社会发展的根本指导思想的。多年来，新自由主义的泛滥加剧了人类与自然界冲突的发展方式的复归，其宗旨就是满足全球资本主义各国的最大化利润需求。它所采取的方法就是向大自然进行无限度的掠夺和索取。但是，在其给资本主义诸国及发展中国家少数既得利益者带来巨大利益的同时，也造成了人与自然界的尖锐对立和冲突，并因此而引发了全球性生态恶化、环境污染、资源锐减、社会两极分化等一系列突出问题。

面对这种局面，突破“仅仅片面强调社会生产力发展水平和GDP主义”的传统工业化发展方式，强调“自然资本论”和“自然价值论”的时代意义与价值，改变以往价值观与发展思路，将人类统治自然、征服自然，并无节制地掠夺自然的惯性思维，转变为人类与自然和谐共处的思维方式，进而纠正传统工业化

---

①〔美〕弗兰克·G.戈布尔.第三思潮——马斯洛心理学.上海：上海译文出版社，2006：100.

发展方式及新自由主义泛滥造成的无视“自然资本”和“自然价值”的人类中心主义传统习惯，重视“自然资本”和“自然价值”与当今及未来社会生活关联的紧密性，探索出一条与我国生态文明建设相匹配的社会经济发展路径势在必行。

正是基于这一前提，作者在书中较详细地分析了经济高速发展和科技高度发达的当今时代，《自然资本论——关于下一次工业革命》和《哲学走向荒野》等绿色经典为人类变革勾画的未来共同方向，并在此基础上，紧密结合我国实际情况进行了深入研究，即结合《自然资本论》对现行资本主义经济模式，尤其是对新自由主义主导的经济模式进行了批判性反思，同时探讨了经济学理论的生态变革，讨论了与我国可持续发展相关联的改革问题，研究了我国生态文明建设中“资源生态合理性优化配置的方式”，强调了我国“自然资本再投资的公共政策”建立的紧迫性，也设想了我国当前“自然资本价值评估与核算体系”的建构问题等。继此，作者又依据罗尔斯顿“自然价值论”的学说体系，进一步探讨了“自然价值论”的理论重建，“自然资本”与“自然价值”视域下的可持续发展及生态文明建设等问题。尤其是，在系统性地阐述了霍肯和罗尔斯顿学说与我国生态文明建设相关联的诸多问题后，又紧密结合2015年4月，中共中央、国务院发布的《关于加快推进生态文明建设的意见》，及2015年9月，中共中央、国务院印发的《生态文明体制改革总体方案》展开了讨论，这使得本书研究的内容与我国生态文明建设的联系更加紧密，也更贴近我国生态文明建设的实践过程。

《新自由主义的风行与国际贸易失衡——经济全球化导致发展中国家的灾变》一书作者是从事国际贸易专业的教师，多年来目睹了发展中国家，尤其是我国在国际贸易中屡屡受挫，频繁遭到以美国为首的西方资本主义诸国的“惩罚性关税”和因此造成的巨大贸易损失，以及不平等的国际贸易秩序给我们造成的种种灾难，促使她跟踪考察了新自由主义肆虐全球的整个过程，探究了问题的深层原因，目的在于为各级决策机关和国际贸易机构提供参考依据，建立相应的对策机制，以应对新自由主义操控的充满着阴谋和陷阱的国际商贸环境。

在书中，作者以大量的研究资料和数据，系统分析了新自由主义主导国——美国代表国际垄断资本主义利益，为推行国际霸权主义，操控世界银行、国际货币基金组织、WTO 三大支柱，制定不合理的国际经贸规则，促成不平等的所谓“国际政治经济新秩序”，使发展中国家按照国际垄断资本主义的意图被动地陷入它们设定圈套的各种事实与经过。在书中，作者又进一步揭露了美国如何借助世界银行、国际货币基金组织对发展中国家或“转轨国家”进行全面渗透和干预，强迫它们执行所谓“结构调整方案”，改变它们原有的经济结构、政治制度、价值观念，乃至文化传统，并将之纳入受其垄断控制的世界资本主义体系之中的霸权主义逻辑。在此基础上，作者以其专业知识进一步指出：新自由主义的经济全球化过程，借发展中国家欲加入 WTO 的机会，强迫“政府放松管制”的实质在于弱化发展中国家政府的管控措施，使之可长驱直入任何发展中国家，主导它们的政治导向，控制它们的经济命脉，掌控既不受限制又可牟取暴利的市场空间。与此同时，一方面可廉价掠夺这些国家的珍稀资源，污染并破坏它们的生存环境；另一方面又设置各种严苛的贸易壁垒，包括“关税壁垒”和“非关税壁垒”，后者又包括“技术壁垒”“绿色壁垒”和“蓝色壁垒”等。以林林总总的贸易壁垒方式，把发展中国家的商品拒之门外，从而形成不平等且畸形世界贸易格局——既能使财富源源不断地流向西方，又可使发展中国家在国际贸易中连连受损，使之长期陷入经济低迷、环境恶化和社会两极分化的混乱局面。

本书将新自由主义的真实面目告诉人们：新自由主义是一个可怕的敌人！在其主导的现行不平等的国际经济贸易秩序中，全球许多发展中国家都出现严重的灾变！发展中国家若要确保本国经济安全及可持续发展，若要保护自己的生存空间，就必须对新自由主义制定的各种政策方式保持足够警惕，并建立相应的对策机制。

《区域经济的生态化定向——突破粗放型区域经济发展观》一书作者，是从事区域经济研究工作的专业研究人员。研究工作中，时常会遇到粗放型区域经济发展方式引发的许多不良后果。譬如，山西省挖一吨煤，将损失2.48 吨地下水资源就是这方面的突出例子。这种粗放型经济发展方式的严重弊端，也迫使人们思考改变它的措施。于是近年来，作者将研究目标定位于“区域经济生态化”方面，并撰写了此书，旨在以“生态文明建设”为前提，依据“当代工业生态学"和"协同学"方法论的基本原理,突破多年来一直受新自由主义经济学思想影响的粗放型经济发展的思维定式,强调区域性经济、社会、生态多元目标动态平衡和协调发展。因此,有关区域经济生态化定向的基本界说就是:借助对区域性生态系统和生物圈的协同认知,寻求使之与生物生态系统"正常"运行相匹配的革新途径的经济发展定向。具体说,就是要以高效节约为目的的"循环经济",零排放为目标的"清洁生产",多企业、多行业协同运作的方式,促成区域经济发展过程中的"资源生态合理性优化配置"。换言之,所谓区域经济的生态化定向,就是要以"资源生态合理性优化配置"的系统化运作方式,对区域内物质流、能量流和信息流进行多方面、全方位的立体化协调,从而使之符合整体的生态系统法则的经济发展定向。而所有这些,既是区域经济生态化定向必须加以讨论的内容,也是本书作者将详细加以阐述的方面。

《城乡生态化建设——当代社会发展的必然趋势》一书也是本《文库》的一个重要方面。作者依据我国生态文明建设的基本国策,及十八届五中全会提出的"创新、协同、绿色、开发、共享"的理念,参考大量国内外文献和城乡生态化建设的典型案例,结合我国目前亟待解决的城乡生态困境撰写了本书。全书从生态文明建设基本国策对我国城乡生态化建设的引领与指导,及我国现阶段城乡生态化建设的现实需要出发,分析了城乡生态化建设的影响因素,提出城乡生态化建设的实践依据,指出了生态化建设是目前我国亟待做出的理性选择,同时紧密联系城乡生态化建设与反贫困的实际,展望了我国城乡生态化建设的未来发展趋势等。总之,全书多方位、多角度地为我国城乡生态化建设提供了许多具体的、创新性的重要依据,它对各级决策机关和社科研究机构都有一定参考价值。

最后,作为本《文库》另一重要组成部分:《环境法的建立与健全——我国环境法的现状与不足》一书,阐述了自联合国1972年在斯德哥尔摩《联合国人类环境宣言》以来,我国"环境法"形成和建立的整个过程,及其存在的许多现实问题。作者从事"环境法学"的教学工作。多年来,目睹了新自由主义泛滥造成我国生态环境的巨大破坏而现行"环境法条款"却无可奈何的局面,促使她思考我国"环境法完善与现存生态困境突破"方面的课题,并撰写了此书。旨在探寻我国立法、司法方面存在的问题,考察我国"环境法"执行中的漏洞,以有利于纠正现行“环境法”的问题和不足。书中指出:我国在“环境法”立法理念方面,充斥着人类中心主义的思想,与可持续发展的要求相距甚远。现行“环境法”方面的制度并不健全,不足以解决层出不穷的环境问题。同时她还列举出诸如市场无序化、政府行为消极、权力寻租、立法技术落后、司法严重腐败等,对环境法实施与落实的实质性弱化,并认为这些都是我国“环境法”实施中出现的制约因素或瓶颈。正因为如此,作者在书的下编——《中国环境法律制度的未来展望》中,紧密结合我国生态文明建设的现实需要,提出了我国“环境法健全的许多具体设想和对环境法落实过程消极因素的制约措施,因而有利于从法律角度确保和促进我国生态文明建设的顺利进行。

总之,在本《文库》的七本书中,每一本书都有较为独特性的理论建构与创新,都有对前沿性学术问题的思考,都有与可持续发展战略原则和生态文明建设的现实需要紧密关联的理论价值,也都结合自己的专业特点及国际前沿学术动态,奉献出了其创新性的学术成果。它们的问世,将从不同角度,对我国生态文明建设发挥积极作用。但是,由于撰写时间仓促,书中难免会有一些不足,还望学界方家及广大读者指正!

2017.8.9

前言

西方资本主义思潮之代表的新自由主义已经发展成为一套完整而极具攻击性的意识形态体系，采用多手段和多渠道，对当今诸多国家的经济、政治各方面形成了十分严重的挑战。20世纪80年代以来的全球化进程，是由少数发达国家主导、受市场中心力量主控、广大发展中国家被动卷入其中的新自由主义全球化。这是一种既缺乏国际公正，又严重忽视国家间的平等关系，由发达国家制定游戏规则，并操控国际经济政治秩序的全球化，是一种必然会造成灾难性后果，亦即导致巨大的社会两极分化和“公地悲剧”（加勒特·哈丁，Garret Hardin）的全球化。以美国为首的西方发达国家，利用它们主导的全球化趋势，将其政治制度、价值观念，乃至文化传统，全面推向全球发展中国家，并牟取经济、政治、军事和文化霸权，使全球范围按照它们的战略需要，重新构筑了所谓的“国际政治经济新秩序”。

20世纪70年代末80年代初，自英国撒切尔夫人和美国里根总统上台，新自由主义思潮在西方被广泛接受和认同，以致使之成为资本主义国家的意识形态。它们以新自由主义为指导，在贸易、投资和金融自由化方面，采取了一系列有利于西方资本主义制度的措施，进而将之推向第三世界国家，迅速在发展中国家（包括转轨国家）强力推行与渗透，为发达资本主义国家资本谋取巨额利益提供了有利的国际市场环境和制度保证，牢牢掌控了全球范围的竞争优势，控制了全球化进程中的话语权。事实上，新自由主义既是西方大国控制全球化的有力武器，也是有利于它们自身利益最大化的全球化的催化剂。

在新自由主义风行全球几十年间，已经深刻地暴露出其内在的重大缺陷。多年来，新自由主义风行造成的灾难性后果逐渐显现，一些曾经将之奉若救世良方的国家,也都不同程度地改变和纠正了新自由主义的政策导向,因为残酷的现实已经无情地教训了它们。迄今为止,国际上对新自由主义的批评和反思,已成为一种不可阻挡的趋势,故此,对新自由主义的发展史进行追溯,对发达国家与发展中国家在国际贸易范畴各自扮演的角色进行研究,对新自由主义给世界经济造成的实质性影响进行系统梳理,对我国自身在世界经济发展中的定位,无疑具有十分重要的理论价值和现实意义。本书旨在进行这方面的相关分析与探索,也借此研究来丰富、发展、深化马克思主义、增强理论的时代气息。

目 录

绪 论

“新自由主义”(Neo-liberalism) 是从经济学术思潮上升为以贸易自由化、价格市场化和私有化为主体,以市场优先于政府为特征的学说体系,是资本主义全球扩张的意识形态工具, 是一套适应国家垄断资本主义向国际金融垄断资本主义转变要求的理论思潮和政策主张。

“新自由主义”一开始是一种经济学理论思潮,它根植于古典自由主义,于20世纪30年代初露端倪,它继承了亚当·斯密(Adam Smith)“理性经济人”假设和“看不见的手”的理论体系,认为只有不受政府干预的自由市场,才能最大化地实现资本主义的自由与效率。其主张,在遭遇1929年至1933年资本主义世界经济危机肆虐后,备受冷落。然而,其研究者并没有就此罢手,而是在此后的几十年中对整个理论体系进行精细雕琢。其间 ,新自由主义阵营的代表人物纷纷加入“朝圣山学社”,进一步推动了新自由主义理论研究。弗里德里希·奥古斯特·冯·哈耶克(Friedrich August von Hayek)是新自由主义伦敦学派的代表,其著作《通往奴役之路》成为所有新自由主义者的主要思想来源。20世纪50年代中期,在美国也出现了新自由主义又一学派——以美国芝加哥大学为基地,由米尔顿·弗里德曼(Milton Friedman)代表的现代货币学派。之后,罗纳德·科斯(Ronald H. Coase)为代表的新制度经济学派和卢卡斯理性预期学派也不断完善着新自由主义的学说体系, 使新自由主义各流派在福利资本主义及冷战之中孕育和发展,并从不同角度对自由主义进行了阐释与包装。

20世纪70年代,中东石油危机引发了资本主义长达10年之久的“滞涨”期,面对新的危机,凯恩斯理论失去了以往的效率,并被新自由主义的风行拉下神坛。此时,新自由主义作为与凯恩斯学说相对立的经济学思潮不失时机地兴起与发展。到 20 世纪 70 年代末,其主张受到英国首相撒切尔夫人及美国总统里根的高度青睐,他们以"救世主"式的身份,极力提倡自由放任的市场经济,主张借用市场机制和作用化解资本主义经济危机,并进行所谓自由化的改革。在两国走出经济衰退的同时,新自由主义勃兴。之后,无论在发达国家还是发展中国家,新自由主义理论思潮几乎都影响着国家政治、经济生活的各方面,它似乎在朝着一统天下的局面演进。20 世纪 80 年代,经济全球化趋势不断加剧,新自由主义经济学思想也恰好满足了垄断资本主义打开各民族国家资本市场的强烈欲望,适应了资本主义由国家垄断向国际金融资本垄断过渡的需要。通过资本主义各国政要和学者的极力鼓吹,新自由主义也逐渐由学术理论向政治化、国家意识形态化范式跃升,并于 1990 年形成所谓"华盛顿共识"。"华盛顿共识"形成后,首先将拉美国家作为其向全球范围扩张的试验场,进而使之发展成美英国际金融垄断资本全球一体化理论体系的重要工具而风行全球。直至 21 世纪初,2007 年美国爆发金融危机,2008 年美国金融危机波及全球,酿成国际性金融危机后,新自由主义在西方逐渐走向衰落。然而,随着近期美国经济的复苏,新自由主义又蠢蠢欲动并开始活跃起来。

作为一种体现历史进程的经济全球化,它使人类生活跨越了国家和地区的界限,在全世界范围内展现全方位的联系、互动和影响。从这种意义上说,它是一种较为乐观的趋势,是生产力和科学技术发展到一定阶段的产物,同时也是人类社会发展和演变的一种特征。然而,从新自由主义和全球化发生发展的轨迹来看,新自由主义从"勃兴时期",到"华盛顿共识"达成,以致后来风行"亚非拉"及东欧各个转轨国家的时间点看,新自由主义与全球化时代的到来有着很大一致性。自 20 世纪 80 年代以来的全球化进程,是由少数发达国家主导,受市场力量主控的,广大发展中国家被动卷入其制定的西方游戏规则的新自由主义经济全球化。这是一种缺乏国际公正,忽视国家间平等关系的全球化。新自由主义者利用了第二次世界大战以来世界形势的重大变化和全球化趋势的客观条件,竭力对全球化进行主观形塑,实现新自由主义的话语体系向全球化形态的积极转化。

资本主义的发展史就是国际贸易的发展变化史,资本主义制度下的国际贸易,在新自由主义经济全球化背景下有其发展特点。随着世界经济发展和生产力的推动作用,国际贸易在规模、结构、内容等方面都发生了重大变化。以美国为首的头号资本主义强国,为了对外进行经济扩张,巩固其在国际经济政治领域的霸权地位,在国内经济提振走向繁荣的同时,也趁势将新自由主义向全球推销,成为贸易自由化的积极倡导者和推行者,并借此主导了世界各国在国际贸易领域中的主导权。

从 1947 年 GATT(关贸总协定)的建立到 WTO(世贸组织)的诞生与运作,越来越多的国家和地区在全球国际贸易中增强了协作,并从贸易规模、结构、分布和格局上对世界经济产生了不同程度的新的影响。但是,国际贸易组织也是以发达国家话语权为主导"制定规则"的最有利场所。以美、欧为首的资本主义大国,经过长期不懈的贸易自由化与垄断,为新自由主义在全球扩展铺平了道路,也将新自由主义驱动的大国霸权主义和实用主义带到了国际贸易的游戏规则之中。发达资本主义国家的带有侵略性和攻击性的对外贸易政策,均通过国际性、区域性经济运行组织及规则,连同超国家的经济组织主导世界贸易,在所谓"贸易自由化"的大旗下,以冠冕堂皇的方式,既维护本国利益,又维护发达国家的群体利益。

贸易自由化下的 GATT 到 WTO,将众多的国家尤其是发展中国家纳入以发达国家利益为主导的多边贸易体制中。而国际贸易又好比两张对立的面孔,一张是在全球化的浪潮中,国家贸易之间的开放与自由,达成了各国在世界市场中"形式上的一致性",即所有国家看起来似乎在国际贸易中的地位都是平等的,无论是美国、布隆迪,还是德国和海地;另一张则是在自由贸易下绞尽脑汁构筑起的贸易保护之墙,它使得第三世界国家用数十年的努力换来的所谓"优惠待遇"在非对称性的规则下名存实亡。客观上,造成优惠欠发达国家出口初级产品的相关规定,如"各种初级产品保护协议"等名存实亡。尽管发展中国家在自由贸易的旋涡中极力抗争,但却往往又是无可奈何地憋屈妥协。发达国家在所谓自由贸易的前提下,一方面,为各发展中国家对自由市场敞开大门而欢呼,另一方面,却一刻都没有放松制定体现其大国博弈的各种贸易壁垒,以防止发展中国家商品进入它们的市场。

结果是,看似平等的所谓"自由贸易",其实就是全球化趋势下的一种口号,它暗藏着许多对发展中国家不利的、带有针对性和歧视性条款,并从根本上有利于对垄断资本主义的国际贸易进行保护。换言之,所谓“贸易自由化”,本质上就是朝着垄断资本主义各国所期望的领域或方向运行与发展的。在WTO的诸多条款中,降低关税和取消数量限制本来是其基本原则,但发达国家却以“关税壁垒”方式,成了其劣势产业和国际贸易的保护手段。在它们手中,在WTO的法律框架下,这些手段使用得非常纯熟和更有技巧性。随着世界各国贸易摩擦的不断加剧,发达国家的贸易保护更是愈演愈烈,非关税壁垒在WTO协定的框架与规则下反而日益加强,它们的各项外贸保护措施更具有歧视性和排他性,更能体现出大国在国际贸易竞争中的比较优势。其中,以反倾销、反补贴、技术贸易壁垒、数量限制、灰色区域、劳工标准与动物福利等最为典型,这些都对发展中国家国际贸易造成极大的冲击。另外,发达国家同发展中国家在服务贸易领域的比较优势也非常明显。发达国家在WTO框架下急切要求发展中国家服务贸易领域的对外开放，但是服务贸易四种提供方式的进展状况非常不平等。服务贸易承诺的焦点主要集中在跨境交付、境外消费和商业存在三种方式上，而对发展中国家具有比较优势的自然人流动市场准入问题缺乏实质性措施,并存在一系列贸易壁垒。

贸易自由化催生了此起彼伏的国际贸易摩擦。世界各国为了发展经济,都把世界市场作为发展经济的立足点和出发点，各国都试图努力扩大自己的出口,这也相应导致了市场竞争逐渐加剧。另一方面,随着国际贸易的进一步发展,西方发达国家甚至打着合理合法的旗号,推行贸易保护主义和歧视政策,从而进一步加剧了贸易摩擦的频频发生，也直接导致了发展中国家贸易的受损。为了垄断资本主义各国利益的最大化和限制一些主要发展中国家,以美国为首的发达国家,采取抱团方式,或者拉拢邻近发展中国家组成一些新的自由贸易区,使一些新的贸易集团与合作背景的组织不断出现,这就相应形成了新的国际贸易格局。区域集团化趋势持续增强,对集团外的国家更多更频繁地采取排他性的政策,使全球化国际贸易沦为局部的、朝着发达国家预先规划的发展路径运行。

新自由主义宣称全球化是自由市场的自然扩张,实际上恰恰相反,它是由强有力的政府，特别是美国等资本主义大国的国家政府精心策划和全力推动的结果。从某种意义上讲,垄断资本主义各国的国家政府还是全球化方向和速度的规定者。大国主导的国际贸易,借助金融全球化,通过操纵国际货币基金组织、世界贸易组织等国际机构向发展中国家强力渗透,强迫它们执行大国蓄谋已久,并精心规定的所谓"结构调整方案",以借此方式争夺国际话语权,进而控制发展中国家,攫取国际经济霸权。

推动新自由主义贸易自由化、金融全球化运转的是跨国公司。集中于美国、欧洲和日本的跨国公司,搭载着像细菌一样的"自由化"种子,渗透、侵入世界各国的经济体,根据利润最大化的新老自由主义原则,推动其资本在世界范围内移动。跨国公司作为国家垄断资本主义的具体承载者,控制着全球最先进的科学技术和生产领域,占据着制定贸易和谈判的各种条件。经它们和分布于全球资本主义大国的金融中心协同作用,将全球初级产品、廉价劳动力的定价话语权牢牢控制在手中,与此同时,它们还将金融投机行为转化成为国家最高垄断阶级利益服务的重要手段,并将之转化到盈利最丰的经济活动之中。一旦这种行为的恶果出现,即导致国际性的金融危机和经济危机,抑或资本主义根本矛盾爆发之时,它们就将本该承受的代价通过贸易转移、金融投机、货币战争等肮脏的手段一次又一次地转嫁给发展中国家。

贸易自由化,尽管使世界贸易迅速增长,从表面上看也促进了各国经济的发展,但在经济全球化前提下收获的成果,在发达国家和发展中国家之间并不是被平等享用的。世界经济在新自由主义全球化前提下,不论是在国际分工,还是知识经济时代资源结构分布;不论是在经济规模及竞争力方面,还是在利益驱动及其决定动力结构等方面均出现了十分严重的不平衡。全球化的国际贸易在决策参与、风险与成本分摊、利益分配、国家地位上,都充分暴露出发达国家与发展中国家的不平等。

南北经济的不平衡,既是新自由主义推行自由化、市场化、私有化和全球经济一体化发展的既成事实, 也是其理论逻辑的真实用意和必然结果。客观上,发达的资本主义国家,由于它们已经攫取了巨额的世界资源和财富,使其国民生活质量不断提高,生态环境亦无后顾之忧。然而,美、日、欧等发达国家还将愈演愈烈的贸易战争蔓延到了发展中国家。发展中国家,在新自由主义国际垄断为基础的生产、交换体系中,明显处于不利地位,因而也不得不接受以不平等交换为特征的国际贸易体系强加给它们的商贸规则, 承受以垄断资本为基础的国际金融体系的冲击导致的种种灾难性结果，并付出惨重资源环境及社会经济代价。

1990年《华盛顿共识》形成后，拉丁美洲成了其最早，也是最惨烈的实验场。除古巴之外，阿根廷、智利、巴西、墨西哥等国，相当长的一段时间内，普遍实行了新自由主义的所谓改革。为了"融入资本主义世界"，它们普遍按照《华盛顿共识》的"10项政策"要求行事，即政府放松管制，向开放市场和私有化政策方向转轨，以进口替代民族工业，等等。而新自由主义就像毒品注入身体一样，给拉美国家带来短时间的兴奋和狂热。但在狂乱之后，留下的则是对整个国家无孔不入的极大伤害。继拉美之后，亚洲一些国家也随着新自由主义全球化扩张，按照《华盛顿共识》的要求，紧锣密鼓地进行所谓"改革"。如同拉美诸国一样，泰国、韩国、印度尼西亚、菲律宾、马来西亚等国的"改革"欲望最为强烈。然而，在爆发全球化危机时，这些国家的损失同样最为惨烈。新自由主义的全球化扩张，毫无例外地给这些国家和人民造成了挥之不去的噩梦。东欧剧变更是如此，新自由主义的强力渗透，不仅使原社会主义的苏联迅速解体，而且使东欧原社会主义诸国迅速崩塌。而俄罗斯极右势力戈尔巴乔夫和叶利钦，正是忠实地推行新自由主义大本营美国的"改革方案"，搞垮苏联社会主义体制的国内推手。事实上，在苏联解体之前，哈佛大学杰弗里·萨克斯（Jeffrey Sachs）为了搞垮苏联就在南美的玻利维亚做了"休克疗法"的相关试验，然后直接将之推行到苏联和波兰等东欧诸国。很清楚，新自由主义的风行，正是一场邪恶的资本主义针对社会主义诸国的意识形态的战争。新自由主义使美欧国际垄断资本迅速侵入世界各国，不仅摧毁了苏联等原社会主义国家以公有制为基础的经济体系，而且彻底改变了全世界的经济战略格局，给世界各国人民带来了深重的灾难。然而资本主义和新自由主义对发展中国家的戕害并没有就此结束，许多推行新自由主义经济改革政策的国家都相继发生十分严重的经济和社会动荡问题，它们也都相继遭遇了系统性的灾变。

以美国为首的新自由主义代表，利用全球化作为伪装，对发展中国家进行了全面的市场化改造，它们高举所谓经济全球化和贸易自由化的大旗，迅速打开了发展中国家的市场，不仅向发展中国家倾销它们的商品，而且极力剥削发展中国家廉价劳动力。通过国际贸易规则，采取技术壁垒、绿色壁垒等手段，既限制发展中国家经济进步,又掠夺它们的财富和资源。与此同时,它们将污染密集型产业大量转入发展中国家,使发展中国家正在遭受着前所未有的生态灾难:珍贵矿产资源、珍稀野生动植物被无情劫掠;它们的生存环境遭到巨大的破坏,空气和水资源遭到严重污染,不可再生性自然资源被洗劫一空。相反地,经济全球化前提下的收获和财富却源源不断地输入到发达国家,物质资料日益集中于发达国家和发展中国家中的少数群体。而产业结构畸形,资源配置效率受损,价格体系紊乱,权力寻租严重,疾病、贫穷、饥饿、水质污染、土地沙漠化、酸雨、雾霾、有毒物质肆意排放、外来洋垃圾及有害物种入侵、珍稀物种流失与灭绝、自然资源枯竭等,已经成了发展中国家的常态。此外,新自由主义邪恶轴心的美国还以其所垄断的农业技术,摧毁广大发展中国家自给自足的农业生产体系,形成有利于垄断资本的全球化粮食控制系统。一些发展中国家受到发达国家的利诱,低价引进以孟山都、杜邦公司为代表开发的转基因作物,及其配套的化学肥料制剂供国内生产、加工和消费之用。这不仅毁灭性地破坏了本地土壤再生能力,冲击了国内本土同行业农户,而且造成失业率的迅速攀升。更为严重的是,它还使国内公民面临极大的食品安全隐患,和身体素质下降的灾难性后果。

不仅如此,推行新自由主义经济全球化的发展中国家,在经济实力超越国家的跨国公司资本化侵蚀下,经济主权被强取豪夺,被迫卷入世界性经济危机并承担了惨重的后果,聚集起的国家财富,在货币霸权和金融投机的袭扰下大量流失。国家矛盾与社会矛盾也在裂变式地加剧。国家之间利益冲突不断,国内政治统治与管理面临冲击,经济发展出现结构性失衡,失业人口激增,犯罪频发,人口质量下滑,最为严重的是贫富差距急剧加大,并由此产生更深层次的社会问题。全球化和贸易带来的产品和信息导向,导致发展中国家民族文化和价值观的撕裂,“利己主义高于一切”思想被植入年轻一代的思想意识中,使奢侈享乐之风大行其道。这些恶果充分表明,新自由主义的风行已经导致发展中国家的系统性灾变。而灾变的具体原因就是新自由主义所谓的“结构调整方案”和不平等国际贸易秩序所致,换言之,就是新自由主义为代表的资本主义国家意识形态及其主导的不平等的国际贸易本身造成的。

值得欣慰的是越来越多的发展中国家,一方面能正视新自由主义与生俱来的理论缺陷,明晰资本主义国家垄断阶级妄图“称霸世界”的野心;另一方面已开始能客观看待其理论主张中的合理性,例如关于市场是有效资源配置机制,国家避免过度干预等。即使是新自由主义全球化风行世界后进入一个低潮,发展中国家依然需要保持危机意识,去警惕其在一定的经济大环境下再次勃兴。发展中国家通过努力在进行自我修复的过程中,需要正视可持续发展与生态正义之间的联系。在国际上,抱团争取权利与义务及公平交换地位,改善人与自然的和谐共生关系,重视代内与代际公平,在生态文明视阈下发展经济改善民生,实现有社会正义的进步与发展。此外,法制是政府国家发展的有力保障,加快国内法制建设,以法律形式坚定并明确国家制度和经济模式立场,合理运用国家管理经济的宏观调控手段,纠正市场经济“趋利性”的先天缺陷,从而振兴国家经济。

本书第一章,对新自由主义产生和历史演进进行了较为详细的梳理,以揭示和呈现新自由主义的发展过程及脉络。第二章,从“全球化”的内涵入手探讨全球化的实质,并剖析了新自由主义风行与全球化之间的内在联系,指出代表资本主义国家意识形态的新自由主义,正是实现符合以美国为首的发达资本主义国家要求的全球化方向主要推手,并阐明它代表着国际垄断资本主义利益取向及其在世界各国无孔不入的“逐利预设模式”及特征。第三、四章,从不同层面阐明新自由主义宣扬的“三化”(自由化、市场化和私有化)在国际经济运行中的虚伪和不公正性本质,进而指出新自由主义借“三化”对世界各国强力渗透的大国霸权主义本质。重点从 GATT 到 WTO 入手,探索了新自由主义全球化国际贸易运行规则中的双重性质,即双重标准:一方面是发达国家主导的贸易自由化,敦促世界各国政府放松管制,开放市场;另一方面则是国际垄断资本主义和霸权主义主导制定的、有利于其自身市场保护的各种手段和规则(包括潜规则)。第五章,主要追溯了霸权主义大国通过新自由主义的全球渗透,以跨国公司为载体,操纵国际市场,攫取第三世界国家资源的手段与模式,阐明了非正义和不公平性正是该模式的核心与关键,这也是造成全球贸易和金融领域严重失衡的根本原因。继前两章内容,第六章进一步分析了国际贸易失衡的现状,并详细阐述了名义顺差和实质逆差现象在南北国家中的明显区别,进而指出:新自由主义造成的国际贸易失衡和金融失衡,正是引发全球经济危机和发展中国家系列灾变的根本原因。第七章,重点阐述了许多发展中国家在新自由主义强力渗透下,国家经济主权遭受的沉重打击和冲击,以及在国内造成的严重的生态灾难和复杂性的社会问题诸多案例，以实证性案例揭露了以美国为首的发达国家在全球范围推行资本主义国家意识形态——新自由主义的罪恶阴谋。最后,即在第八章,从多个角度探讨了发展中国家在全球化前提下发展的路径与应对举措,探索了发展中国家自身理应追寻的发展路径。同时还指出,追求新自由主义理论与逻辑,不仅给第三世界国家带来了巨大的灾变,即使在推崇和发起它的美国及其他发达国家,也在承受着由新自由主义导致的严重负面后果。这也就难怪洛杉矶大学安德森的批评:“新自由主义是一个令人生畏的可怕的敌人！”正因为如此,本书从“国际贸易”角度入手,系统分析和探讨了由新自由主义主导的全球化给全球贸易失衡，尤其是给第三世界国家造成的灾变。

第一章 新自由主义简史

第一节 新自由主义是什么

一、“新的自由主义”不是“新自由主义”

在西方学者的笔下，冠以“自由主义”的理论与思潮不胜枚举，有着多种有关“自由主义”的理论，这使得一些学者常常把“新自由主义”(Neo-liberalism)与“新的自由主义”(New liberalism)等等混为一谈，而事实上这些思潮在基本观点上都存在明显的冲突和对立。

新的自由主义(New Liberalism)主张自由平等，肯定国家对个人发展发挥的重要作用，它不认同单纯依赖市场的观点，因为市场不是对每个人都开放的，不会保证每个人都有自由，所以需要强调国家的作用。英国政治思想家、哲学家、社会学家霍布豪斯(Hobhouse)和政治思想家、经济学家霍布森(Hobson)等是这种思潮的主要代表人物。霍布豪斯认为，公民自由、财政自由、个人自由、社会自由、经济自由、家族自由、民族自由、国际自由是自由主义的八大要素。他强调自由不是绝对的，法制是实现自由的第一步。因此，他赞同对积极自由和消极自由的划分，主张变消极自由为积极自由，认为自由和平等是并行不悖的，自由以平等为基础，建立在不平等之上的自由只会导致特权。人人平等不仅表现在法律面前，在机会面前也应如此。

新的自由主义承认私有财产的多寡决定个人享受自由的程度，财产是自由的重要基础，但不主张人们经济地位的平等。该理论注重自由的社会意义和自由的社会整体性。认为在恶劣的生产和生活条件下，人不会有充分的政治自由。在国际社会中，具有畏惧感或使他国畏惧的国家，其实也没有真正的自由。主张国家应积极广泛地干预政治、经济、教育等活动，提供广泛的公共福利，以有效的改革措施发展自由，提供更多、更有利的社会条件和环境。实行更广泛的选举，扩大公共教育，制订充分的就业计划，规定最低收入标准，推行事业、养老、疾病等各种保险，扶助贫者和弱者。

霍布豪森为代表的新的自由主义论者主张，国家制定干预计划，通过实施强有力的干预来缓和社会矛盾，维护个人自由是必要的。为了实现公共利益，个人也应当服从统一的规划和国家对社会的干预。国家要发挥积极作用，制定全面的福利政策，兴办多种福利事业，实行失业救济、免费医疗、老年抚恤和业余教育，改变不合理的财富占有和不平等的收入分配。

二、"新自由制度主义"不是"新自由主义"

新自由制度主义（Neoliberalinstutionalist），是对美国政府近二三十年来处理国际关系时所奉行的新现实主义政策持批评态度的国家关系理论。罗伯特·基欧汉（Robert Keohane）等是该理论的主要代表人物。自 20 世纪七八十年代后，美国政府处理国家关系时，所奉行的是以实力和地位说话的新现实主义国际关系政策，这是一种典型的国际霸权主义。新自由制度主义对新现实主义持批评态度，主张在处理国际关系时，不能简单地凭借地位或实力说话，而应当建立一种较为平等的国际关系和制度，形成一种注重合作的国际关系运作机制。显然，这与本书着重批评的"新自由主义"有着理论上的很大不同。因此，西方有些学者将"新自由制度主义"简单地称为"新自由主义"的说法，不仅是一种逻辑上的混乱，也是一种理论上的误导。

三、新自由主义是推行资本主义全球化的工具

新自由主义从产生、兴起到风靡全球，伴随着资本主义从私人垄断到国家垄断的发展特征。新自由主义的全球化风行，已经使资本主义的国家意识形态发展到了最高阶段。因此，新自由主义迄今已经不仅仅是一套学术理论，在全球化发展的今天，它已经成为为资本主义代言的意识形态体系。在西方学术界，对于新自由主义的界定、分析和批判已经做了大量工作，众多学者都从不

同角度探析了新自由主义的意义及其存在的问题。

法国“马克思原地协会”主席科恩·赛阿(Cohen Saia)则认为,新自由主义是资本主义意识形态的理论表现。

著名经济学家、诺贝尔奖获得者约瑟夫·斯蒂格利茨 (Joseph Eugene Stiglitz),从国际金融垄断资本推进“全球化”工具的角度对新自由主义作了解读,他指出:新自由主义的蔓延犹如鸦片战争。进而他认为,19 世纪欧洲人和美国人,亚洲、非洲和拉丁美洲到处冲破壁垒打开市场,却阻碍第三世界农产品进入他们的市场。鸦片战争中,西方用战争来推行他们的不平等贸易;今天,世界银行和国际货币基金组织使用的金融财政手段几乎一样有效。

《新自由主义和全球秩序》的作者诺姆·乔姆斯基(Noam Chomsky)认为,新自由主义是在亚当·斯密古典自由主义思想基础上建立起来的一个新的理论体系。该理论体系以市场为导向,是一个包含一系列有关全球秩序和主张贸易自由化、价格市场化、私有化观点的理论和思想体系,其完成形态则是所谓的“华盛顿共识”。

古巴经济学家奥斯瓦尔多·马丁内斯(Osvaldo Matines)博士在《垂而不死的新自由主义》一书中,也对新自由主义与全球化做了分析,他说:对全球化的滥用已经到了必须区分现实全球化和虚构全球化的地步,有必要分清哪些是客观趋势,哪些是意识形态的操作;全球化是一种无法否认、无法低估的现实,但不能用全球化来解释一切;全球化是帝国主义时期资本主义的特征之一,它标志着资本主义不平衡进入了一个新的发展阶段。他还认为,新自由主义是美国的指导思想,它更适合于传统资本主义,尤其是资本主义强国。而不是解决拉美欠发达国家问题的药方。

英国的阿尔弗雷多(Alfredo)在《新自由主义批判读本》中写道:“全球化时期的帝国主义围绕着一种新的自由国际主义或者说国际化的自由主义意识形态,重建了世界秩序。……一旦自由个人主义意识形态扎下根来,国家与新的统治标准的协调一致就会得到内部压力和外国压力的合力之保证,而两者最终都代表着资本的迫切需要。”

巴西的特奥托尼奥(Teotonio)在《新自由主义的兴衰》一书中对于全球化同样有着清醒的认识,他说:“这样看问题就可以以批判的眼光看待全球化和新自由主义现象，就使我们可以阐明一种科学严谨的观点以确保一种真正的全球化世界经济的发展。我们要梳理这样的观点，光靠市场的力量促成世界经济是不行的。”

综合国外学术界、理论界的许多著名学者的见解，本书关于新自由主义的界说是：

所谓“新自由主义”（Neo-liberalism），它是由一种经济学理论上升为以贸易自由化、价格市场化和私有化，并强调市场先于政府为本质特征的资本主义意识形态体系和理论思潮。新自由主义借此建立全球经济秩序，目的在于使国家垄断资本主义向国际金融垄断资本主义转变的政策主张和要求相适应。

新自由主义作为国际金融垄断资本的经济范式及美国国家意识形态的主要标志，它主张从“自由至上”原则出发，将资本主义所谓的“自由、民主、平等”等观念，以“普世价值”为标识，粉饰为人类社会文明发展的理想价值观系统和目标。以美国为首的西方发达国家，一方面通过操纵国际货币基金组织、世界贸易组织等国际机构，通过双边谈判方式肢解民族国家主权意识，进而获取国际经济金融霸权，争夺国际话语权；另一方面派遣经济学“传教士”在发展中国家布道所谓“自由化、私有化、市场化改革”，及新自由主义的其他政策方案。除此，新自由主义的主导国美国等还持重资，通过在发展中国家招收信徒，提供留学机会，进行“精英”培训等方法，利用盘踞于美国高校课堂的新自由主义经济学家，传播西方学术思想和价值理念，使大量“芝加哥弟子”长期受到美国的主流经济学，即新自由主义信条的熏陶，并试图将发展中国家的所谓“优秀人才”培养成符合新自由主义要求的代言人。

新自由主义主张对发展中国家的冲击是多方面且综合性的：在意识形态上，新自由主义作为以美国为代表的资本主义主流意识形态，以经济个人主义或利己主义为出发点，将个人自由、个人价值和个人利益置于最高地位。同时，他们认可资本积累导致的贫富分化，认为精英人士的社会贡献大，主张优待高收入者，并以此作为激励，以便使之为社会继续做出更大贡献。哈耶克宣扬对于“优秀”群体的区别待遇是铸就资本主义国家快速发展的根本，认为“自由主义只关注交换正义（commutative justice），而不关注所谓的分配正义（distributive justice)或现在更为盛行的“社会”正义(social justice)”。[①]比如:新自由主义质疑中国社会主义更人性化、更有兼顾性的分配方式,认为社会主义是对自由、对人权的限制与否定,将会导致经济生产效率下降,阻碍经济充分发展,是“谦逊”的个人主义的对立,是思想上的傲慢自大,是毁灭理性的悲剧。新自由主义把个人与群体和社会孤立甚至对立起来,否定集体主义价值观。

在政治上,新自由主义以极端私有化作为体制核心,并认为国家有责任为私有化体制提供政治环境。米尔顿·弗里德曼就曾一再强调“私有制是自由的最重要的保障”,认为私有化一定能够带来自由民主和高级经济等。几乎所有的新自由主义者都主张和坚持“三个否定”,即否定公有制、社会主义和国家干预,并极力渲染“私有产权神话”的永恒作用。新自由主义门徒们在政治体制上一味照搬西方的多党制分权制衡思想,无视发展中国家的国情,尤其是作为社会主义国家代表的中国国情,极力抨击我国现行的社会主义政治制度,妄图推动国家放弃中国共产党的领导和人民民主专政。他们甚至认为私有制经济具有内在的稳定性,它能够自动实现经济均衡、自由发展和市场主体的平等竞争,断言社会主义公有制与市场经济不相容,“共产制度迟早会瓦解”。新自由主义的拥戴者甚至认为西方民主制度将一统天下。弗朗西斯·福山(Francis Fukuyama)在《历史的终结和最后的人》一文中甚至预言“我们正在见证的不仅是冷战的结束,或者是二战后一个特别的历史时期的结束,而是下面这种历史的终结,即人类思想进化史的终结而且西方的自由民主政体将作为政府的最终形式得到普遍推广。”在经济上,新自由主义否定公有制,宣扬公有制是对个人人权的侵犯,是对群体或大众生产资料的独裁控制,主张以“彻底私有化”和“完全市场化”等手段废除公有制体制。新自由主义否定国家对经济适度的调节干预,提倡自由放任的市场经济,崇拜市场原教旨主义的“市场万能”思想,要求最大限度地取消市场管制,强调通过没有干预的自由贸易,一切顺从自由市场的利润最大化原则,实现世界范围内的所谓“资源优化配置”,甚至让发展中国家不惜国家资源安全和生态环境破坏为代价,从而实现狭隘的“世界各国

---

① [英]哈耶克(Hayek).哈耶克(Hayek)论文集[C].冯克利,邓正来等选编/译.北京:首都经贸大学出版社,2001.

福利”。它提倡贸易自由化、金融自由化,鼓吹全球化,利用国际货币基金组织、世界银行和世界贸易组织等国际经济机构管理世界经济,破坏和肢解发展中国家主权,孤立、制裁和围困社会主义国家。

从文化层面上看,新自由主义作为资本主义全球扩张的主要理论,是资本主义文化殖民主义和帝国主义的代言人,认为共产主义将不可逆转地在历史上消亡。它们通过技术层面、经济层面、政治层面及相关的价值观念层面,形成文化霸权和文化入侵体系。在语言应用和传播上将英语、美语作为正统传导工具,利用新闻媒体,利用跨国公司,通过高科技将资本主义尊重人性、尊重个性的价值观夸张地形象化、具体化,并借此将“文化霸权”“文化帝国主义”植入发展中国家的传统文化生活之中。

在当前文化全球化的进程中,西方发达国家不断向发展中国家,特别是社会主义国家实施文化渗透,一方面鼓吹全球化下的文化多元化,以此消解对方国内占统治地位的意识形态,另一方面则极力鼓吹新自由主义,不择手段地让对方接受自己的价值观,对发展中国家人民进行精神改造,企图让他们心甘情愿成为西方各国的附庸。很多国家在新自由主义冲击下,民族文化呈萎缩之势,文化的创新发展受到严重阻碍。

在全球化进程中,西方的物质生活方式,尤其是美国式的大众消费文化正在成为当今世界的主流与时尚。这种典型的重利轻义的文化伦理,不断地在发展中国家,包括中国铺开和蔓延。对此,学者河清给予了辛辣的批评:“商利价值空间高扬,人文价值普遭冷落。大学教授、博士的头衔如果不与高收入搭配,仍得不到人们尊敬的目光。腰间的银两是最重要的。‘貌’女已相不中‘才’郎,而是直奔另一个‘财’郎而去。一切皆表现为金钱、利益的数字。人们成了每时每刻都端着算盘算计的会计”。全球化下的自由贸易,使西方的流行歌曲、潮流服装、畅销书籍、时髦学说和价值观念纷纷在发展中国家落户,当人们开始穿着美国的牛仔裤、听着美国的流行音乐,吃着麦当劳和肯德基,看着 CNN,浏览着网上主要由美国提供的信息,逛着美国的迪士尼,接受美国的教育,效仿美国的经济模式,认同美国的民主制度也就并不是一件难事了。西方大众文化日益影响到发展中国家的民族文化的存续。

由此可见,新自由主义鼓吹的不是一般的全球化,而是以超级大国为主导的全球一体化,是脱离了人类社会发展必然趋势和自然历史过程的全球化,是排除了政治文化多元化的,以超级大国为主导的全球经济、政治、文化的资本主义化或曰“美国化”。

第二节 新自由主义为资本主义代言

新自由主义以“超意识形态论”确立起全球资本主义范式,作为资本主义的代言人,新自由主义的全球化成为资本主义的最高阶段。事实上,新自由主义从萌芽到崛起,以及到空前繁荣和风行全球不是一蹴而就的,它一开始是一种经济学理论思潮,根植于古典自由市场原教旨主义的学说,萌芽于20世纪30年代,继承了亚当·斯密“理性经济人”假设和“看不见的手”的理论,认为只有不受政府干预的自由市场,才能最大化地实现资本主义的自由与效率。其主张,在遭遇1929年至1933年资本主义世界经济危机肆虐之后,并没有引起足够重视。之后,便进入了长达几十年的“经院修炼时期”。其间,新自由主义阵营的代表人物哈耶克、米塞斯(Mises)、弗里德曼、罗纳德·科斯(Ronald H. Coase)等人,纷纷加入了1947年11月6日在瑞士成立的“朝圣山学社”,继续推动新自由主义理论研究,并对其学说和思想进行了精心雕琢。随后,这些经新自由主义雕琢后的理论观点,通过哈耶克的《通往奴役之路》《自由宪章》《致命的自负——社会主义的谬误》等著作加以传播,并成为所有新自由主义者的主要思想来源。

20世纪70年代,中东石油危机引发了资本主义长达10年之久的“滞涨”期,面对新的危机,凯恩斯理论失去了以往的效率,此时,新自由主义作为与凯恩斯学说相对立的经济学思潮不失时机地兴起和发展。20世纪70年代末,其主张受到美国总统里根及英国首相撒切尔夫人的高度青睐,他们以“救世主”的身份,极力提倡自由放任的市场经济,主张借用市场机制和作用化解资本主义经济危机,并进行所谓自由化的改革。此时,在两国走出经济衰退的同时,新自由主义也借势进入极盛时期。20世纪80年代,全球化趋势加剧,新自由主义经济学思想恰好满足了资本主义打开各民族国家资本市场的强烈欲望,适应了资本主义由国家垄断向国际金融资本垄断过渡的需要。通过资本主义极尽鼓吹，新自由主义由学术理论向政治化、国家意识形态范式化上升，并于1990年形成所谓“华盛顿共识”，把拉美国家作为其向全球范围扩张的试验场，进而使之发展成美英国际金融垄断资本全球一体化理论体系的重要工具。目前，新自由主义进入第五个阶段：自2007年美国爆发金融危机，2008年美国金融危机波及全球，酿成国际性金融危机后，新自由主义逐渐步入衰退期。然而，随着近期美国经济的复苏新自由主义又蠢蠢欲动，开始活跃起来。

一、新自由主义流派众多

新自由主义其理论一开始主要涉及经济学，随着资本主义发展和演变，及其在全球的扩张的加剧，新自由主义思潮逐步扩展到了政治学，以及国际经济政治战略理论方面，且羽翼日趋丰满。新自由主义阵营内部的不同流派，有的关注面宽泛一些，有的狭窄一些。狭义的新自由主义主要是指以哈耶克为代表的新自由主义。广义新自由主义，除了以哈耶克为代表的伦敦学派外，还包括以弗里德曼为代表的现代货币学派，卢卡斯为代表的理性预期学派，科斯为代表的新制度经济学派，以及布坎南为代表的公共选择学派和以拉弗费尔德斯坦为代表的供给学派，等等。其中影响最大的是伦敦学派、现代货币学派、理性预期学派和新制度经济学派，它们都对新自由主义全球范围的广泛传播和风行发挥了各自的作用。

（一）弗里德里希·哈耶克(Friedrich Hayek)与伦敦学派

伦敦学派的主要代表人物哈耶克出生于奥地利，他的理论观点是其他所有新自由主义者的主要思想源泉。哈耶克是一位狂热支持经济自由化、市场化、私有化，反对公有制、国家宏观调控和社会主义的新自由主义学者。他长期活跃于反凯恩斯主义、反国家干预的新自由主义中心：奥地利的维也纳大学、美国芝加哥大学和英国的伦敦政治经济学院。他既是主张经济放任自由的伦敦学派的主要代表，又是芝加哥学派的核心成员，同时也是奥地利学派的骨干。[1]哈耶克一贯主张所谓自由化，强调自由市场，自由经营，认为私有制是自

---

① 何秉孟，李千.新自由主义评析[M].北京：社会科学文献出版社，2012.

由的根本前提等等。这些观点,通过其主要著作:《通往奴役之路》《自由宪章》《致命的自负——社会主义的谬误》等得到广泛传播和新自由主义学派成员的支持。他说,只是由于生产资料掌握在许多个独立行动的人手里,才没有人控制我们的权利,我们才能够以个人的身份来决定我们要做的事情。如果所有的生产资料都落到一个人手里,不管它在名义上是属于整个"社会"的,还是属于独裁者的,谁行使这个管理权,谁就有权控制我们。由此,以哈耶克为代表的新自由主义提出了鲜明的反经济计划和社会主义基调。他还认为:垄断、经济计划、国家干预始终与无效率相联系。故此,哈耶克甚至主张,即便是货币发行权也应还给私人银行,而不能让政府垄断。可见,就像亚当·斯密一样哈耶克是典型的市场原教旨主义者。

(二)米尔顿·弗里德曼(Milton Friedman)与现代货币学派

作为新自由主义阵营中的另一个重要学派，这就是 20 世纪 50 年代中期在美国出现的,以美国芝加哥大学为基地的现代货币学派。这一学派的主要代表是美国芝加哥大学教授、著名经济学家米尔顿·弗里德曼。米尔顿·弗里德曼,他的名字与新自由主义紧密地联系着,对新自由主义的兴起也发挥了极其重要的作用。弗里德曼是当代最有影响的新自由主义经济学家,即现代货币主义的创始人。他曾在美国财政部等机构任职,担任过尼克松总统的经济顾问委员会委员。弗里德曼的新自由主义经济学思想,主要从传统的抑或古典的自由主义经济理论出发,强调与人们之间关系有关的意义上的自由。他认为资本主义体系之所以不稳定,是货币受到扰乱,所以货币是最重要,也是支配资本主义产量、就业和物价变量的唯一重要因素。只要从货币出发,充分发挥市场机制的作用,资本主义体系本身就是可以稳定的。他极力主张并强调货币政策,要求货币数量稳定地、有节制地增加,以便支持长期的货币规则或目标。所以,弗里德曼认为,除此之外,不需要政府干预私人经济,应当让市场机制充分地发挥作用。弗里德曼在市场经济理论、现代货币数量论、消费函数理论和经济方法论等方面,均有自己的学术成果,并因消费理论、货币历史和理论及稳定经济政策方面的见解,于 1976 年获得诺贝尔经济学奖。

弗里德曼所代表的现代货币学派,以现代货币数量论为理论基础,以制止通货膨胀和乱发纸币对国家干预为主要政策主张,强调实行"单一规则"的货币政策。现代货币学派认为,货币政策比财政政策对产出具有更大效应作用,货币供应的增加是通货膨胀的根源。货币主义者强调,货币是和其他商品、其他金融资产一样的资产。因此,人们保留商品、债券和股票没有什么区别,且它们彼此之间也可以相互替代。因而,货币政策影响货币总需求。货币需求函数是比较稳定的,而且可以通过数字统计测量出来。

货币学派积极支持跨国联系,并对全球化抱有很乐观的态度,认为国际经济间的交互联系为参与者提供了更多的机遇,是更好的参与竞争的方式。故此他们还认为,国家应该为市场提供一切必要的先决条件,最大限度地取消市场管制,私人资本更高阶段的发展连同跨国公司的壮大,都是可以保障国际资本稳定发展的必要条件。由于全球化的推动,使得最先进的经济区域将会因自由市场的拓展而发展得更有效率,并且使之向外辐射,从而让最不发达地区也会因为全球化市场机制的扩展而变得繁荣。

以米尔顿·弗里德曼现代货币学派和以哈耶克为代表的伦敦学派二者间稍有差别。哈耶克及其伦敦学派在学理上更偏重经济学的基本原理和原则;而弗里德曼为代表的现代货币学派,虽然也强调基本原理和原则,但更偏重于应用经济理论或经济操作的层面。关于后者,经济操作层面的一些见解,特别是有关货币政策的某些理论观点,在一定程度上对很多国家都有借鉴作用和意义。

(三)罗纳德·哈里·科斯(Ronald H. Coase)与新制度经济学派

所谓新制度经济学,它是以经济组织或制度问题为研究对象的经济学说,主要强调明晰私人产权,降低产权交易费用,实现资源"有效配置",等等。新制度经济学派认为,只要产权落实到自然人,也就是私人,就会对提高经济运行的效率产生影响,这是因为私有制企业交易成本低于公有制企业,所以私有制的效率通常都比公有制要高。

新制度经济学派的代表人物是罗纳德·科斯。科斯具有代表性的理论出自两篇论文:一是《企业的性质》(1937 年);二是《社会成本问题》(1960 年)。这两篇论文的基本观点总结起来主要有:①市场交易是有成本的,即所谓交易成本或交易费用,企业的存在就是为了节省交易费用;②在交易费用为零时,只要产权初始界定清晰,并允许经济当事人谈判交易,就可以实现资源的有效配置;③那么,什么叫“产权初始界定清晰”呢?就是落实到自然人或个人,也就是自然人或个人“私有”方面;④一旦考虑到进行市场交易的成本,合法权利的初始界定就会对经济运行的效率产生影响。故此,科斯认为:由于私有制企业交易成本低于公有制企业,所以私有制的效率必然比公有制高。从以上内容不难看出,科斯正是从所谓交易成本入手,而得出了公有制经济不如私有制效益高的结论的。

科斯的学说观点,事实上承袭了建立于私有制基础之上的西方传统资产阶级经济学理论和思想方面,尽管他自以为“以私有制为前提,一开始并没有得到西方学术界的重视”,但其观点大多是根植于西方传统或古典的经济学思想范畴之中。20世纪80年代之后,国际金融垄断资本为了在全球推动私有化进程,特别是对社会主义国家进行“和平演变”,需要美化私有制,丑化公有制情况下,资产阶级开始寻找适合这一目的的理论武器。适逢其时,被忽视多年的科斯的理论恰好符合他们的愿景,因此对科斯的理论进行包装并大肆炒作,甚至给科斯的基本观点戴上了“科斯定理”的光环。虽然这套定理存在学理上的明显的漏洞,比如,认定私有制经济的交易成本比公有制经济低等,但却没有实证性研究依据对之加以论证就是最明显的例子;再比如,资本主义周期性经济危机也是对其学说和思想的事实证伪。因为,按照马克思主义的学说和观点,资本主义生产的基本矛盾——是由生产的社会化和生产资料私人占有的矛盾引发的,而每一次经济危机都对生产力形成极大的破坏,这就必然造成资源的巨大浪费,因而并没有实现如他所说的资源的有效配置的情况。故此,所谓资源的有效配置,并不是单纯取决于单个企业交易成本的高低,配置的有效性还会受到社会中多重因素的影响。然而,这些并没有影响到20世纪80年代后,垄断资本主义利益集团对科斯这套学说和思想加以利用。与此同时,它还得到诺贝尔颁奖委员会的青睐,并于1991年对其“产权理论”授予诺贝尔经济学奖。

(四)小罗伯特·卢卡斯(Robert Lucas, Jr.)与理性预期学派

新自由主义内部影响最大的3个学派是以哈耶克为代表的伦敦学派、以弗里德曼为代表的现代货币学派和以科斯为代表的新制度经济学派。除此,还有不可小觑的一个学派就是理性预期学派。

理性预期学派认为,人是理性的,总是在追求个人利益的最大化。经济未来的发展趋势关系到个人的投资或就业选择及利益。所以个体一般来说都会充分调用自己的智力和资源,搜集各种信息对它进行尽可能准确的预测,即是对未来的经济情况做出预期。由于这种理性预期的作用而形成的社会效应或市场机制,就能确保充分就业和均衡,而政府干预经济的政策要么归于无效,要么加剧经济波动,因而是不必要的。

“理性预期”假设是理性预期学派的立论基础,该学派所坚持的几乎所有经济理论、政策主张,包括反对政府干预经济,甚至经济周期理论、投资理论等宏观经济学原理和原则,都是以这一假设为基础的。该学派代表人物是曾任美国经济学会会长的芝加哥大学教授罗伯特·卢卡斯。他以理性经济人假设和新的行为理性预期假设为前提和立论,并用货币周期模型论证与说明经济波动的原因,进而得出了凯恩斯主义政策的无效,因而凸显出无须政府干预经济的相关结论。他主张并强调经济政策的稳定性与连续性,对以往的宏观经济学进行了批判性的重建,对社会总需求和总供给、货币理论、经济周期等概念进行了重新定义。从而引发了宏观经济学领域一场所谓的“理性预期革命”。

然而,在现实生活中个人在追求利润最大化的时候,其预期往往是非理性的,因为他所奉行的是亚当·斯密所谓“市场经济看不见的手”,资本主义制度几百年以来发生过的无数次的经济危机,已经反复并有力地证明了这一点。因此,所谓理性预期学派,它依然存在着自身的逻辑悖论和不足之处。当然,卢卡斯所提出的内生增长理论或新经济增长理论,还是值得重视与借鉴的。

二、新自由主义的起源与发展

新自由主义中学派林立,理论思想庞杂,从其产生到发展经历了一个漫长的历史过程。到20世纪70年代初,被英美诸国高调利用。之后,它又进一步成为推动资本主义全球化发展的、具有进攻性和侵略性的重要思想武器。

(一)新自由主义初露端倪

17和18世纪,西方的君主、贵族、教皇和主教认为,人们除了拥有被他们赋予的、可以撤销的权利外再无别的权利,被压迫力量对此展开了强烈的反对。反对力量首先在欧洲,随后在北美洲蓬勃发展,并逐渐把双方之间的冲突上升到思想意识领域，目标在于获取思想自由。众多的君主立宪制国家，贵族和教会拥有巨大的权利，他们通过授予贸易垄断权攫取巨额的商业和工业财富，这也引起商人的强烈不满。商人则渴望利用欧洲开放的市场，同时也渴望脱离贵族和宗教力量的控制，因此他们加入了这场争取自由的运动，并提出了："自由是人类生而具有、独立的、不可分离的权利，任何人都无权授予或取消这种权利"的口号。在此前提下，随之也引发了多国的资产阶级革命。到了19世纪末，资产阶级经过争取自由的斗争，已经拥有了财产、生产资料（包括雇佣劳动力等等），及其他作为经济活动基础的自由权利。而工人或其他劳动力群体，虽然在很大程度上缺乏完全的人身自由，但已经开始有摆脱雇主控制的要求和行动。他们期待逐步走向民主国家能够赋予其抗衡雇主的力量。故此，此时有关自由的争取，实际上被分裂成了两个部分：一部分是属于社会范畴的自由。这种自由通常以工人阶级为主体，他们旨在追求工人群体的自由权力，并要求摆脱贫困，提升阶级地位；另一部分则是经济范畴的自由，重点是对产权和市场交易自由的要求。不同价值观对道德标准的冲击，不同的阶级迥然相异的利益诉求，对自由争取的侧重点也各有不同，因此出现了各种流派的自由主义。他们或以思想流派的方式体现对自由追求不同性质，或以政治党派的力量促使符合自身利益或愿望的自由的实现。为了寻求各不相同的自由的目标，有些流派走向融合，相反的，也有些流派分道扬镳。

20世纪初期，欧洲许多国家在国家利益和资产阶级利益相互角逐中爆发了第一次世界大战。战争结束后，欧洲的经济社会与政治环境都出现了较大的调整。一方面，资本主义已经从自由竞争开始向垄断资本主义转变；另一方面，俄国十月革命，及苏维埃政权和计划经济体制的建立，出现了最早的与自由市场经济相对立，并以计划经济为特征的实践中社会主义国家。这对市场原教旨主义学说体系无疑构成了巨大的威胁。不仅如此，20世纪初，即使以整合政府需求制定国家政策和管理经济组织的一些资本主义国家，看上去也比自由市场经济更具有效率和发展空间。这使得古典自由主义经济理论受到来自左、右两个方面的挑战。

在此背景下，以路德维希·冯·米塞斯（Ludwig Heinrich Edler von Mises）为首的一批奥地利学者，出于捍卫资产阶级古典自由主义经济理论的动因，开始思考如何建立他们所认为的“新的经济秩序”，旨在使在国家干预政策中遭到破坏的资产阶级的“创新精神”得以复苏。于是，此时以米塞斯和哈耶克为首的新自由主义者为一方，以兰格为另一方的关于“经济计算”问题的学术论战开始了，这场论战虽然无果而终，但是它却成了新自由主义开始登上历史舞台的重要时刻，自此拉开了新自由主义头面人物哈耶克登上世界历史舞台的序幕。

（二）受冷落后的新自由主义自我雕琢

新自由主义在20世纪30年代中期登上历史舞台，然而，自一开始它就生不逢时。

20世纪20年代末期，生产力的发展促进了制造业的大规模生产。先进的技术和工作组织大大提高了低技术工人的生产率，规模经济降低了单个商品的生产成本，同时在职工人的工资有了一定改善，促进了商品消费。由此，社会中很快出现了空前的大规模生产和伴随信用发展的过度消费和超前消费。20世纪30年代，随着供需矛盾的加剧，导致了生产的相对过剩，加上信用的过度扩张，资本主义世界爆发了空前的经济大危机。自由资本主义经济彻底破产，整个世界经济陷入严重的衰退。30年代大危机彻底暴露了资产阶级古典自由主义经济学及其实践模式：自由放任市场经济的弊端，它不仅对古典自由主义经济理论基础“供给会自动创造需求”的萨伊定律是一次否定，而且实际上宣告了自由竞争资本主义时代的结束。

在生产社会化与生产资料私人占有这一资本主义生产的基本矛盾下，处于经济衰退时期的人们更愿意手头持有较多的货币。灵活偏好、边际消费倾向递减和投资边际收益递减等三大心理特征，长期驱动经济增长的消费和投资热情，但此时在私人与企业之间全面消退，人们对未来缺乏信心，有效需求不足成为当时经济运行的常态。大的经济危机环境，迫切需要国家政府干预经济生活。一种反映国家垄断资本主义要求的，通过政府支出调节社会总需求从而推动经济增长的凯恩斯学说和思想应运而生。凯恩斯主义熨平了商业周期，避免了资本主义经济受到较大冲击，它的有效性通过“罗斯福新政”以政策实践的形式得以证明。推行凯恩斯主义的国家，大多采取福利政策，为社会中的人们在至关重要的领域中提供服务。这一举措，使失业率降到了很低的水平，而且使经济发展得以平稳运行。不仅如此，它使消费者对未来重拾信心。正因为如此,凯恩斯理论在当时的资本主义世界得到广泛运用,事实上,它已经成为资本主义世界的主流经济学,以致主导国家垄断资本主义的宏观经济运行长达 40 年之久。

在这种背景下,以复兴资产阶级古典自由主义经济学理论原则为己任,倡导市场优先于政府的新自由主义的理论被束之高阁。此时,无论在政治界还是学术界,新自由主义的发起者们都遭到了极大的冷遇。譬如,新自由主义的领军人物米塞斯,20 世纪 40 年代移居美国后,甚至不能被任何学术组织所聘用,只能当一个纽约大学的"访问教授",直到 1969 年退休。在此不利的国际环境氛围情况下,新自由主义开始了长达几十年的"经院修炼"时期。其间,作为中坚分子的米塞斯、哈耶克等学者,也开始着手对其理论进行系统化的完善与改造,亦即步入新自由主义的自我雕琢期。在这长达几十年的"经院修炼时期",哈耶克对新自由主义理论的发展和推动作用非常大,使之不仅成为新自由主义阵营内伦敦学派的掌门人,而且成为整个新自由主义阵营中的领军人物。

哈耶克的新自由主义思想的形成和对社会主义的仇视观念,受到米塞斯的强烈影响,他曾在回忆青年时代世界观的转变和定性过程时说过:米塞斯批判社会主义的《社会主义》一书,对他仇视社会主义世界观的形成起过决定性作用。哈耶克笃信老师米塞斯在《社会主义》一书中"用观念战胜信念"的信条,在他们鼓吹的新自由主义信条四处碰壁遇冷之时,移民当时的资本主义心脏英国,执教伦敦政治经济学院,一方面搜集最前沿的政治经济信息动态,一方面潜心完善其极端自由主义经济理论主张,坚定不移地崇信古典自由主义经济学的自由放任原则,偏执地仇视社会主义,并且把这两方面的观念在其著作中表达得淋漓尽致。其代表作有被认为是对计划经济进行批判,鼓吹极端个人主义和古典自由主义的《通往奴隶之路》《自由秩序原理》《法律、立法和自由》《致命的自负——社会主义的谬误》等著作。后来,这些著作对政治思想领域中古典自由主义的复兴,乃至对新自由主义成为资本主义国家的意识形态,均起到了很大的推动作用。

(三)"朝圣山学社"与新自由主义发展

在哈耶克精心完善新自由主义经济理论和主张的同时,他还积极筹建学术组织，纠集复兴自由放任市场经济理论的学者，以推行他们的学说思想和主张。在他的苦心经营下，最初的学术组织就是著名的“朝圣山学社”——The Mont Pelerin Society 。

朝圣山地处瑞士一个海拔不到 800 米，风景宜人的半农业地区，此山在中世纪是著名的圣殿骑士团的驻跸地。在 1947 年 4 月 10 日，来自世界各地的 39 位与会者，主要是由西方经济学家、企业领袖和其他古典自由主义理论的支持者，在朝圣山创立了以向全球输出和推行新自由主义市场经济理论和政策主张为宗旨，反对马克思主义经济学和凯恩斯主义的宏观经济政策的“朝圣山学社”。

出生于奥地利的犹太人弗里德里希·哈耶克，作为光照会（即共济会内的核心秘密组织）的成员，是“朝圣山学社”主要发起者，此后他担任该学社的主席长达 12 年之久，呕心沥血地经营着他的新自由主义学术思想和“朝圣山学社”这个组织。

朝圣山学社的主要资金由共济会属下的福特基金会捐赠，该组织长期严守秘密，作风非常低调，表面上作为一个学术团体，打着“促进致力于加强自由社会的原则和实践，研究市场经济体的运作及优缺点”的旗号，是志趣相投的学者们交流的重要平台。在成立后至今的几十年里，其成员都不遗余力地传播新自由主义的学说和思想，他们事实上也成了西方主流经济意识形态的设计者，处在西方经济智囊团和意识形态活动的焦点位置。

之后，朝圣山学社创会时的被邀请者，全部是共济会成员。包括：亨利·西蒙（后成为米尔顿·弗里德曼的导师），美籍前费边社成员著名媒体人沃尔特·李普曼（Walter Lippmann），维也纳亚里士多德学会会长卡尔·波普尔（Karl Popper ），奥地利学派祖师路德维希·冯·米塞斯（Ludwig Heinrich Edler von Mises），约翰·克拉彭（John Clapham）爵士（英格兰银行高级官员，1940—1946 年担任英国皇家协会主席）等等。历代朝圣山学社社员中有很多人都身居要职。其中包括：前西德总理路德维格·艾哈德（Ludwig Erhard）、意大利总统鲁伊奇·伊诺第（Ruichi Inod）、美国联储历任主席亚瑟·伯恩斯（Arthur Burns）、艾伦·格林斯潘（Alan Greenspan）等，美国国务卿乔治· 舒尔茨（George Schulz）、英国外交部部长杰弗里·豪（Jeffrey Ho）、意大利国防部长安东尼奥·马提诺（Antonio Martino)、智利财政部长卡洛斯·卡瑟斯(Carlos Caceres)、新西兰财政部长鲁斯·理察森(Ruth Richardson)和捷克总统瓦茨拉夫·克劳斯(Vaclav Klaus)。[①]

除了上述身居要职的官员，朝圣山学社还有八位学社社员获得了诺贝尔经济学奖,他们是:弗里德里希·哈耶克、米尔顿·弗里德曼、乔治·斯迪格勒(George Joseph Stigler)、莫里斯·阿莱斯(Maurice Allais)、詹姆斯·布坎南(James Buchanan)、罗纳德·科斯(Ronald Coase)、加里·贝克尔(Garys Becker)和弗农·史密斯(Vernon Smith)。此外,第一位加入该学社的出身中国的经济学家是邹恒甫(第一个进入世界银行研究部的中国高级经济学家),他于2008年受该学社(Mont Pelerin Society)大会组委会主席邀请与会并加入该组织。

1947—1976年的29年的时间里,"朝圣山学社" 先后在12个国家（奥地利、比利时、法国、德国、危地马拉、意大利、日本、荷兰、英国、美国和瑞士)召开了27次研讨会,以在更广的范围传播新自由主义的思想和其政策主张,这就为新自由主义在20世纪七八十年代的蓬勃兴起,乃至全球推销做了必要的前期准备。

(四)新自由主义的勃兴

理论上,对曾占统治地位的凯恩斯学说思想持反对观点的新自由主义,能在凯恩斯主义的黄金时期韬光养晦直到20世纪七八十年代,并逐步上升为美英等资本主义大国的主流经济学并非偶然，它一方面说明凯恩斯的理论本身并不完善,亦即当其遇到由中东石油危机引发的长达10年之久的资本主义各国"滞胀"局面时,只能束手无策;另一方面,资本与劳动的结构性变化也是一个十分重要的原因。事实上,此时"西方工业社会的体力劳动者"的社会影响力已经出现减弱，相反的，金融资本所代表的利益集团的社会影响力则不断提升。面对私人资本与劳工之间力量的巨大失衡,这才是改良性的凯恩斯学说所无能为力的主要方面。从理论上说,20世纪70年代西方资本主义世界的 "滞胀"期,不仅又一次证实了马克思所揭示的"资本主义周期性经济危机"学说思想的科学性,而且也是对凯恩斯学说思想的一次理论上的证伪。

持续10年之久的资本主义各国的"经济滞胀",使得凯恩斯经济学束手无

① http://www.baike.com/wiki/ 朝圣山学社.

策，但并不意味着否定其曾经有过的辉煌。在经历了 1929—1933 年的自由市场经济导致的资本主义世界普遍经济危机，连同第二次世界大战的战火后，世界各国都强烈期盼和平与发展，期盼消除战争给各国造成的巨大创伤，同时也期盼着抚平无序化的自由市场经济导致的社会灾难。1936 年，英国经济学家凯恩斯出版的《就业、利息和货币通论》一书，正符合西方资本主义各国的这一要求。由于凯恩斯主义主张政府对经济的积极干预，这也是纠正亚当·斯密"看不见的手"的学说体系导致的灾难性结果的有效举措。不难看出，凯恩斯理论积极顺应了国家垄断资本主义的发展趋势，并以此为导向积极开展战后经济重建。直到 20 世纪五六十年代其发展到了黄金时期。

进入 20 世纪 70 年代以后，以美国为首的西方资本主义国家出现长达 10 年之久的"滞胀"局面，凯恩斯理论陷入了前所未有的困境。

所谓"滞胀"的"滞"，就其内涵来说，它是指国家经济增长停滞的状态；而"胀"则是指通货膨胀，故它特指一个或多个国家范围的"经济停滞与高通货膨胀"情况。在"滞胀"期间，失业及经济不景气等社会经济问题同时存在。换言之，就是指在"滞胀"期间，不仅物价飞涨，经济停滞不前，而且会大量地开除或解雇工人。根据《联合国统计年鉴》的数据显示，美国的国内生产总值的年均增长率从 1965—1973 年的 3.2%，到 1973—1983 年则下降到了 2.3%；与此同时，英国从 2.8%下降到了 1.1%，日本从 9.8%下降到 4.3%，联邦德国，从 4.6%下降到 2.1%，包括西班牙、意大利、新西兰、比利时、荷兰等的主要 16 个发达资本主义国家的国内生产总值年均增长率从 1965—1973 年的 4.7%到 1973—1983 年下降到了 2.4% 。在 1970 年到 1983 年间，美国平均失业率超过 7.1% ，最高值在 1982 年达到 9.7%，英国平均失业率在这 13 年间超过 7.0%，最高值在 1982 年高达 12%，失业率相对较低的联邦德国的平均水平也超过 5%。对比 1951—1973 年和 1974—1981 年的发达国家消费物价年平均上涨率，美国从 2.7%上升到了 9.4%，日本从 5.2%上升到 9.1%，法国从 5.0%上升到了 11.4%，英国更是从 4.3%上升到 15.4%，意大利从 3.9%上升到 15.9%。[①]通常境况下，经济停滞或萎缩、高失业、高通胀等现象不会同时发生，往往是在资本主义经

① 池元吉，李晓.世界经济概论[M].北京：高等教育出版社，2013.

济周期运行的不同阶段交替出现。或者高失业率、经济停滞两种现象出现，这是资本主义经济周期的萧条到危机阶段的常见变化特征；或者高通胀明显，这种情况大多出现在经济周期的复苏到高涨阶段。而进入70年代以来的这次“两高一低”的现象，是罕见的，是资本主义经济运行中的新社会经济问题和现象。

从凯恩斯主义者的观点来看，适度的通货膨胀能保持经济增长和提高就业，但是70年代以来的通胀，伴随着资本主义社会出现的其他新的经济问题和现象，并且这些问题已经超出了社会群体所能够容忍的限度。在货币主义者看来，美国70年代的“滞胀”局面正是政府无节制实施宽松货币政策导致的结果，换言之，是凯恩斯主义理论失效的结果。这对作为新自由主义的货币主义者来说，是一个非常有利的时机。新自由主义蓄势已久的一系列的理论和政策主张，也恰逢其时地抓住了这一机遇。在当时，遇到的所有新的社会经济问题，而凯恩斯主义又无能为力的情况下，人们更愿意接受货币主义的解释，即高通胀和高失业率是政府过于宽松的货币政策导致的结果，换言之，是政府干预市场的无效率表现。而只有采取新自由主义的经济理论和政策主张，亦即全面推行“市场化、私有化、自由化和全球一体化”，才是发展经济，走出困境更可行的办法。

在当时，货币主义者对凯恩斯学说抨击，成功地说服了众多学术界和政界人士，他们也通过广播和电视说服了大众。更关键的是，这套理论契合了美国共和党领袖里根总统和英国保守党的撒切尔夫人，他们都从政府背后的美英金融垄断资本集团（包括石油和军工寡头）的利益出发，对新自由主义政策主张十分青睐。加之，罗纳德·里根1980年竞选顾问团的76位经济顾问中就有22位是朝圣山学社的社员。这表明，在里根当选为美国总统后，采信并奉行新自由主义的政策主张就是再自然不过的事情了。事实上，里根总统的政策制定，正是以新自由主义中货币学派和供应学派理论为导向的。在英国，撒切尔夫人也是新自由主义经济学思想和政策主张的极力推行者。1978年撒切尔夫人执政后，经济政策的制定，同样以新自由主义经济学理论和政策主张为依据，对英国社会经济各个领域进行了大刀阔斧的“改革”。不难看出，20世纪70年代末80年代初，英美两大强势资本主义国家，在中东石油危机引发的资本主义世界普遍“滞涨”后,均已改弦易辙,也都以新自由主义学说和思想为指导,并首先弃用原有的凯恩斯理论,使新自由主义取而代之。至此,凯恩斯主义在英美两国率先被推下了“救世主”的神坛。

虽然,凯恩斯主义的退位和新自由主义的崛起并非简单意义上的学术理论和思想的更替。从本质上说,它是资本主义利益集团权利更迭与利益主导的结果,是国家垄断资本,特别是国际金融垄断资本力图突破国界,寻求更广阔的逐利空间,抑或在更广大市场范围攫取超额利润的表现。当时,撒切尔夫人和里根上台后与新自由主义政治联姻,及其推行的一系列政策主张,恰好与当时经济周期的变化相吻合, 使两国在 20 世纪 80 年代前期和中期先后走出了“滞胀”的低谷。然而,新自由主义者则将之归因于新自由主义理论与凯恩斯主义较量的成功,并借助英美两大资本主义政权力量的动因,于 20 世纪 80 年代中期步入黄金时代。

(五)“华盛顿共识”与推行新自由主义全球化

在布雷顿森林体系会议上所创立的美元和黄金挂钩, 其他货币同美元挂钩的双本位,使英国货币霸权让位于美国。任何一种货币,即使是美元也无法回避“特里芬难题”。一方面美国在维持这种货币制度的过程中,需要持续的强劲的经济增长来坚挺美元,稳定美元与黄金的比价,这无疑使政府增大了财政赤字和贸易赤字,导致国内资金外逃和黄金的外流加快;另一方面,随着战后经济快速恢复和迅速发展,国际上对美元的需求日益增大,美国又不得不大开印钞机,以源源不断提供美元。相应的,由此也便出现日益严重的通货膨胀。这使得尼克松政府的宏观调控政策无以为继, 因而不得不宣布放弃美元兑换黄金,并宣告了黄金统治的结束。1973 年石油危机更是动摇了美国在国际政治经济中的霸权地位。另一方面,日欧经济体的迅速崛起,第三世界国家的民族独立运动纷纷兴起,同样对美国的国际地位提出挑战。越战、印钞、通胀、布雷顿森林体系的瓦解、水门选举丑闻,都使得美国 20 世纪 70 年代初变成了多事之秋。20 世纪 80 年代,里根政府上台后美国经济逐步复苏,各主要资本主义国家先后都走出了“滞胀”危机的困扰。私有化、市场化、自由化和全球一体化的“四化”为核心的新自由主义政策主张,既有利于较好地稳定美国的国际霸权,又能较好地诠释美国的政治企图,这也为国际金融垄断资本主义向全球扩张及其制度安排提供了理论依据。通过资本主义各国的极力鼓吹，新自由主义由学术理论向政治化、国家意识形态化以及自由化、私有化、市场化理念的范式化上升，并形成了“华盛顿共识”（Washington Consensus）。自此，“华盛顿共识”也就成为美英国际金融垄断资本推行全球一体化的理论体系和重要的政策工具。

所谓“华盛顿共识”，它是1990年美国共和党总统老布什政府，为适应国际金融垄断资本全球扩张，授意美国国际经济研究所，在华盛顿召开了一个讨论80年代中后期以来拉美经济调整和改革的研讨会。与会成员主要有美国财政部等部门官员，企业界人士，以及由美国操纵的世界银行、国际货币基金组织、美洲开发银行等国际金融机构的代表和部分拉美国家的政府官员。除此，还有若干高等院校、研究机构的经济学家也参加了此次会议。在会议的最后阶段，美国国际经济研究所原所长约翰·威廉姆逊（John Williamson）说，与会者在拉美国家已经采用和将要采用的十个政策工具，并在一定程度上达成了共识。由于国际机构的总部和美国财政部都在华盛顿，加之会议在华盛顿召开，故此，这一共识即被称作“华盛顿共识”。另外，威廉姆逊在会后将会议论文汇编为《拉美调整的成效》论文集，他认为这些思想既秉承了亚当·斯密自由竞争的经济思想，也与新自由主义的政策主张一脉相承。事实上，此次会议的主旨已成为“新自由主义的政策宣言”。会议一开始主要是针对已建立市场经济体系、但其市场体系又表现扭曲的发展中国家的“经济调整和改革”。随着新自由主义浪潮的风行，“华盛顿共识”对第三世界国家或转轨国家造成的影响也非常深刻。

华盛顿共识主要有以下十个方面：

① 加强财政纪律，压缩财政赤字，降低通货膨胀率，稳定宏观经济形势；

② 把政府开支的重点转向经济效益高的领域和有利于改善收入分配的领域（如文教卫生和基础设施）；

③ 开展税制改革，降低边际税率，扩大税基；

④ 实施利率市场化；

⑤ 采用一种具有竞争力的汇率制度；

⑥ 实施贸易自由化，开放市场；

⑦ 放松对外资的限制；

⑧ 对国有企业实施私有化；

⑨ 放松政府的管制；

⑩ 保护私人财产权。

从以上十条可以看出，“华盛顿共识” 其实就是想扫除一切民族国家的制度障碍，消除一切民族国家的政策干预，使商品、资本以及其他生产要素（不包括劳动力）在全球完全自由流动，实施非调控的全面市场化，并将各国的经济私有化，将新自由主义的理论和政策主张以意识形态的方式向全球尤其是第三世界国家推销。看似公平中立的“华盛顿共识”，似乎不带强迫性，然而，它正是资本主义国际金融垄断（作为霸权者）在经济和政治利益上的充分体现。与此同时，它也是国际货币基金组织，世界银行等国际金融机构向许多发展中国家和转轨国家硬性推出的所谓“经济改革”。

美国著名学者诺姆·乔姆斯基在他的《新自由主义和全球秩序》一书中明确指出：“新自由主义的华盛顿共识指的是以市场经济为导向的一系列理论，它们由美国政府及其控制的国际经济组织所制定，并由它们通过各种方式实施。”

“华盛顿共识”，自一开始就饱受诟病，不管是在经济层面，还是政治和文化层面上，标榜为“指导思想”的新自由主义全球化理论，将众多发展中国家或转轨国家，统统引入了其结构性调整的理论和政策误区，导致发展中国家目标和政策的极度混乱，并使其国有资产和自然资源严重流失，环境破坏相当严重。故此，有的学者尖锐地指出：“华盛顿共识”是一种“新帝国主义”，是美国及美国操纵的国际金融机构，迫使发展中国家开放市场的“敲门砖”，是“后冷战”时代资本主义向处于低潮的社会主义各国发动攻击的“进行曲”！

（六）新自由主义的全球风行

“华盛顿共识”的制定，是最符合以美国为首的发达资本主义国家垄断资产阶级利益要求的，因为它们有着经济和技术的绝对优势。新自由主义主张的核心是尽可能弱化第三世界各国政府的作用，主张将其理论精髓的“三化”（自由化、私有化、市场化）、“三否定”（否定公有制、否定社会主义、否定国家干预）统统注入新自由主义全球化的具体步骤之中。

"华盛顿共识"的制定,使新自由主义在全球政治经济中日益发挥着显著的作用。事实上,它表明一个支持自由主义的国际政治经济的联盟逐渐形成。加之世界银行和国际货币基金组织对发展中国家朝着有利于资本主义各国利益方向的强行干预,连同具有绝对经济和技术优势的国际资本的渗透,资本主义各国似乎证明了在新自由主义指导下优势性的生产能力。这种社会的政治经济组织的国际扩展,被称为经济全球化。在经济全球化前提下,新自由主义观点反映了霸权者的思想和道德基础。既然新自由主义反对国家对经济生活的干预,那么,自然就要强调政府不仅不能促进经济的稳定和增长,反而会限制市场经济的自我完善和自我调节。他们还把劳动生产率增长速度的降低,资本积累额减少,经济危机的加剧、失业的增加,通货膨胀等,统统归咎于国家干预经济的政策方面,故此,要求国家放松对资本和金融市场的管制、加大私有化的力度、限制和消减福利开支以及减免税收等。

自20世纪80年代,在美国等少数国家对新自由主义思潮的推动下,迫使发展中国家不得不开放国内市场。尤其是,此时有些发展中国家经济陷入了一时困境,它们也急切希望能够早日摆脱困境。在此前提下,这些国家对各种"处方"都持比较开放的态度,因此新自由主义便会乘虚而入,成为影响这些国家经济社会发展的重要手段。新自由主义首先侵入的是拉丁美洲,它之所以能在拉丁美洲被普遍接受,是选择了一个较为适当的时机。20世纪80年代,拉美地区经济陷入泥潭,各国普遍爆发了债务危机和经济危机,高居不下的通货膨胀率让各国政府及经济学家们一筹莫展。1985年,美国便以解决拉美债务危机和治理通胀为由,趁机推出以新自由主义为基础的"贝克计划",介入了拉美国家的经济治理中。该计划要求拉美国家必须对国有企业实行私有化,进一步开放国内市场,放松对外资的限制,实行价格自由化。到了90年代初,美国政府连同国际货币基金组织和世界银行,进一步利用贷款及其苛刻的附加条件,强制阿根廷、巴西、委内瑞拉、智利、玻利维亚等国进行"新自由主义改革",直至在相当长一段时间内,除古巴外,拉美几乎完全陷入了新自由主义制造的灾难性旋涡。

与此同时,90年代的东欧也同样陷入了新自由主义制造的混乱之中。事实上,新自由主义的发起国美国在搞垮苏联和东欧社会主义诸国前,一切都是在有预谋地进行着。解体东欧社会主义国家，打破苏联社会主义制度是美国早已预谋的事情。哈佛大学杰弗里·萨克斯早已在南美的玻利维亚做了所谓“休克疗法”的试验，并将之推行到苏联和波兰等东欧诸国。苏联解体后，俄罗斯开始强制快速推进经济转轨，加之国内出现一群对新自由主义即美国经济模式痴迷的学者，政府也强制推行萨克斯提出的“休克疗法”方案。该方案实质是沿用了“华盛顿共识”的核心理念，将“西方化或全盘西化”作为转轨的战略思想。然而这一新自由主义的经典之作使俄罗斯此后的10年里陷入了前所未有的经济社会危机。

同样的，在90年代初，新自由主义的狂风骤雨袭击了亚洲的泰国、韩国、印度尼西亚、菲律宾、马来西亚等国。在美国国会议员和知名学者代表团的游说和诱惑下，这些国家纷纷进行了新自由主义的所谓“经济改革”。然而，在亚洲爆发金融危机时，这些国家统统遭受重创，酿成数千亿元的巨额损失。更令人发指的是，在危机中美国不仅袒护纵容国际金融投机机构疯狂掠夺亚洲国家国民财富，还操纵国际货币基金组织在对这些国家提供贷款援助前，强迫接受新自由主义改革的各种苛刻条件。

也是20世纪90年代，埃及为免除数以百计的美元债务，同国际货币基金组织签署了一项关于经济结构改革的协议，协议主旨是要求在埃及必须实行金融自由化、私有化，开放资本市场等一系列新自由主义改革条款。并试图在数年之后将埃及塑造成北非和中东地区推行新自由主义的典范。但让人痛心的是，20余年后，经过精心改造的埃及经济也陷入了前所未有的混乱。它使埃及两极分化加剧，社会动荡不安，俨然成为非洲大陆上新自由主义侵蚀的重灾区。

新自由主义能够在发展中国家蔓延究其原因有多个方面，最主要的原因当然是美国为首的西方发达资本主义国家不遗余力地推行新自由主义和干涉他国内政。这一成体系、有预谋的新自由主义推行战略，既有舆论上的造势，即将市场机制神话鼓吹成国家富强繁荣的必由之路的舆论造势，又有与“新自由主义改革”挂钩的“利诱政策”，即刻意将发展中国家的贷款同贸易、投资相联系的利诱政策。除此，还有以切断不屈服国家的进口来源，减少对其资金援助等手段的威胁和施压，从而强迫屈从新自由主义的所谓“改革”。第二个原因，新自由主义的推行有一个合适的时机。从背景来看，接受新自由主义改革的很多国家在没有进行经济改革前，也都曾经遭受严重的经济困境，或者处于经济衰退的阶段，此时恰好需要借"改革良方"摆脱经济困局。而许多国家在新自由主义政策实施的初期阶段，借治理通货膨胀、刺激经济为由，也偶然出现过一定范围的增长。这使得一些希望通过改革走向国富民强道路的国家似乎看到了一丝希望，但从长远看，却普遍陷入新自由主义早已设定的陷阱。第三是进行新自由主义改革的"新一代"各国领导人大多接受过西方教育，比较容易接受新自由主义经济理论，等等。

（七）垂而不死的新自由主义

随着新自由主义给世界各国造成的灾难性后果的频频出现，新自由主义的重大理论缺陷开始显现。新自由主义理论和政策主张在亚、非、拉以及苏东地区的全面实施，不仅造成当地经济大幅滑坡和恶性通货膨胀，而且造成国家分裂和社会动乱等严重后果。实践证明，新自由主义所到之处，从最终的结果看，都是经济不增反降，甚至陷入衰退。发展中国家的私有化改造，造成了国有资产的大量流失，失业问题频频出现，社会两极分化陡然加剧，金融泡沫膨胀，实体经济萎缩，生态生存环境遭到巨大破坏。2008 年，由美国次贷危机引发的全球金融风暴，是近百年来最严重的国际金融危机，它不仅使西方资本主义各国遭受巨大的经济危机，而且广泛波及亚洲、东欧、拉美、非洲等国家和地区。在这一背景下，更多的人开始反思新自由主义思潮及资本主义制度的严重弊端。与此同时，他们对新自由主义倡导的所谓"改革"也有了清醒的认识。在全球范围，对新自由主义的批评和反思越来越多，一些曾经将其奉为救世良方的国家，也开始在不同程度地改变或纠正原有的新自由主义改革方法。越来越多的国家开始从中吸取教训，面对挑战，去寻求最终代替新自由主义的理论和治国方略。

率先启动新自由主义变革的英国，在 20 世纪 90 年代后期经济陷入衰落后，与新自由主义政策模式渐行渐远。进入 21 世纪后，英国的保守党、工党均公开表示与新自由主义划清界限。2009 年，二十国集团峰会闭幕新闻发布会上，英国首相戈登·布朗（Gordon Brown）公开宣布"华盛顿共识"的终结。在西欧其他国家也是同样，它们试图走出"第三条道路"，与新自由主义拉开距离。

2009年2月，澳大利亚总理陆克文专门撰文批判新自由主义，指出“2008年席卷全球的金融危机，是过去30年来自由市场理论主宰经济政策的最终恶果”。

1998年4月，第二届美洲国家首脑会议在智利首都圣地亚哥举行，会议中达成了“圣地亚哥共识”，即强调国家在社会发展进程中的积极作用，提出减少经济改革的“社会成本”等议题，以“圣地亚哥共识”替代“华盛顿共识”。几乎所有拉美国家启动了反新自由主义改革，重建强调政府主导型的市场经济。巴西理论家多斯桑托斯（Dos Santos）将里根经济学称为“灾难政治经济学”，认为拉美国家“落入了新自由主义陷阱”。左翼学者马塔·阿内克（Mata Aneke）称，“持续20年的自由市场资本主义试验，正在越来越多的拉美国家遭到反弹，无论从秘鲁到巴拉圭，从巴西到玻利维亚，还是厄瓜多尔到委内瑞拉，我们正在目睹一个时代的终结，90年代正统的经济改革宣告失败。”

在俄罗斯，随着1998年金融危机的爆发，“休克疗法”陷于破产。普京担任总理以及此后的整个总统任期期间，采取了一系列有力措施加强国家对经济的干预，将战略行业特别是能源领域的大型企业重新国有化，强力打击金融寡头对经济的控制，抵制美式民主，强化改善民生，捍卫俄罗斯的国家利益、民族尊严，实际上宣告了新自由主义改革在俄罗斯的结束，使苏联的主体继承者走出混乱沉沦的衰弱局面后，开始走向重新崛起的道路。

在非洲，部分国家也掀起一系列“去自由化”的反新自由主义斗争，新自由主义思潮开始在非洲大陆退缩。

曾长期担任日本政府智囊团的日本经济学家、极力宣扬新自由主义的中谷岩，此时也转变为新自由主义的批评者，他指出：新自由主义让世界蒙受了巨大灾难。诺贝尔经济学奖获得者斯蒂格利茨撰文强调：“新自由主义一直是为某些利益集团服务的政治信条，从来没有得到经济学理论的支撑。”

对于世界各国的广大民众而言，在新自由主义全球化中自然是最大的失利者，他们在新自由主义宣扬的“精英主义”路线的冲击下，残酷的丛林法则和优胜劣汰机制使之难以得到利益的眷顾和财富的积累，因而缺乏生存竞争力，在残酷的切身经历中，逐步认识到新自由主义全球化带来的巨大危害。故此，反全球化运动已经成为他们提出诉求的具体方式。从美国国内的“占领华尔街运动”不断升级，并迅速蔓延至英国、法国、西班牙、日本等80多个国家和地区。2012年,分布在世界四大洲19个国家的大学生联合签名,呼吁取消以新自由主义经济学为主流的标准课程设置。2016年美国国内大选,国内的民众将为新自由主义精英群体代言的希拉里抛弃,特朗普成功逆袭的结局,更进一步说明了新自由主义是作为美国的帝国主义、资本主义对外扩张的武器,它不仅给自身而且给世界各国经济、政治、社会、文化等众多层面造成了外侵式的创伤和撕裂。

这一切都清楚地表明,世界经济正步入一个拐点:新自由主义已经是在被众多国家和民众抛弃!但是,代表资本主义的国家垄断金融资本不死,美国的霸权主义不死,资本逐利性还在,新自由主义不但不会自动退出,而且在相当长一段时间里还会在世界各领域苟延残喘,甚至在全球反对的呼声中,经蛰伏后再次兴风作浪。

世界经济在新自由主义大行其道中遭受重创,而美国经济却对新自由主义有着强烈的依赖性,存在着无法剥离的共生关系。国家垄断集团需要操纵世界性组织世界贸易组织、国际货币基金组织、世界银行传递甚至强迫世界各国按照新自由主义模式发展经济,因为这一全球化的经济中,美国等大国是站在金字塔的顶端,它们妄图主宰世界经济运行的生产、分配和交换方式,它们依赖于发展中国家提供“养料”来继续保持其高高在上却腐朽不堪的庞大身躯。

但是,世界各国的努力和探索,也在催生新的经济政策和世界经济格局。众多国家在经济政策上将从自由放任的新自由主义政策导向再度转向政府干预,并回归坚持可持续发展战略立场,大力振兴国内经济,走符合自身规律的特色化的发展道路。与此同时,在国际组织中,不断发出正义的声音,争取应有的话语权维护发展中国家的利益。

第二章　新自由主义是经济全球化的催化剂

第一节　新自由主义与全球化的关系

第二次世界大战后西方发达国家曾大行其道的凯恩斯国家干预理论，在20世纪70年代的经济滞胀中逐渐失势，取而代之的是新自由主义思潮的泛起。70年代末80年代初，以里根经济学和撒切尔主义的推行为契机，西方国家掀起了非管制化和市场化改革的浪潮，各国纷纷取消或放松政府管制。加之战后的新科技革命，一方面使发达国家物质生产增长的速度、规模和数量达到了一个新高度，另一方面带动了交通运输网络和信息网络的革命性变化，这些使发达国家走出了经济发展周期的低迷，并在此基础上制定出了“华盛顿共识”。随着20世纪90年代冷战的结束，东西方的对立和斗争缓和下来，西方发达国家极力宣传并尝试消除政治制度和意识形态对世界经济发展的障碍。与此同时，巨变后的东欧国家、独联体各国及亚洲的中国、越南等社会主义国家，在经济转轨和经济改革过程中，逐渐摒弃了从苏联承袭下来的权力高度集中的中央计划经济体制，推行市场经济，实行对外开放，曾经被严重对立、分割开来的“两个平行市场”融为一体，世界各国被一张密网紧紧编织在一起。

世界不同国家的人们，使用相同品牌的调味剂，穿着同一款式的牛仔裤，用着一样的洗发水和沐浴露，在同样一个时间段中看着全球同步上映的“大片”。每一天人们的生活中充斥着“全球化”以及和全球化相关的词眼，“技术全球化”“金融全球化”“媒体全球化”“文化全球化”“信息全球化”不绝于耳。甚至“全球化”和“反全球化”都成为一个全球化的谈论与研究。有关经济的话语方式实现了同化，这真正使全球化获得了无与伦比的力量，它征服人们的头脑，决定这世界上大多数国家的经济政策。

全球化的趋势作为世界经济发展中不可逆的历史进程，也是资本主义的特征之一，它在资本主义发展到一定阶段的时候同“新自由主义”紧密地联系了起来。

一、世界经济客观全球化

经济全球化是世界经济向更高层次发展的一个过程和一种状态，是世界范围内市场经济规则的全球一体化。它具体表现为以当代科技革命、市场经济和跨国公司的大发展为驱动力，通过国际贸易、国际金融、国际投资、国际交通和通信的大发展，以及国际人口迁移，使生产要素在全球分为内优化组合和优化配置，从而使各国相互依存和相互融合空前加速和深化。其结果是使世界各国通过参与到商品、服务、资本和技术在世界性生产、消费和投资等领域，带动了整个国际经济由初级向高级发展的巨大变化，推动了贸易、投资和金融自由化的发展，各国和各地区经济联系不断扩大和融合不断加深。“经济全球化就是 24 小时相互联系的、极度活跃的、剥夺睡觉机会的、并受电子邮件推动的世界。”劳克斯·施瓦布如是说。全球化的形成是以市场经济为基础，以先进科技为手段，以发达国家为先导，以跨国公司为载体，以最大利润和经济效益为目标，通过国际分工、国际贸易、国际投资、国际金融、国际人力资源流动，逐步形成国际经济协调机制，实现世界各国市场和经济相互融合的过程。其本质是市场经济规则及其安排的全球一体化。

贸易自由化是经济全球化的首要表现形式。第二次世界大战结束以后，世界贸易增长速度超越了历史上的任何时期。在 GATT(关税及贸易总协定)的主导下，世界各国成员通过多边贸易谈判，签署了贸易自由化协议。贸易的主体从单一的国家与国家之间朝多元化发展。在一体化区域内部，区域之间和跨国公司的内部国际贸易都有了迅速的发展。有形商品贸易在持续增加的同时，在信息、知识的推动下，技术、服务中软性产品成为国际贸易新的生力军，无形商品贸易的增长速度高于货物贸易。在发达国家占主流的国际贸易市场中，发展中国家迅速崛起，东亚、拉美等新兴市场的贸易活动日趋频繁，且数量日益增大。

生产力作为人类社会发展的根本动力，极大地推动着世界市场的扩大。生产全球化是经济全球化的又一表现。互联网技术的勃兴与推广缩小了各国在时间、空间上的障碍，全球生产体系形成了网络分工，在世界范围内展开梯次继起的产业链分布。[①]发达工业化国家，利用长期积累的科技进步经验将工业化结构从劳动、资本密集型向技术和知识密集型升级；发展中国家的一批新兴工业化国家和地区紧随其后推行工业化发展战略，在全球垂直型分工格局中，利用"后发优势"，缩小同发达国家产业结构的差距。每一个国家是全球生产体系的有机组成部分，是全球商品价值链的一个环节，都有自己的分工定位，而从中穿针引线的，就是奔走于世界各地、足迹遍及全球的"经济恐龙"们——跨国公司。跨国公司打破了全球经营生产体系的国家界限和商品国籍，重构与整合全球生产体系的形成和运行，而在此体系下的国家分工定位也更加范式化地固定下来，转型升级更加困难。

自20世纪80年代以来，金融全球化成为不争的事实。世界市场发展的最显著特征是国际金融市场的全球化扩张，货币流通的全球化和投资活动的全球化。众多的跨国银行、证券交易所和投资机构在金融自由化的浪潮中，代表着金融利益在国际上交换配置，也在推动金融领域的创新活动。国内国际金融市场在信息网络和金融网络运行中统一为一个不受时间、空间限制，无国界的金融大市场。在这个全球市场中，美元、欧元、英镑、日元等在国家范围内自由流通的货币，跨越国境成为国际货币流通领域的主体，世界贸易中主要货币之间的汇率水平变动，日益成为影响国际贸易、生产、投资的重要因素。在投资领域中，发达国家的私人对外投资急剧膨胀，东亚地区继北美和西欧之后成为国际直接投资和吸收投资的热点地区，许多发展中国家大力引进外资，国家间的经济联系加强，国际分工和生产要素的流动配置快速扩展到全球。

科技全球化是经济全球化最新拓展和进展迅速的领域，以信息技术产业为典型代表的先进技术和研发能力大规模跨越国界转移。各国的技术标准越来越趋向一致，跨国公司巨头通过垄断技术标准的使用，控制高科技含量产业，从中获取大量的超额利润。科技的全球化进一步促进和发展了当代的国际

---

① 池元吉，李晓.世界经济概论[M].北京：高等教育出版社，2013.

贸易，一些传统的运输和交易手段，引入贸易信息网络系统，电子化网络化体系大幅降低了交易成本。

作为一种客观历史进程的全球化是人类生活跨域国家和地区的界限，在全世界范围内展现全方位的沟通、联系和相互影响，是一种乐观趋势，是生产力和科学技术发展到一定阶段的必然产物，是不可逆转的人类社会发展和演变的规律。然而，我们需要清醒认识的，正如约翰·诺贝尔格（John Norberg）在《为全球化申辩》中写道，“问题不在于全球化，而是在于全球化的类型”。自20世纪80年代以来的全球化进程，是由少数发达国家主导，受市场野心力量主控的，广大发展中国家被动卷入其制定的西方游戏规则的新自由主义全球化。这是一种缺乏公正，忽视平等的全球化，是一种必然会带来各种负面后果，问题严重的全球化。以美国为首的西方国家利用全球化趋势，将其政治制度、价值观念乃至文化推向全球，牟取经济、政治、军事、文化霸权，并按照本国的战略需要重新构建国际经济政治新秩序。

二、新自由主义主导的全球化

国家的经济边界随着全球化的进程在弱化，全球化意味着国家经济主权不同程度地削弱、让渡和衍生。由于市场和生产日益真正成为全球性的，民族国家的经济行为日益成为因变量，国内政策的制定者和决策者，包括大公司，公共权力机构，必须考虑其经济决策和经济活动的国际制约因素。更为重要的是，在经济全球化时代，国际经济竞争的本质已经从生产要素和商品的价格、品质等转移到市场经济规则及其相关的制度安排，制度竞争成为决定一国在世界经济中地位与影响力的重要因素。在以美国为首的发达国家中，新自由主义思潮被广泛接受和认可，以及由此在贸易、投资和金融自由化方面采取的一系列措施，在国内，在拉美国家，亚洲国家，以及东欧转轨国家中的推行与渗透，为发达资本主义国家主导的经济全球化提供了有利的制度环境和制度保证，使其牢牢地占据了全球化发展中的竞争优势地位，控制了全球化中的话语权。新自由主义既是大国主导的全球化的有力武器，也是经济全球化的催化剂。

从新自由主义和全球化发生发展轨迹来看，全球化的产生有其客观必然性,然而新自由主义从“勃兴时期”,到“华盛顿共识”达成,以至后来风行“亚非拉”第三世界国家的时间点,同全球化的产生和全球化时代的到来,都有着巧妙一致性。

第二次世界大战结束,世界各国面临着全球性的很多问题,而此时“全球危机”“全球行动”等“全球意识”开始盛行。20 世纪六七十年代兴起的科技革命,使世界在生产、生活、消费、交换,文化传递等诸多领域发生了变革,整个世界基于国际、科技联系更为紧密。尤其是信息通信技术的飞速发展,打破了传统的时空界限。这为客观全球化进程奠定了不可或缺的物质基础和技术手段。跨国公司在此背景下蓬勃发展，为新自由主义的贸易自由化和全球市场化在技术上、理论上提供了有力支持。70 年代两次石油危机引发的资本主义经济“滞胀”困境,一方面暴露出凯恩斯主义弊端,另一方面体现出对一种新的替代性方案的迫切需要。这为反凯恩斯主义的新自由主义各流派提供了历史契机。

新自由主义不失时机地提倡自由放任的市场经济，崇拜市场原教旨主义者亚当·斯密倡导的“看不见的手”,反对国家干预经济,要求最大限度地取消市场管制。并在此基础上,大力推行新自由主义贸易政策理论,将所谓“市场的完美性”推广到国际范围,强调通过没有干预的自由贸易,实现世界范围内的所谓“资源优化配置”,增进“世界各国福利”向世界各国辐射,以解除资本主义经济发展困境。

到 80 年代末,90 年代初的东欧剧变和苏联解体,客观上促成了全球共同市场的诞生,全球化时代最为重要的体制基础得以形成。它表明,新自由主义的全球性扩张扫清了最后的障碍,新自由主义意识形态开始风行全球。新自由主义势力大肆宣扬:工业化国家投入资本要素的边际报酬经过了拐点,开始下降;发展中国家资本稀缺,对外贸易和投资开放将鼓励资本流入国内,投资回报会高于工业化国家。因此,欠发达国家应该顺应全球化,全面放开市场,取消贸易保护,最大限度地降低贸易和投资门槛,利用市场的力量产生最优的国际分工,生产国际化、贸易和资本自由化将导致全球资源的更有效配置,这些贫困国家的国家机制将愈益类似于发达国家的机制，并且随着这种最好的运作机制的普遍传播,欠发达国家的经济将加速发展,从而缩小与发达国家的财富差距。

这一系列的论调表明新自由主义者利用了第二次世界大战以来世界形势的重大变化和全球化趋势的客观条件，竭力对全球化进行主观形塑，实现新自由主义的话语体系向全球化形态的积极转化。

新自由主义全球化在一个相当长的时期里，形成的是多种不对称的结构：

第一，地位不对称。在全球化经济中的主导产业，包括高科技产业、信息产业和现代金融业都来自发达国家。经济全球化与区域经济一体化的并行发展趋势下，国际生产组织方式发生了深刻的变革。一个最终产品在一个国家或地区生产完成的时代已经终结，现今的全球化条件下，一个最终产品分成若干环节，并分散在最有效率和成本最低的国家或地区去完成。在这个过程中，在同一产品由不同国家的企业共同参与完成的全球化生产体系下，发展中国家的国际分工地位和全球化地位实际上已经依附在了发达国家之下。

第二，决策权的不对称。发达国家是全球化规则的制定者，发展中国家在很大程度上只是规则的被动接受者。

第三，后果不对称。作为“规则非中性”的自然后果，经济全球化的成果多为发达国家所享有，而其带来的消极影响，则大都由发展中国家来承受。全球化的“双刃剑”更多是对发展中国家而言。而那些不愿和无力参加或被动参与全球化进程的最不发达国家，很可能遭受被边缘化的命运。

第二节　新自由主义风行下的国际贸易全球化

国际贸易作为各国间商品、技术和服务的交换过程，是世界资源在各国间进行重新配置的重要渠道，是世界各国之间实现经济交往、经济分工和经济合作的基本手段，也是大国主导的新自由主义全球化和一体化的重要内容和赤裸裸体现。

国际贸易是随着社会生产力的发展，国家和政治实体逐渐形成，社会分工的扩展使可供交换的剩余产品日益增多，商品交换活动在私有制的形成和发展中开始超越国界而产生。国际贸易真正具有世界性质，是在资本主义生产方式确立起来之后。资本主义生产方式前提下，国际贸易活动开始遍及全球，国际贸易额急剧增大,贸易商品种类日益增多,国际贸易愈来愈成为世界经济全球化发展中一个重要因素。资本主义的发展史就是国际贸易的发展变化史,资本主义制度下的国际贸易,在新自由主义全球化背景下有其发展特点。

新自由主义主导下的贸易全球化的最大受益者是美国。华盛顿智库彼得森国际经济研究所所长弗雷德·伯格斯滕(Fred Burgess ten)指出:“50年来,全球化给美国经济带来很多好处。由于与世界其他地区的贸易融合,美国经济每年所创造的财富增加了1万亿美元,占美国GDP的10%;使每个美国家庭的年收入额增加了1万美元,过去几十年人均收入的增长有20%来自美国经济与全球化的融合。而这些财富增加源自三个渠道:一是廉价的消费品,商品的种类更加多样化;二是随着其他国家降低贸易壁垒以及技术的发展;三是全球化带动下的生产率提高。”可见,大量的发展中国家(中国占到很大比重),为其提供低廉、丰富的商品,而美国通过世界贸易组织等国际性组织使大部分国家纳入了一个既定的全球贸易框架中,一方面减免关税,降低贸易壁垒,另一方面可以在此框架下制定有利于国内经济的新的贸易规则。此外,在世界经济发展的生产力的进步中,发达国家掌握了绝大部分的先进的核心科技。一方面生产力的提高降低了商品的国际价格,另一方面牢牢把握技术核心、科技核心,使全球贸易和商品生产中,各个国家呈现阶梯形的分工与分布。

随着世界经济发展,在生产力的推动作用下在国际贸易规模、结构、内容等方面都发生了重大变化。

一、国际贸易规模的扩大

第二次世界大战以前的国际贸易发展较为缓慢,第二次世界大战以后国际贸易规模总体增长迅速,资本主义经济在20世纪70年代初开始进入快速增长期,国际贸易也迎来快速增长的“黄金时代”,在70年代中期到80年代中期,世界经济在资本主义国家“滞胀”困扰下陷入低迷,国际贸易陷入萎靡,个别年份甚至出现负增长。自20世纪八九十年代以来,随着新自由主义的全球化不断深入,亚非拉地区更多的国家走向开放和自由化,参与全球市场的生产交换中,世界各地区在国际贸易中的关联性愈发增强,国际贸易的规模大幅增长。数据显示,1980—2010年,世界贸易额从2.4万亿美元增加到14.9万亿美元，增加了 5.2 倍。1983—1989 年间国际贸易年均增长率达到 6.2%，1990—1995 年国际贸易年均增长率高达 10%左右。但其间的发展也存在动荡不稳定的一面，1996 年的国际贸易年均增长降低到 6.7%，1997 年更是下降到 3.5%，在亚洲金融危机的严重影响下国际贸易甚至在 1998 年出现了负增长，随着亚洲国家的经济复苏，国际贸易在 1999 年才有了逐步回升。接下来的 2000 年和 2001 年间信息技术产业的急剧降温及美国“9·11”恐怖事件等的影响使国际贸易又出现下滑的趋势。正当 2002—2007 年的国际贸易处于稳中带升的局面时，2008 年开始的全球金融危机导致世界商品出口大跌 12.0%，创第二次世界大战结束以来的最大跌幅。从 2010 年开始，国际贸易又逐渐从金融危机造成的深度衰退中复苏过来，在波动中上升为国际贸易发展的总体趋势。

二、国际贸易结构、分布的多重变化

新自由主义经济范式下的全球化，国际贸易结构在发达国家和发展中国家之间出现了分化。从国际贸易的商品结构来看，有形商品交易持续增长的同时，无形商品贸易增长的趋势也十分明显，以信息和知识产业化为导向的技术、服务等软性产品成为国家贸易中的新宠，国际贸易商品结构日益朝高级化发展。以美、英等为代表的发达国家，主要从国际货物贸易结构的高级化和国际服务贸易结构的高级化两方面，参与和改变国际贸易结构。从英国工业革命至第二次世界大战前，初级产品出口比重一直维持在 60%左右，战后，随着生产力的革新，世界产业结构产生了重大改变，国际贸易的商品结构也随之发生了显著变化，从 1953 年起，工业制成品所占的比重超过了初级产品，60 年代以后，科学技术飞速发展，国际分工和专业化进一步扩大和升华，工业制成品在国际贸易中所占的比重日益明显地超过初级产品，1970 年制成品占出口比重超过 60%，1990 年制成品占出口比重超过 70%。技术进步是国际贸易商品结构高级化的根本原因，发达国家通过利用技术优势，通过降低初级产品在消费中的比重，降低单位最终产品的资源和材料的消耗量，以及提高附加值在利用新技术生产的商品和服务中的比重等办法，降低对发展中国家资源消耗量大的产品需求。另外相关的国际贸易组织也对国际贸易商品结构的变化有影响，乌拉圭回合谈判成功以后，大多数工业化国家对制成品的保护急剧减少，制成品贸易比初级产品贸易有更大范围的自由度，制成品贸易得以几乎不受限制地自由发展。国际服务贸易的高级化发展同世界经济发展和科学技术水平的提高密切相关，以运输和旅游等为代表的传统自然资源或劳动密集型服务贸易格局被打破，在国际服务贸易构成中所占比重相对下降，以电讯金融、信息产业、高新技术产业为代表的知识、智力密集型或资本密集型为主的现代服务贸易迅速崛起，以电子产业、航空航天技术、环境保护技术、新材料等为代表的高新技术的发展，推动了国际技术贸易的发展。①

从国际贸易的地区分布上看，发达国家依然是国际贸易的主体，发达国家之间的贸易依然占到国际贸易的主流。自20世纪50年代以来，发达国家在货物贸易中始终占据着60%以上的比重，而服务贸易的优势更加明显，占到服务贸易比重的70%以上。在货物贸易和服务贸易前10位的国家中，美国，德国，日本等发达国家占到9个。这9个国家在全球货物贸易和服务贸易中的比重就接近50%的份额。欧洲和北美的区域内部贸易在全球贸易中占据了50%左右的份额，而更为重要的是，这些发达国家通过开展区域贸易合作和控制多边贸易体制在国际贸易中的秩序，在国际分工与交换中获得了大部分的贸易利益。另外，在发达国家之间，日本和欧洲的贸易地位上升较快，美国的贸易地位相对下降。1986年联邦德国取代美国成为世界第一大出口国。1991年美国抓住两德统一契机，夺回世界第一出口大国的桂冠。从2003年起，德国开始稳居世界第一出口大国的地位。

此外发达国家同发展中国家之间的贸易在不断增大，东亚和拉美等新兴市场也迅速崛起，发展中国家的新型工业化经济体在国际贸易中地位上升成为国际贸易格局中的一个重要特征。20世纪60年代开始，亚洲的韩国、新加坡和中国台湾、中国香港退出出口导向型战略，通过出口带动实现经济腾飞。20世纪90年代以来，以中国、印度为代表的新兴工业化国家通过发展对外贸易和吸引外资，也实现了经济持续增长。2008年，中国货物贸易出口额达到14283亿美元，成为仅次于德国的世界第二大国际贸易国。此后，中国逐渐成为世界上最大的国际贸易经济体。

---

① 池元吉，李晓.世界经济概论[M].北京：高等教育出版社，2013.

国际贸易的交易主体在全球化发展下也不再局限于传统的国家与国家之间的贸易，呈现出多元化趋势，一体化区域内部贸易，区域之间和跨国公司的内部贸易越来越频繁。

三、国际贸易新格局

70年代后期开始，美国经济的繁荣为新自由主义全球化传播打开了一个好局面，一方面在美国积极推动下GATT向WTO的发展为世界经济相互交织融合提供了一个平台，国家间贸易往来日益密切，全球化贸易朝着一个既定轨道提速发展。

另一方面，贸易自由化催生了此起彼伏的国际贸易摩擦。世界各国为了发展经济，都把世界市场作为发展经济的立足点，各国都努力扩大出口，导致市场竞争逐渐加剧。另一方面随着国际贸易的进一步发展，西方发达国家甚至打着合理合法的旗号，推行贸易保护主义和歧视政策，从而进一步加剧了贸易摩擦，导致直接降低了发展中国家的出口，使发展中国家的贸易条件恶化。国际贸易长期被发达资本主义国家垄断，初级产品与制成品的价格“剪刀差”不断增大。发达国家不断通过增加工业制成品在全球的份额和提高技术含量较高产品出口比重来推动世界贸易增长，但是同时发展中国家的贸易条件也日趋恶化。在此背景下，各种区域经济一体化组织基于不同的国家利益和合作背景如雨后春笋般出现，形成了国际贸易的新格局。自由贸易区、关税同盟、共同市场、经济与货币同盟，在不同经济发展层次和不同地域的国家间形成。各组织通过消除区内关税甚至非关税壁垒实现生产要素的自由流动。这些一体化组织一方面增加了区内贸易量，同时在另一方面减少了区内国家与区外国家之间的贸易。①

形成的众多形式的贸易组织中，既有发达国家之间的，也有发展中国家之间的，还有南北国家共同形成的这类组织，仅自由贸易区就有上百个，是一体化组织中数量最多的。其中也不乏美国促成的众多自由贸易区作为其新自由主义改革的实验基地。

---

① 冯雷.贸易全球化的新趋势[J].世界标准信息，2015(3)：99-101.

四、挑战发展中国家经济和金融安全

在国际贸易格局中，由于发展中国家在国际分工中地位相对低下，面对全球化经济又必须遵守发达国家制定的国际经济和贸易方面的各种规则，因此，面临全球化进程中的竞争压力，让渡经济主权的情况也日益剧增，这导致较多发展中国家在国际经济交易，乃至国内经济发展导向方面常常是受制于发达国家的干涉的结果。另一方面，融入经济全球化进程也会提高发展中国家对外部市场和资源的依赖性，国家之间的对外贸易依存度相应提高，故更容易受到外部冲击的不利影响。

另外，随着国际贸易自由化的推进，国家之间的国际贸易往来增进了国际资本的流动性，这既可以获取资金流入的收益，也意味着金融风险有了大幅的增加。对于发展中国家而言，全球化加速了资本流出和流入的速度，而国内的金融体系往往同发达国家的金融体系相比还有较大差距，抵御风险的能力相对薄弱，面对国际投机热钱的冲击，国际汇率的频繁波动，反应调整的速度较慢，都可能导致出现大规模的金融动荡，给经济造成严重危害。

第三节　霸权主义主导下的全球化多边贸易体系

一、贸易自由化推动多边贸易体制形成

第二次世界大战以后随着世界经济的恢复与发展，全球范围的国际贸易交流也飞速增加。西方发达国家，在各国垄断资本主义日益加强的条件下，为了满足垄断金融资本向外输出的愿望，也开始进行了同其贸易保护政策相关联的，有差别和有选择的贸易自由化。以美国为首的头号资本主义强国，为了对外进行经济扩张，巩固其在国际经济政治领域的霸权地位，在国内经济提振和走向繁荣的同时，也借势将新自由主义向全球推销，成为贸易自由化的积极倡导者和推行者，并开始主导世界各国在国际贸易领域中的重要问题，比如积极削减关税，取消商品数量限制等等。20 世纪 40 年代末，美国等西方发达国家筹划组织了《关税与贸易总协定》(GATT)的多边关税减让谈判，为战后国际

贸易发展制定有利于美国自身利益的“游戏规则”。70年代末，随着美国等西方大国国内新自由主义思潮的逐渐成熟，开始筹划向世界范围蔓延的相关步骤。在其理论上，它们极力倡导“自由化”“私有化”和“市场化”三化理念，有关“贸易自由化”则是通过WTO的建立与运行得到体现的。发达国家为了维护巩固其在世界经济格局中的统治地位，并牢牢掌控话语权，必然要在世界各国之间建立起一个更完整的多边贸易体制。

贸易自由化的发展，推动了GATT的成立与多轮谈判，并向世界贸易组织(WTO)转化与完善。在贸易自由化前提下，国际贸易政策和体制都发生了重大变化，它也极大地影响了世界经济的发展走向和世界各国的经济格局及国际地位。时至今日，贸易自由化表现出三方面的主要特征：一是发达国家之间的贸易自由化程度远高于它们对发展中国家和原社会主义国家的贸易自由化程度；二是区域经济集团内部的贸易自由化程度，超过了集团对外的贸易自由化程度；三是工业制成品的贸易自由化程度高于农产品的贸易自由化程度。在工业制成品中，机器设备的贸易自由化程度超过工业消费品的贸易自由化程度，特别是那些属于敏感性的劳动密集型产品，如纺织品、服装、鞋类、皮革制品和罐头食品等受到较多的进口限制。而由此形成的全球化趋势下的多边贸易体制，无不充斥着大国霸权主义、实用主义双重标准。发达国家无疑是国际贸易利益的丰硕获得者，因为其所谓的“贸易自由化”只是有条件意义的自由和开放。发展中国家则不同，在其获得一定成果的同时，需要付出极大的代价，并做出巨大的让步。事实上，发展中国家薄弱的经济基础和相形见绌的竞争力，自然使其难以在经济全球化和自由化中得到收益，甚至会造成长期的承重，乃至诸多的社会经济及环境问题。

二、国际贸易体制下的大国强权

(一) GATT的建立与问题

全球化前提下的国际贸易活动无疑将日益频繁，国家间的多边贸易也会爆炸性增长。多边贸易体制成形，一方面促进了国际上的政治经济合作，增强了世界各地区之间的依赖性和互补性，世界性的大市场也将因此而日趋繁荣；另一方面它也导致了国家地区之间的发展不平衡，差距不断加大，并由此引发出诸多社会经济问题。从 1947 年 GATT 的成立到 WTO 的出现,为全球化下的贸易自由化铺平了道路,同时,它也将新自由主义驱动的大国霸权主义,及其实用主义双重标准带入了国际贸易的游戏规则之中。

1929—1933 年的那场空前广泛而深刻的世界性经济危机之后,使世界各国纷纷设置种种贸易壁垒,以保护本国的产业,结果使全世界的贸易秩序及整个世界经济陷入一片混乱之中,成为引发第二次世界大战的原因之一。在战争尚未结束之时,美、英等国家意识到,要想避免战争惨祸的发生和让世界拥有和平,繁荣世界各国的经济,扩大就业、提高生产和生活水平,必须建立一系列国际性机构与协调组织,以维护国际金融和国际贸易的正常秩序,促进世界经济的顺利发展, 因而在建立了布雷顿森林体系之后,1947 年 4 月 10 日至 10 月 30 日在瑞士日内瓦举行了联合国贸易与就业会议筹备委员会第二次会议。会议期间,与会国在起草《国际贸易组织宪章》草案的同时,也进行了有关相互减让关税的多边贸易谈判。会议结束时,与会国决定将该宪章草案中有关多边贸易的规定作为已取得一致的关税减让的基础。这些规定和各国所做的“关税减让表”结合成为独立的《关税与贸易总协定》,并附于会议最后文件中。1947 年 10 月 30 日,与会国签署了最后文件。同日,23 个最后文件签署国制定了《关税与贸易总协定临时适用议定书》。自 1948 年开始,作为与贸易有关的国际框架的关税及贸易总协定正式发挥其职能,并支撑了战后国际贸易的发展。

关贸总协定(GATT)的建立初衷是“各缔约国本着提高生活水平、保证充分就业、保障实际收入和有效需求稳定增长、充分利用世界资源、扩大商品生产和交换、促进经济发展的目的,来处理它们在贸易和经济发展方面的相互关系,彼此减让关税,取消各种贸易壁垒和歧视性待遇,实现贸易自由化”。在把握“无歧视性待遇原则”“关税减让原则”“取消数量原则”“透明度原则”的基础上,最重要的活动是进行了 8 轮多边国际贸易谈判,参与的国家和地区从第一轮谈判的 23 个缔约方,创造了大规模多边关税和贸易谈判的成功先例,到第 8 轮谈判时缔约方增加到了 125 个。多轮谈判使发达国家缔约方和发展中国家缔约方平均减低关税 1/3,发达国家缔约方工业品平均关税降为 3.6%左右,达成包含近 40 个协议和决定的最后文件,最重要的是取得了签署《建立世界贸易组织的协议》这一成果。

关贸总协定(GATT)作为一个准国际性组织对战后经济贸易的发展起到了较大的保证和推动作用,促进了世界贸易的发展与自由化,使世界贸易的规模从1950年的607亿美元增加到了43700亿美元,增长速度超过了世界生产的增长速度。关贸总协定作为各缔约方谈判相互妥协的产物,不仅为解决贸易争端提供了场所,还因其规定了调节缔约方之间贸易争端的程序与方法,也为避免贸易纠纷的发生,缓和平息各缔约方之间的贸易争端发挥了重要作用。此外,通过关贸总协定各缔约方的多轮谈判,关税与非关税壁垒的削减和消除,也将有力地推动国家贸易的发展,使世界的生产要素得以在更广阔的范围内优化配置,谈判中发达国家在发展中国家强烈要求和不懈努力与争取下,给予发展中国家一定优惠,这在一定程度上也推动了发展中国家贸易和经济的发展。

但是GATT依然存在诸多局限性。首先,关贸总协定不具有国际法主体资格,因而自身的正当利益是无法得到国际法的保护的,其功能的发挥上也受到很大制约,使得权威性明显不足,从而弱化了其在管理和协调国际贸易事务方面的效力。其次,关贸总协定的管辖范围有较大局限性。关贸总协定体制下涵盖的商品主要是有形贸易的关税减让,而货物贸易中的农产品、纺织品、服装等产品的相关贸易协定几乎没有涉及。事实上,农产品贸易存在严重的价格扭曲,是发达国家非常重视的保护领域,每年对国内农产品都提供高额补贴,对外为农产品保护高筑关税壁垒,由此频繁引发的贸易争端很难调节。服装产品、纺织品作为发展中国家劳动密集型产业主体,是国际贸易的出口大项,每年在世界出口总额中占到接近30%的比重,本来是发达国家与发展中国家国际贸易领域中很有谈判价值的主题,但却长期游离于关贸总协定体制之外。再次,关贸总协定制定的规则不够严谨,并存在大量倾向于保护发达国家利益的漏洞。关贸总协定的创始国以发达资本主义国家居多,从20世纪50年代起,美国就一方独大地掌控局面。到后来,又出现了美、欧、日等多极较量实力、角逐利益的局面,使发展中国家的地位和基本利益难以从中得到体现,致使与发达国家发生较多关联的“倾销”“补贴”标准的界定,到“反倾销”“反补贴”实施内容的规定都表现得含糊其词。相反的,在关贸总协定中发达国家以“贸易集团条款”“幼稚产业保护条款”“特殊保障条款”等例外条款,回避了关贸总协定规定的协议履行要求,并导致发达国家打着降低关税推动自由贸易的旗号,将自愿出口限制、有序的销售安排等“灰色区域”措施,演变为此后常见的非关税壁垒,并借此对本国产业实施贸易保护。这些本来违背关贸总协定原则的措施,由于缔约各方的暧昧处理,其非法性和不合理性并没有受到指责。最后,关贸总协定在加入资格上对其所认为的“异己国家”往往采取歧视态度。冷战时期属于东方“社会主义阵营”的很多国家,在加入关贸总协定时都受到了不同程度的排挤和打压。譬如,当时属于计划经济体制的波兰,从 1959 年起就开始递交加入申请,并为此承担每年从全体缔约方增加进口不低于 7%的义务。即使如此,还是历经 7 年多时间后,才被接纳。有着世界最多人口,在世界进出口贸易中占有较大比重的中国,从 1986 年开始,就提出正式申请恢复关贸总协定缔约方的地位的要求,直到世界贸易组织成立都没有被接纳。

(二)WTO 的存在与作用发挥

关贸总协定作为推动贸易自由化的临时契约和一个临时组织存在了 48 年,欧共体和加拿大在 1990 年分别提出建立世界贸易组织的提案,1994 年 4 月 15 日,在摩洛哥的马拉喀什市举行的关贸总协定乌拉圭回合部长会议上决定成立更具全球性的世界贸易组织,以取代成立于 1947 年的关贸总协定。1995 年 1 月 1 日,世界贸易组织(WTO)正式开始运作,总部设在日内瓦莱蒙湖畔的关贸总协定总部大楼内,与关贸总协定同时并存一年以后,1996 年 1 月 1 日正式取代关贸总协定(GATT)。世界贸易组织(WTO)成立后,成了迄今为止最大的国际经济联合体,具有“经济联合国”之称,它也是当代最重要的三大国际经济组织之一,拥有 162 个成员,成员贸易总额达到全球的 97%。

WTO 不同于 GATT 的是,它既有一套关于关税与贸易措施的国际通行法规,又是进行多边贸易谈判和解决缔约贸易争端的国际机构。其管辖范围除了 GATT 中所涉及的有关货物贸易的多边协议外,还包括《服务贸易总协定》及相关附件;《与贸易有关的知识产权协议》;《贸易争端解决程序与规则的谅解》,即关于贸易争端的有关协议与程序;《贸易政策审议机制》,即负责审议各成员的贸易政策法规是否与 WTO 相关协议、条款规定的权利义务相一致。从 WTO 的运行机制上看,WTO 包括法律框架和组织结构、加入和退出机制、决策机制、争端解决机制和贸易政策审议机制等，其设置比 GATT 更完备更有体系化，且具有国际上的合法地位。这些机制为其运行提供了法律基础和组织保障，不仅巩固了 GATT40 多年来致力于贸易自由化的实践成果，而且更加明确地表现出试图推进贸易自由化的信心和决心。

从法律角度上看，WTO 法律体系由完备的组织法、范围广泛而内容详尽的实体法、独立而有效的争端解决机制及定期而全面的贸易政策审议机制等程序法构成。此外，该组织还通过一系列协议、宣言、决定、谅解和裁决，规定了各成员方在国际贸易领域中的基本行为准则。相比而言，其约束力和具有的法律保障要明显高于 GATT，这将使缔约各方能够较容易地融入多边贸易体制之中，并以接受 WTO 规则的约束性承诺为前提，实现贸易自由化要求。与此同时，它也有利于在全球化背景下，对贸易、服务、投资、知识产权等各方面进行政策选择。由此不难看出，WTO 比 GATT 有着更强的履约机制和特点，权威性也大大提高，运作过程更有效率。其所制定的相关规则，在全球国际贸易运行中，不仅使安全得以保障，而且在国际贸易的协调管理方面也具有一定意义的权威性。

（三）话语权的博弈

然而，尽管 WTO 有前述特点，但它最终不可能成为一个真正强有力的超国家性质的组织机构，因为作为一个国际经济组织，其实质是各成员国利益妥协和重新分配的结果。目前加入世贸组织的成员主要分为四类：一是经济发展水平较高、生产技术水平较先进，国民生产总值和人均国内生产总值远高于其他国家，产业结构先进，在联合国发布的“人类发展指数”（HDI——Human Development Index，以“预期寿命、教育水准和生活质量”三项基础变量，按照一定的计算方法，得出的综合指标）排名中位于前列的发达国家和地区成员；二是经济、教育、科技、社会福利和生活水平欠发达，经济主要以农业和工业为主，在联合国发布的“人类发展指数”排名中处于中等的发展中国家成员；三是以俄罗斯、波兰、乌克兰、匈牙利、白俄罗斯等苏联成员国及前东欧国家，由计划经济体制转变为发展市场经济体制的转轨经济体成员；四是人均国民生产总值在 975 美元以下，在国内生产总值中制造业所占比重低于 10%，人口识字率在 20%以下，那些社会、经济发展水平以及联合国所颁布的人类发展指数最低的最不发达国家成员。

从世界贸易组织成立以来，组织机构一方面看似坚持朝着公平、公开、公正的原则立场发展和努力，另一方面又确实存在着多国在国际组织中的力量不平衡、权利不对等的现实情况。这表明，在全球贸易趋向自由化的同时，贸易保护主义依然盛行，西方贸易大国还操纵着多边贸易体制的进程。从法律框架的建立，到成员国加入组织谈判，从协商机制到决策机制依然充斥着大国主义和强权性质，它也在很大程度上反映出发达国家占据着强大的话语权。面对此状，后三类国家不得不面对来自各方面的歧视。就像《一件T恤的全球经济之旅》中所说的那样：全球贸易是赢家通过“制定规则”避免竞争而不是选择在商业中竞争。

WTO的存在确实对国际贸易的发展进程起到一定的积极作用，但是不可避免的它也是以发达国家话语权为主导的“制定规则”的最有利场所，在贸易自由化的大旗下，发达国家用一种冠冕堂皇的形式，既维护本国利益，又维护发达国家群体的利益。

1. 比较优势纳入WTO框架

如果说WTO是一个国际贸易方面的大家庭，那么，家庭成员中贫穷和富裕国家同时存在。这就意味着，在WTO框架中，发达国家与发展中国家的共同利益和特殊利益需要协调，需要用法律法规形式体现出来，要真正做到这一点并非易事，它是一项具有挑战性的复杂的系统工程。从WTO成立及乌拉圭回合协议实施，很多发展中国家对现行的发达国家的贸易利益国际组织中的相关规则得到维护持有反对观点，但发达国家在该组织中的话语权，不仅没有减弱，反而还有所增大。它们往往通过多边贸易谈判方式，将发达国家比较优势纳入WTO框架之中，这也是其获得国际贸易中话语权的基本手段。

发达国家在国际贸易中之所以长期占据统治地位，一般说，是它们长久以来积累起来的比较优势。无论在科技研发上，还是信息化发展上，以及在企业家管理才能方面等，它们都占有优势地位，这种优势地位也都是发展中国家在短时间内难以企及和超越的。利用这些因素的协同作用，是发达国家保持其在国际贸易中的比较优势的重要条件。然而，随着国际贸易成为一个国家参与全球化生产与消费的主要途径，国家间财富和生产要素的自由流动，也使全球经济的发展与国家地区之间的互补性、依赖性不断增强，继之，大国更加重视其对国内资源与国内产业的保护，将本国的产业结构调整到最优，利用传统的关税壁垒作为贸易保护伞，虽也几经变换方式，但依然突出地存在并发挥作用。但是其效力在WTO的谈判中也已经逐渐单一化，所以发达国家正在不断地依托原有国际贸易框架进行升级，将其在国际交换、生产、消费中的比较优势，同时纳入了全球国际贸易中来。

首先，发达国家将服务贸易纳入倾向于大国利益的WTO谈判。

从关贸总协定经历多轮谈判发挥作用开始，其规则主要针对的都是有形的货物贸易。在当时的国际贸易大环境下货物贸易是众多国家参与全球化最基本也是最重要的形式。从20世纪80年代末开始，国际服务贸易的增长势头超过了货物贸易，所涉及的领域不断拓宽，结构也不断完善。欧美国家的产业结构逐步开始朝第三产业甚至是第四产业转型和过渡。而发达国家和发展中国家的服务业及国际服务贸易发展水平具有较大的差距，外加服务市场的开放涉及国家主权与安全、政治与文化等敏感问题，国际服务贸易市场显示出了明显的垄断性。发达国家既想维持本国在国际市场中的这种垄断，又想涉足发展中国家政治经济事务中的诸多层面，因此在制定国际贸易规则的时候，大国开始致力于将服务贸易的相关保护条例放在重要位置，以维护其有利竞争地位，并利用合法化的形式植入全球化游戏规则中。

早在关贸总协定第7轮多边贸易谈判东京回合中，美国政府根据《1947年贸易法》的授权，就试图把服务贸易作为该回合谈判的议题之一。只是因为当时还有更加迫切的交流问题，且各国在服务贸易的概念、法律范围、贸易和投资等问题上争执不下，故美国延迟了服务贸易的减让谈判计划。但是在东京回合所达成的海关估价、政府采购协议中，还是写入了一些服务贸易的相关内容。然而，美国国会在《1984年贸易与关税法》中，授权政府就服务贸易等进行谈判，并授权对不在这些问题上妥协的国家进行报复。发展中国家和一些发达国家抵制美国的提议，起初欧盟对美国的提议同样疑虑重重，但是经过调查发现其自身的服务贸易出口量要大于美国，因而也迅速转变立场成为美国的坚决支持者。日本虽然是服务贸易的最大进口国，呈逆差态势，但是由于其总体在国际贸易中呈现顺差，加之为了调和与美国之间日益尖锐的贸易摩擦，因而也始终支持美国。

随着发达国家在服务贸易问题上逐步达成统一认识，一些发展中国家在某些服务业已取得相当优势的前提下立场也开始动摇，比如韩国的建筑工程承包具有一定的国际竞争力，新加坡的航空运输业在资本、成本和服务质量上也有明显的优势，这些国家期望通过谈判扩大本国优势服务的出口。其他的发展中国家一方面迫于发达国家可能出现的制裁和报复措施的压力，一方面也意识到不积极参与服务贸易的谈判，更可能形成由发达国家制定服务贸易规则的局面，最后被动地接受让本国利益遭受更大的损害。至此，服务贸易正式作为维护大国利益的重要形式摆上国际谈判桌。

当 GATT 进行到第 8 轮乌拉圭谈判时，时任美国总统的克林顿，将服务贸易的议题正式纳入谈判中，打开了服务贸易市场。同时，又在 1997 年达成了《基础电信服务协议》《信息技术协议》《金融服务协议》，通过谈判要求各成员国向外国公司开放电信市场、银行、证券、保险市场等，又在 2000 年初实现相关信息技术产业的零关税。

本来随着世界经济发展进程，将服务贸易的一系列相关产业纳入世界贸易的协议范围无可厚非，但是以上涉及的服务贸易部分是在没有考虑大多发展中国家现有服务贸易水平的前提下摆上谈判桌。这样做，一来服务业中的银行、证券、保险、通信、咨询、法律会计专业服务等很多部门都是资本密集型、知识密集型的行业，发展中国家的这些行业很薄弱，几乎不具备竞争优势。二来发展中国家的这些民族服务业行业大多还处于初级阶段，尚未成熟，根本经不起发达国家的激烈竞争带来的冲击。除此，也是最重要的，有些服务业还涉及国家主权、机密和安全等要害问题。

美国为首的北方国家通过多边贸易谈判，将发达国家最具有比较优势的服务贸易项目纳入 WTO 框架，对发展中国家来说就是一种不小的贸易冲击，它将造成众多发展中国家在国际贸易发展和交易中的严重利益失衡，因而是不公平的。

其次，无视发达国家和发展中国家在环境保护及劳动条件等方面的较大差距，将其直接与贸易挂钩，并纳入 WTO 框架之中。

随着国际贸易的发展和贸易自由化程度的提高，各国名义关税已经在

WTO 多轮谈判下大幅度下降，一些传统非关税堡垒也在逐步地被消除和规范。一些发达国家开始利用与发展中国家之间经济技术水平、文化教育和道德标准的差异，构筑起一种新型的、更为隐蔽的国际贸易壁垒，将社会责任标准同其对发展中国家实施的普遍优惠制度挂钩。通过确立劳工标准、技术标准等达到全面限制发展中国家劳动密集型产业的出口，以达到保护其国内市场的目的。如众多跨国公司将美国经济优先权委员会（简称 SAI）制定并实施的 SA8000 标准（企业家的社会责任标准）与企业的订单挂钩，不符合标准的将不能出口。2002 年 1 月，欧盟以从中国进口的部分动物源性食品中含有氯霉素残留和中国农药残留体系未达到要求为由，全面禁止从中国进口动物源性产品；2003 年 1 月，欧委会公布 2003/03/EC 号指令，禁止纺织品和皮革制品中使用名为蓝色着色剂的偶氮染料，产品达不到该指令的不得出口。不仅如此，欧美等大国还在积极努力争取将这些国内或区域性的贸易政策与条例，纳入 WTO 框架中，以期用更广泛性的、标准化的法律形式，达到打击发展中国家商品出口的目的。

前面在介绍加入世贸组织的四类成员中已经看到：发达国家在经济背景、人口素质、环境等多方面都同其他三类成员有着巨大的差异，一方面发达国家借助发展中国家廉价的劳动力和低廉的生产原料，将劳动密集型的产业向这些国家转移，从而在国内享用价廉物美、品种繁多的全球化商品，另一方面又运用如此之多的、让众多发展中国家短期内无法实现，且难以企及的生产出口条件对之出口加以限制。在对发展中国家的出口贸易无情压榨、残忍剥削的同时，居然还要将之置于死地。这就充分反映出发达国家既矛盾又疯狂和冷血的资本逐利本性。

2. 入世歧视

本来，世界贸易组织在吸纳成员国时，应当允许任何国家和地区申请加入。一般来说，一国或地区要加入 WTO 时，必须经过申请国提出申请和 WTO 官方受理，经过对外贸易制度的审议和双边市场准入谈判，经过多边谈判和起草加入文件，以及经过表决与生效这四个阶段。看起来这些顺理成章的加入程序，依然能够成为一些大国试图干预别国内政的工具。从 GATT 到 WTO 建立的初衷上看，不乏某些发达国家借此来控制国际经济发展，服务本国的经济利益,并利用国际组织来推行其自身意图的目的。而对那些在意识形态有较大差异,在经济发展模式、政治主张上存在分歧且表现强硬的国家来说,WTO 既想将其纳入其掌控的游戏规则中,又想从中对这些国家的政治经济各方面施加全面干涉,乃至借机将之同化。这一意图,从中国 11 年马拉松式的"复关"谈判和此后转为"入世"谈判的整个过程中可见一斑。中国作为对外贸易大国,在全球农业、加工制造业中都占有举足轻重的地位,然而直至 2001 年 12 月 11 日,它才正式加入世界贸易组织,成为其第 143 个成员,其间经历了漫长、艰辛的整整 15 年的谈判历程。

中国原本是 GATT 的 23 个创始国成员,新中国成立以后,国民党当局退居台湾,并于 1950 年非法退出了关贸总协定。由于当时特殊的国际环境和国内实行高度集中的计划经济体制与关贸总协定提出的以市场经济为基础的要求相差甚远,加之其他种种原因,使得我国一度中断了与关贸总协定的联系。从 60 年代开始,中国开始以观察员身份参与 GATT 的若干活动。自 1986 年中国正式提出申请"复关"以来,国内为积极顺应 GATT 的要求,在国民经济和对外贸易的各个领域都进行了一系列重大改革,并初步建起了社会主义市场经济体制,使国内市场的开放程度逐步提高。但是,我国为何在此后的十几年时间里,被迟迟排斥在国际多边贸易的体制之外?中国经济、贸易的高速发展是采用的中国特色的社会主义发展方向,加之国内是公有制经济为主体的经济制度,似乎这有悖于西方国家所极力推行的新自由主义经济范式。于是在我国的"复关""入世"谈判中,WTO 组织及西方各资本主义大国,不仅在贸易出超方面大做文章,还强迫中国进一步大幅度地开放市场,并借中国经济的高速发展,对"发展中国家地位"也提出了质疑。

由于美国是世界贸易组织中最重要的成员,其国内贸易政策和贸易规则尤其烦琐,这种情况,致使中国同美国的谈判从 1996 年开始一直持续到 1999 年。面对如此重要的一个国际贸易伙伴国申请加入世贸组织,美国更是两面三刀,一方面对中国加入 GATT/WTO 表面欢迎,另一方面则通过与中国的双边贸易谈判施以重压,并设置种种苛刻条件,以极力索取更大的经济和政治利益。在谈判过程中,其中有些刁难甚至到了无视中国的最基本的国家主权和国家尊严的程度,企图在世界上最具活力的中国市场中分享更大的经济利益份额。比如,美国明确提出要在中国国内的电信和寿险行业中占有大额股份,并且要有控制权;再比如,美国要求中国金融领域和资本市场的全面开放,等等。

直至 1999 年在经历了 23 轮中美双边复关(入世)磋商,27 轮 GATT/WTO 中国工作组织接触以及双边经贸中的反复较量后,1999 年 11 月 15 日,中美双方最终签署了《中美关于中国加入世界贸易组织的双边协议》,中国加入 WTO 终于扫除了最大障碍。中国经过漫长而艰难的多轮谈判,通过据理力争和一定妥协,最终获得了美方和全部世贸成员的让步,在基本维护中国的金融安全和国家尊严前提下,最终成为世贸组织的成员。虽然我国当时已经成了 WTO 成员国,然而,这一情况依然还有着区别性特点。比如,世贸组织给中国设置了和“市场经济地位”相关的一系列个别条例,而这似乎是发达国家给中国设置的一个偌大的陷阱,使中国在入世以后的 15 年里,成为遭受“反倾销”投诉最多、最频繁的国家,由此产生的经济损失和对国内出口行业、企业的冲击也非常大。

加入世界贸易组织中的另一个“独特”的成员国则是俄罗斯。俄罗斯也是全球国际贸易中的大户,在全球能源产品和资源型原料出口中有着重要地位。1993 年 6 月,俄罗斯正式申请加入世贸组织,到 2012 年 8 月 22 日正式加入,历时达到了 18 年之久。其间,2002 年上半年, 欧盟与美国还先后给予俄罗斯“市场经济地位”,但是与俄罗斯进行双边谈判的世贸成员众多,在围绕农业补贴等敏感问题上,与谈判对象的分歧难以消弭。尤其是美国和欧盟,在俄罗斯入世谈判中还设置了很多障碍,以获取它们最大化的国家利益。面对此状,当时的俄总理卡西亚诺夫曾不无指责地说,“俄罗斯面临着其他任何一个想要加入 WTO 的国家都未曾遇到过的史无前例的困难和难以接受的条件”“西方表示要帮助我们成为 WTO 成员国,但在谈判过程中美国和欧盟却令人气恼地提出种种苛刻的要求。”①除此,在谈判过程中还涉及政治因素,特别是格鲁吉亚因素,对延缓俄罗斯入世也产生了较大的影响。

3. 议事、决策程序的不透明不公平

WTO 作为一个国际性的机构,建立的初衷是为了监督新的全球市场经济

① 于晓丽.俄罗斯加入世贸组织问题评析[J].俄罗斯学刊,2012(1):41-47.

秩序,确保其在合法、公正环境下发挥作用。然而由于 WTO 至今都缺乏民主监督机构的原因,围绕发达国家自身利益秘密操控的事实,在该机构中就屡见不鲜。此外,WTO 的国家代表,大多从事贸易律师职业,往往会因为企业需要而为之打通关节。相应的,该组织也会秉持对市场的信仰,往往借向企业利益倾斜原因,而使许多国家的地方法律受挫并难以伸张。

许多发展中国家,对在 WTO 框架下的议事规则表示了强烈的不满和质疑。2003 年 7 月,全球范围内的十大非政府组织(NGO,其中包括第三世界网络、国际乐施会、公共服务国际、WWF 国际、国际环境法中心、环球南部中心、农业与贸易政策学院、非洲贸易网络、国际性别与贸易网络和 TEBTEBBA 国际土著人权中心)向包括 WTO 秘书长、总理事会主席和 WTO 第五届部长级会议主席在内的五大机构,同时发出《增进世界贸易组织内部透明度和参与度的备忘录》(简称《备忘录》),建议改变现有的暗箱操作的决策机制,改变 WTO 现有的不公平、不透明的议事程序,以使发展中国家在 WTO 组织中同样享有平等的权利。

"协商一致"是 WTO 的正式决策机制,主要是通过各成员之间的各种非正式磋商方式来实现,其决策机制存在于 WTO 的各个环节中。但是,随着 WTO 成员的不断增加,各种力量对比发生了很大变化,故此一些大国开始组成 WTO 内部的小团体,先内部讨论一些议题并形成初步协议,以压缩它们所认为的"不重要"的国家利益空间,即发展中国家的利益空间等。而面对此状,即使发展中国家利益受损,它们中的大部分也没有足够力量反对这些经内部操控所形成的决议。

WTO 决策不民主、不透明的事例非常多,其中,最让人诟病的就是"绿屋会议"(Green Room),也叫"密室会议"或"小型部长会议"。"绿屋"一词,原本是指英国戏剧中演员上台前的休息室,而在这里指的是 WTO 秘书处事先邀请少数国家形成的非正式会议决策机制。甚至有人指责所谓"绿屋"实际上就是"黑屋",就是只允许少数成员参加,大多数成员被排斥在外而形成的所谓"会议决议"。在"绿屋会议"中,部分对于会议主题有利益关系的少数国家,事先就议题做出一致性的方案,之后,再将此决议公布于所有会员国进行决议。20 世纪 80 年代中期,GATT 框架下参加早期绿屋会议的缔约方不超过 10 个,其中最主要的是“四方国家”(美国、欧共体、日本、加拿大)及澳大利亚、挪威、瑞士等国。随着 WTO 众多成员国对“绿屋会议”的质疑,许多国家要求 WTO 对之进行改进。其后,虽然“绿屋会议”的参加方不断增加,直至发展到了近 30 个成员,但其核心成员依然维持不变(近 20 个),非核心成员有近 10 个。这种由少数发达资本主义国家控制的“绿屋会议”,为了保密起见,不对外公开会议情况,会议没有录音,也没有任何文字记录。①

关于“绿屋会议”的争吵,主要是出现在某些部长会议期间。一般来说,都是“绿屋会议”做出决定而强加于人,其他成员在没有参与讨论,也没有被告知的情况下强行要求予以接受所引起的。事实上,此种情况在 1999 年西雅图、2001 年多哈及 2003 年坎昆部长会议上就有充分表现。因为非洲或其他国家在整个会议讨论中,均被排除在“绿屋会议”之外,故拒绝承认最后的决议。WTO“绿屋会议”这一决策机制,其实就是事先选定一些强权国家做出预定方案而强加于发展中国家的。正因为如此,参加“绿屋会议”者是根本不能代表其他成员国利益要求的。不难看出,WTO 组织的不平等和不民主性已经是众所周知的事实。假如 WTO 是一个不被少数强权国家操控的公平、公正的国际组织,换言之,如若“绿屋会议”代表成员的形成是随机的,抑或临时性抽选的,那么,其公平和民主性尚有被众多成员国认可的可能。当然,它也会有向着民主性方向改进的发展空间。然而,WTO“绿屋会议”成员的固定化,意味着不啻永久性地排除了一些国家公平参与决策的可能,意味着这些国家将永久性成为局外人,成为“被边缘化”的“二等成员国”。WTO 在国际事务中的公平性是亟待改进的!

① 傅星国.WTO 非正式决策机制“绿屋会议”研究[J].世界贸易组织动态与研究,2010(17):30-36.

第三章　自由贸易的双重面孔

从贸易自由化下的GATT到WTO，将众多的国家，尤其是发展中国家已经纳入了以发达国家利益为主导的多边贸易体制中，而国际贸易好比两张对立的面孔，一面是在全球化的浪潮中，国家贸易之间的开放与自由普及了各国在世界市场上形式上的平等，使所有国家看起来在国际贸易中的地位都是一样的，无论是美国、布隆迪，还是德国和海地；另一面则是在自由贸易下绞尽脑汁高筑的贸易保护之墙，第三世界国家用数十年的努力换来的所谓优惠待遇名存实亡，使保护欠发达国家出口初级产品的条款，如各种《初级产品保护协议》等已消失殆尽。尽管发展中国家在自由贸易的漩涡中极力抗争，往往却又是无可奈何地憋屈妥协。发达国家在自由贸易的大旗下，为市场自由高呼敞开大门，却又冠冕堂皇地推行着大国博弈中的贸易保护主义政策。

自由贸易和贸易保护就像是资本主义的两个孪生子，从资本主义降生起，特别是从工业革命以来，世界各国不同的经济派别分歧的重要成分，就是在两者之间进行选择。在世界经济处于危机时期，保护贸易的声音越发洪亮；而经济相对繁荣时期，自由贸易又容易成为时代潮流。大国强国与小国弱国在全球化浪潮中的博弈同样也在展开。强国高举自由贸易的旗帜，打败弱国企业，占领弱国市场；弱国也时常举起贸易保护的盾牌来抵御市场强权，发展民族工业。一个国家经济在逐渐强大的过程中，其对外贸易的态度也在不断地从贸易保护主义向自由贸易趋近；当一国由强变弱时，它又会回到贸易保护主义的立场上去。对于国际贸易持开放抑或保守的态度，是一个国家基于国家利益、民族利益、党派利益的考量做出的决定。在全球化逐渐渗透到世界经济各个层面的今天，要融入世界经济，自由贸易显得越发重要，也越来越表现出会在一定程度上为国民经济的发展带来利益。但是对外贸易是一把双刃剑，在它能为一国贸易带来实惠的同时，也在冲击着国内的产业。事实上，这一点对于发展中国家来说尤其明显。因此，发达国家一方面鼓吹自由贸易，并从中不断攫取更多的实惠，另一方面又试图实施各种贸易保护措施，不惜牺牲发展中国家利益来维护本国的利益。这种对待国际贸易的实用主义态度和双重标准，在经济环境日益复杂的情况下，一些发达国家运用得十分娴熟。

随着世界经济增长水平的时好时坏高低起伏，各国生产力发展的不平衡，世界各国自由贸易和贸易保护政策都是在同时进行的。只是，美国、日本、欧盟等发达国家或区域集团，一方面能够通过 WTO 多边贸易谈判将贸易与环境、贸易便利化、贸易与竞争政策、贸易与技术转让、贸易与债务、财政、电子商务等 7 个新的议题列入多哈回合谈判中，推动全球贸易自由化；另一方面区域经济集团和双边贸易谈判也发展迅速，对内统一实行开放政策，对外实行贸易保护。美国、英国、德国等发达国家对于本国优势产业积极主张实行自由贸易。比如美国积极推动电子商务、服务贸易和知识产权等多方面的谈判，以尽力将其纳入 WTO 框架之下，便于制定符合本国利益的贸易规则。而在涉及诸如纺织品和服装等本国的劣势产业时，发达国家则采取配额限制、政府补贴等各种手段实行贸易保护。

看似相对平等的自由贸易，既是全球化趋势，也是一种口号。在世贸组织内发达国家之间市场开放的程度，一般要高于或者快于发展中国家。与之相似，区域性贸易集团内成员之间的市场开放程度，一般要高于非成员国。所谓“平等”，只局限于集团成员之间。自由贸易，事实上潜藏的是有针对性和歧视性的贸易保护，它也使自由贸易下的贸易保护有了新的特点。

第一节　贸易自由化与关税壁垒

一、国家间的关税减让

构筑关税壁垒是各国之间最早沿用的一种贸易保护体系，它是通过高额进口税以及在关税设定、计税方式以及关税管理等方面阻碍进口的一种做法。而通过征收高关税构筑并限制资源流动的城墙,形成国家间自由贸易的障碍。从理论上说,这是不经济的做法,它也确实限制了国家间的正常交流与经济发展,所以,在GATT前7论谈判中的主要议题,都是围绕着关税减让展开的。

在瑞士日内瓦举行的第1轮谈判达成的协议,涉及商品45000项,发达国家54%的进口商品平均降低关税35%。在法国安纳西举行的第2轮谈判,总计达成147项关税减让协议,达成了约5000项关税减让,使应税进口值5.6%的商品平均降低关税35%。第3轮谈判在英国举行,GATT缔约方之间的贸易额已经超过当时世界贸易总额的80%,共达成约8700项关税减让,关税水平平均降低26%。在瑞士日内瓦举行的第4论谈判,使关税水平平均降低15%,不过涉及关税减让的贸易额仅为25亿美元。第5轮"狄龙"回合达成的协议是应税进口值20%的商品平均降低关税20%,但农产品和一些敏感性商品被排除在协议之外。第6轮"肯尼迪回合"的谈判,使大约6万种工业品平均降低关税35%,涉及贸易额达400亿美元,且通过了GATT产生以来第一个反倾销协议,使GATT开始从单纯的关税减让谈判发展到包括非关税壁垒的谈判。第7轮"东京回合"取得的成果丰富:从1980年起的8年内,关税削减幅度为33%,减税范围除初级工业品外,还包括部分农产品,关税减让和约束涉及3000亿美元贸易额,使9个发达国家工业品平均关税从7%下降到4.7%,通过了一系列关于削减非关税壁垒的协议,也达成进一步给予发展中国家缔约方优惠待遇的有关条款。①

二、没有消退的关税壁垒

同非关税壁垒比较,关税壁垒在多轮多边谈判后确实呈现明显的下降趋势。按照GATT第8轮"乌拉圭回合"谈判协议,目前发达国家工业品关税已经降到3%—4%,发展中国家平均降税1/3,,降到12%—13%。单从数据上看,国家间的贸易往来似乎正是在朝着新自由主义所提倡的贸易自由化方向发展,仿佛关税壁垒的作用正在弱化。而事实上,关税政策仍然在当前国际贸易中发

---

① 池元吉,李晓.世界经济概论[M].北京:高等教育出版社,2013.

挥着重要的作用,关税依然是政府增加财政收入的一种手段,也是针对国内外市场的重要工具。即使发达国家的一般关税已经减让到很低的水平,但是对国内“敏感行业”却设立了极高的关税壁垒,农业、纺织业和服务业便是这样的行业。根据国际货币基金组织和经合组织的相关统计,直到21世纪初,发达国家在农产品方面的关税率依然很高,如糖、烟草、棉花被征收100%以上的关税;欧盟对超过配额部分进口的香蕉征收180%的关税, 对葡萄汁征收的关税有215%;美国和日本对带壳花生征收132%和550%的关税。所谓贸易自由化,仅仅是朝着某些贸易大国所期望的方向发展。

降低关税、取消数量限制是WTO的基本原则,但是以发达国家为主导,保护本国劣势产业的传统手段——关税壁垒,依然没有过时。构筑关税壁垒的形式是多样的,根据商务部《投资贸易壁垒指南》中介绍,常见的关税壁垒有:关税高峰(Tariff Peaks)、关税升级(Tariff Escalation)、关税配额(Tariff Quotas)、从量税(Specific duty)、从价税(Advalorem duty)等等。总之,各国利用一系列与关税相关的措施,来阻碍他国相关产品的正常出口,为外国相关产品制造不利的竞争条件。

以关税高峰为例, 是在总体关税水平较低的情况下将少数产品维持在高关税水平。在经过GATT的多轮谈判过后,WTO成员的平均关税水平已经呈大幅下降的背景下,一些成员国在不少领域维持关税高峰。日本为构筑贸易壁垒,在一些产品上仍然保持较高关税水平。其中农产品、食糖、巧克力甜点的关税率有10%, 烟熏马哈鱼也有15%, 甜饼干有18%—20.4%, 果酱有12%—34%,奶酪和牛奶制品高达22%—40%。根据WTO统计,2006年欧盟简单平均关税税率为6.9%, 农产品简单平均关税税率为18.6%, 农林牧渔业产品为10.9%。但在奶制品、加工的海产品和水果等方面,仍然维持关税高峰,奶制品的最高关税更是高达209.9%。[①]同样按照国际关税高峰指标计算,美国纺织品和服装的259类产品仍然保持较高的关税, 其中, 服装类产品的关税为33.3%,某些羊毛纤维的关税为31.5%。

---

① 韩德强. 碰撞——全球化陷阱与中国现实选择 [M]. 北京: 经济管理出版社,2000(173):115-116.

发达国家为了抑制发展中国家工业化发展道路，也惯用关税升级的手段制造贸易壁垒。通常，它们对某一特定产业的进口原料设置较低的关税，甚至是零关税。而随着加工深度的提高，则相应地提高半成品、制成品的关税税率。比如，欧盟在纺织品关税的制定上，原料平均税率为0.7%，而服装平均税率为11.9%，成衣的关税远远高于纺织原料的关税。再如，美国对进口中低档的陶瓷制品征收高关税，对高档陶瓷制品征收低关税。而中国出口美国的陶瓷制品主要集中在中低档品，这样给中国对美国出口陶瓷制品造成障碍。再比如，美国对鞋面用皮面积小于鞋面总面积51%的运动鞋征收高达33%的关税，而对鞋面用皮面积大于鞋面总面积51%的征收8%的关税，这使得中国相关产品在美国市场上因为这种不合理的关税结构而处于十分不利的地位。

配额保护依然比较普遍，尤其是在纺织业中的保护作用依然在发达国家中有着非常重要的地位。即使乌拉圭回合中终于把纺织品纳入谈判日程，也制定了分三阶段减少进口配额及其他贸易壁垒的时间表，发达国家依然没有给发展中国家提供公平待遇。例如，第一阶段纳入关贸总协定的纺织品和服装都是发达国家最不敏感，原本就没有实行配额保护的那部分。第二阶段纳入使用配额的产品只有14种，仅占1990年欧盟纺织品进口的4%，被美国列入减让名单的产品只占到其进口量的1.3%。另外在比较敏感的农产品行业，关税配额的使用也比较普遍。中国产品屡遭到关税配额的限制。如日本对中国大葱、鲜香菇、灯芯草的进口，限量以内征收3%—6%的进口关税，超出限量的征收106%—266%的进口关税。欧盟对中国出口的橘子罐头超过配额部分每吨征收155欧元的从量税。

另外，由于大多发达国家的出口商品档次较高，常常利用征收从量税的方法承担相对发展中国家低得多的从量关税税负。因为征收从量关税的特点是手续简便，可以无须审定货物的规格、品质、价格，又便于计算。又因单位税额是固定的，对品质较次、价格低廉的低档商品进口和高档商品征收同样的关税，这样明显削弱了发展中国家低质价廉产品的价格竞争力。所以，有的国家大量使用从量关税，这种关税尤其被广泛运用于食品、饮料和动、植物油的进口方面。美国约有33%的税目是适用从量关税的；挪威从量关税也占到28%。

发展中国家和发达国家都在运用关税壁垒保护本国贸易利益，特别是许多发展中国家由于缺乏构筑技术和绿色壁垒等新型贸易壁垒的能力，关税依然是它们保护民族工业和国内市场的主要手段。而发达国家一方面在多边关税减让谈判中表现出推进贸易自由化的姿态，并身体力行地做出关税减让的承诺和政策，另一方面却依然通过主导贸易规则制定，极力控制发展中国家，使之长期徘徊在国际贸易的垂直分工体系中，并以此维持关税壁垒对其贸易利益的保护作用。比如美国，总体看来其工业品的平均关税减至3%，但是有些工业品的关税却高达30%至40%，这是利用关税较低的平均水平掩盖某些商品的高关税。而随着区域集团化趋势的发展，关税成为参加关税同盟的国家对非成员国商品实行进口限制的重要手段。参加关税同盟的国家，可以冠冕堂皇地采取双重标准，对内实行自由贸易，对外征收关税时实行统一税率，比如欧洲经济货币联盟成员国就是如此。

另外，在对最终产品和中间产品都征收关税的现实情况下，关税的有效保护率和对最终产品的名义保护率是不同的。以日本为例，该国关税的有效税率约为名义关税率的2至2.5倍。20世纪60年代初，美国进口生铁的名义税率为2%，关税的有效保护率可以达到9%；服装的名义税率为25%，关税的有效保护率则达到36%。除此之外，美国还“另辟蹊径”地利用较低的正常进口税掩盖较高的进口附加税。美国实行“新经济政策时期”，为了应付其国际收支的危机，在进口商品时，除了按照正常公布的进口税率征收费用，还加征10%的进口附加税，这对许多国家的出口造成重大影响，后来在众多国家的强烈反对下，美国不得不取消这一税目。

由此也可以看出，发达国家作为自由贸易积极推动方的两面性，这在其随意打破国际贸易规则的做法中已经暴露无遗。

第二节　升级的战争——新贸易保护

坚持自由贸易，还是奉行保护主义，是每个参与到全球化的国家和地区永恒的话题。虽然从事经济贸易的学者从不同的角度论证着在国际贸易中打开市场、走贸易自由化道路是各国参与全球化经济的必由之路。但是，一个国家倘若在处于经济良好发展势头或快速提升时期时，也往往需要寻求广阔的市场。同样的,它也才会热衷采取自由贸易和开放性的对外政策,并呼吁其他国家和地区敞开国际贸易大门;而在经济疲软,国内产业需要调整,并进行政策扶持时,则更倾向于采取贸易保护主义态度。这一现象,在一些大国的决策中往往表现得尤其明显,对全球化的经济效应也较为突出。

贸易保护伴随着国际贸易的产生而出现,只要有国际贸易,各国为保护本国市场和国内相关产业,就必然有贸易保护意识的存在。特别值得注意的是,人们常常看到GATT、WTO一轮轮地要求各国削减关税,但却严重忽略贸易保护主义这一真正的世界主流,而且这种主流是全球化世界贸易中的本质体现。《乌拉圭回合最终文件》的生效,使得像关税、配额、进口许可证等传统贸易保护手段越来越难以发挥作用。而在WTO规则的约束下,传统的贸易保护政策大为削弱,新的贸易保护不是主要借助关税,而是靠关税壁垒、汇率战和组建区域性经济集团之间的博弈来体现。

从20世纪70年代起,新贸易保护主义愈演愈烈,非关税壁垒在WTO协定的框架与规则下反而日趋加强。非关税壁垒(Non-tariff barrier),又称非关税贸易壁垒,指一国政府(通常指发达国家)在国际贸易中为了维护本国产业资本之利益而采取除关税以外的各种贸易壁垒。非关税壁垒是英国对外贸易活动中进行调节、管理和控制的一切政策与手段的总和,其目的是试图在一定程度上限制进口,以保护国内市场和国内产业的发展。尤其是发达国家,其非关税壁垒种类繁多,设置精巧,各项外贸保护措施也更具隐蔽性、歧视性和排他性,更能体现出大国在国际贸易竞争中的比较优势。这些非关税壁垒大体上可以划分为以下两类:一类是属于直接扭曲贸易流量的措施,包括进口限制、反倾销和发补贴、自动出口限制等;另一类是属于间接影响贸易流量的措施,包括市场准入限制、报关手续干扰、技术等级、卫生标准等。这两类现象也逐渐成为在国际贸易中掌握话语权的发达国家，在全球化和贸易自由化背景下实施贸易保护主义政策的主要手段。

一、新贸易保护主义的根源与影响

由国际贸易冲突引发的新贸易保护主义的形成，与发达国家之间产业发展的不平衡有关。国际多边贸谈判中涉及议题往往与保护本国劣势产业或保持现有产业的比较优势相关联。然而,由于国家利益差别,很难就共同关注的问题达成一致,于是采取新的贸易保护手段也是各国处于“囚徒困境”中的必然之举。早在多哈的谈判回合中,关于农产品的谈判部分,单是在出口补贴方面,贸易大国之间的立场就存在较大分歧:凯恩斯集团建议取消并禁止对农产品一切形式的出口补贴,而欧盟不同意完全终止或一次性大幅度削减出口补贴,并认为凯恩斯集团突出的出口补贴建议是一种歧视,因而无法接受,故主张采取渐进式削减出口补贴;在特殊保障措施方面,美国坚持取消特殊农业措施,而日本则主张保留,并引入季节性易腐烂农产品的特殊保障机制。

另外,随着科技进步成果被应用于生产领域,使得新兴工业部门高速发展,发达国家也开始着手产业结构的调整。这使得劳动密集型产业在西方发达国家逐渐失去优势,国际分工和国际分工中动态比较利益也发生了显著变化。而在劳动力价格低廉、原料充足的发展中国家得到了快速发展的机会,底线竞争的优势常常使这些国家低廉的工业制成品冲破关税壁垒的限制,既取得外汇收入,也获得对外贸易发展的可能。发达国家争夺世界市场的斗争日益复杂,它们极力主张对本国优势产业实行自由贸易,并将之纳入 WTO 统一框架中。而对本国劣势产业,则采用新手段进行保护。例如,美国在乌拉圭回合中将本国优势产业——服务业纳入 WTO 框架中,确立了《服务贸易协定》(GATS),而对于本国处于比较劣势地位的纺织品等领域,则通过采取配额限制和补贴保障等措施实行保护。

国际金融的不稳定以及国内政治考量也是新贸易保护主义滋生的重要原因。70 年代中后期开始,西方工业发达国家普遍陷入滞胀危机,经济调整压力大,失业问题也日趋严重,尤其是随着资本主义国家普遍实行浮动汇率制度,一定程度上加剧了国际金融体系的不稳定,加之国际贸易中供求关系的不平衡和竞争升级,使得各国进出口贸易不平衡趋势增强。在浮动汇率制度下,汇率有暴涨暴跌的现象,引起国际收支经常性大幅度的波动,各国政府不得不采取各种相关非关税壁垒措施加以调节。而国家外贸政策,既涉及国内各阶层的利益,也涉及选票的多寡。特别是临近大选的三年,这种问题尤为突出。例如尽管日本通过多次实施“贸易自由化”措施,其自由进口程度几乎达到 100%,

然而它们依然对27种外国商品实施进口限制,这其中涵盖了与国计民生关系重大的需要加以保护的产品,有橘子、牛肉、乳制品、皮革等,这些商品几乎都属于农产品范畴,农民是各执政党获取选票的必争群体,因此,多年来不管美国如何要求日本取消这些限制,日本政府都一直拖延应对。

二、形形色色的非关税壁垒

关税壁垒的作用仿佛是一道闸门,它通过提高商品的进口成本,使贸易商品的流量减小。而非关税壁垒则更具歧视性和直接限制的能力,它不仅可以减小贸易规模,一些严苛的贸易壁垒甚至还可能完全关闭贸易通道,致使某些商品完全无法进口。因此非关税壁垒贸易更是在从商品"源头"到"汇入"国际贸易市场的运行中起到闸门的作用,其对商品贸易的规模和流向产生的影响远大于关税壁垒。这也是众多发达国家在积极推广自由贸易的同时,更为青睐的一个壁垒体系,将本国最具比较优势的领域融入非关税壁垒规则的制定范畴,从而借此获得国际贸易中的主动权和控制权。

在关贸总协定的8轮谈判中,关税减让是谈判的重点。而20世纪60年代末以前GATT各参加方则对非关税壁垒措施的增加未予以足够的重视,只是在第六轮谈判即"肯尼迪回合"中,制定了一个关于1986年生效的反倾销协议。在1973年"东京回合"谈判开始时,各缔约方对非关税壁垒扭曲正常贸易现象的严重性逐渐有了认识,经过谈判,达成了有关非关税措施的六个协议。但是,"东京回合"签订的这些协议,并未得到各缔约方的遵守,因为它本来就申明各缔约方可选择性地应用,这实际上等于给各缔约方非常大的自主空间。

非关税壁垒的措施种类复杂繁多,随着时间的推移也更有加剧之势。据WTO统计,非关税壁垒措施在20世纪70年代末有800多种,80年代初增加到了1000多种,90年代初时已有1500多种,到90年代末猛增到2700种,目前更是超过了3500多种。

在全球化浪潮中,被频繁滥用的以非关税壁垒为核心举措的新贸易保护体系,已经成为西方各国对外实行贸易保护政策的重要手段。尤其是美国等强权国家,它们充分利用WTO框架,在具有绝对优势和比较优势的贸易领域,在大力推行贸易自由化的同时,娴熟地运用着形形色色的非关税壁垒保护国内相关产业。除此，它们通过出口补贴、保护国内市场等方式确保其规模经济效益的完成，由限制发展中国家商品进口，而转向扩大本国商品的大量出口。如欧美以出口补贴支持空中客机、波音飞机的大量发展，进而扩大其国际市场份额；日本同样以非关税壁垒方式，通过限制进口而保护国内市场，使本国半导体厂商借此获得规模经济优势，提高其商品在国外市场中的竞争力，从而达到扩大出口的目的。总体看来，目前国际贸易中采取的新贸易保护措施具有以下几个特征：

首先是形式多样内容繁杂，从公开转向隐蔽，从固定转向灵活的贸易保护手段和方式。

《乌拉圭回合最终文件》的生效，使得关税、配额、进口许可证等传统贸易保护手段发挥的作用愈发艰难，非关税壁垒的多样性和频发性，更有利于提升西方贸易大国实施贸易保护的效率。法国利用变换港口的方法，大量增加货物运输费、报关费，从而提高外来商品成本；日本在进口汽车时要求将车灯过亮的，按照标准将之改暗，缓冲边角则要求包上橡胶材料等。类似的非关税措施花样百出，不胜枚举。

反倾销反补贴、生产安全、卫生防疫、技术标准等名目繁多的保护手段的广泛使用，既隐蔽又多变，同时又能达到限制进口的目的。尤其是将战略性反倾销目标作为贸易保护政策的情况下，这一措施更是被西方发达国家频繁使用。所谓反倾销，一般要求是：进口国的任何自然人、法人都可以生产身份对进口商品提出“倾销”的申诉，在接受申诉着手调查时，对该商品征收押金。这实际上是变相的进口押金制度。倾销是指商品以低于出口国国内同类商品投放市场时的价格即“正常值”向外出口，由于低价和数量猛增而使进口国同类工业产品遭到实质性的损害。事实上，这一定义中的“低价”和“数量猛增”的界限，一般来说具有很大的灵活性，也没有具体的量化指标。“使进口国同类工业遭到损害程度”也难以准确确定，因而可人为制造所谓“被损害程度”。反倾销，作为发达资本主义国家惯用的贸易保护手段，无疑它会给发展中国家造成巨大的经济贸易损失。

“自动”限制出口这一措施，集中体现了非关税壁垒的隐蔽性。基于本国利益考虑，在进口国压力下，出口国与进口国达成公开或秘密的协定，形成“自动限制出口”这一措施。该措施等于事实上冠冕堂皇地利用了非关税壁垒，从而弥补被关税减让所导致的进口限制的弱化，故而也起到了关税壁垒与非关税壁垒两种方式紧密配合的效果，以致WTO的相关规定或协议沦为形式而无法发挥作用。

第二个特征是：具有与关税壁垒相同的特征，甚至比关税壁垒更具有强烈的针对性和杀伤力。这种情况，往往被应用于特殊的国际贸易部门，最为常见的是应用于劳动密集型的工业部门，甚至可针对生产中的某一具体环节或某一原材料方面。与此同时，它还可对发达国家最具竞争力的商品或市场采取针对性的保护措施。对于具体国家：比如石油输出组织国家，新兴发展中工业国，原计划经济转轨国家等，它们一般都有明确指向性的应对措施。尤其是最近几年来，发达国家采用数量限制方式，频频向中国商品发起攻击，其中最具威胁性的是专门制定了针对中国的所谓“特保条款”。

第三个特征是：由单个国家自我保护转向区域集团集体保护。区域性贸易组织的不断增多，为贸易保护添上了强烈的集团性的色彩。它们对组织内部实行贸易自由或生产要素自由流动，而对外则形成共同的市场应对机制，亦即对非集团性国家，往往实行排他性十分强烈的贸易歧视政策。而且，其贸易保护手段，同样可从构筑技术标准、卫生标准、知识产权标准等非关税壁垒方面入手和实施。

第四个特征是：由通过贸易政策保护，转向寻求国内产业政策保护。在贸易政策的制定上，WTO各成员国都在不同程度上受到共同的国际准则制约，尤其是一些发达国家，更需要在台面上做足功夫，以展现它是促进贸易自由化制度安排的表率的一面。而这些制度性安排，往往将削弱国家借助贸易政策进行自我保护的能力。因而，各国政府或贸易集团便投向不受贸易规范制约或者制约较少的国内或集团内的产业经济政策方面，并借此实施自我保护。

三、非关税壁垒的典型案例

发达国家最大的优势是能够根据国内现有的资源条件，将其竞争力植入国际贸易各环节的游戏规则中，使全世界所有发展中国家统统参与到或即将参与到这一全球化体系，并将之拉高到统一竞争水平线上。但事实上很多的标准和条件是发展中国家在很长一段时间内都难以企及的。这就事实上形成了发展中国家与发达国家之间难以逾越的鸿沟，将发展中国家的比较优势在很大程度上排除在了它们早已设定的贸易竞争之外。

非关税壁垒的典型主要有以下几种：

(一)反倾销

1. 反倾销的界定

在市场经济前提下,倾销是一种非公平竞争的行为,其后果往往会给进口国的经济或生产者的利益造成损害。根据《SCM 协议》(SCM:Agreement on Subsidies and Countervailing Measures 补贴与反补贴措施协议)中,对“倾销”的定义:“如一产品自一国出口至另一国的出口价格低于在正常贸易过程中出口国供消费的同类产品的可比价格，即以低于正常价值的价格进入另一国的商业,则该产品被视为倾销。”

因此,所谓“反倾销”就是对来自其他国家的倾销行为予以反对或禁止的行为。其最初的目的是抵制国际贸易中的不公平行为,消除价格歧视。现行的 WTO 反倾销守则全称为《执行 GATT1994 第六条的协议》,通称《反倾销守则》。根据 WTO《反倾销守则》及各国反倾销法对反倾销界定相关条款的规定:

进口国在非进口国产品征收反倾销税时，第一需要证明进口产品存在倾销的事实;第二证明进口产品的倾销对国内相关产业构成了实质性损害;第三证明相关产业的损害是由于进口产品的倾销造成的，即证明倾销产品和国内相关产业的损害之间存在因果关系。如果无法证明损害是由倾销造成的,即倾销与损害之间不存在因果关系,是不能对倾销产品征收反倾销税的。所以,倾销与损害之间存在因果联系,是实施反倾销的一个必要条件。①

世界各国的反倾销法对确定倾销与损害之间的因果关系都做了原则性的规定。方法主要有两类:一类是“主要原因法”;另一类是“原因之一法”。

“主要原因法”指:由于出口产品的倾销导致了进口国相关产业遭受损害，在这种情况下倾销与损害之间的因果关系才能成立，进口国才能对被控倾销产品征收反倾销税。

---

① 赵育琴.新贸易壁垒及其应对[M].成都:西南财经大学出版社,2012.

而“原因之一法”则指：只要出口倾销是导致损害国内相关产业的原因之一，则倾销与损害之间的因果关系即可成立，进口国可以对倾销产品征收反倾销税。

通过两种方法的定义看来，“原因之一法”标准，实际上让倾销与损害因果关系更容易成立，变相扩大了反倾销裁定的范围，无形中也增加了反倾销确立的自由裁决权利。而“主要原因法”标准才能真正体现公平合理的评价，更符合WTO的基本宗旨。然而从倾销确立的进程来看，反而突出了从“主要原因法”到“原因之一法”的转变。

1948年《关贸总协定》第6条对反倾销做出的基本规定，只是为各国制定反倾销法设立了一个基本框架，但是作为一个原则性的规定，并没有涉及诸多具体问题，导致各国在反倾销立法和实践上存在很大差异。尤其是第二次世界大战结束后，世界各国经济与贸易逐渐复苏，在已形成的国际贸易新格局中，国家间运用反倾销法的不协调，甚至冲突局面日益凸显。故于1967年，达成了第一个《反倾销守则》，其中在反倾销因果关系确定方面，开始采用了较为公平的“主要原因法”标准。其中明确规定，进口国当局，在做出关于产品出口之决定前，有关当局必须证明倾销商品是实质损害的主要原因，才能对进口产品征收反倾销税。之后，欧共体、加拿大及日本等国家根据该“守则”也陆续修改了反倾销法案。

在许多发达国家修改反倾销法案时，美国国会就持反对观点，它们以“守则”与国内法不符为由，认为“主要原因法”过于严格的认定标准，是在纵容倾销，因而拒绝其在美国的优先效力。之后，从它们特地做的解释看，更是印证了美国自始至终是坚持“原因之一法”标准的立场。美国国会和国际贸易委员会对因果关系标准问题的解释为：只要证明倾销的进口产品是造成损害的一个原因即可，不需要证明倾销的进口产品是造成损害的主要原因。故此，在1979年的《反倾销守则》中，最终放弃了“主要原因法”标准，而引入了“原因之一法”标准，这无异于在《反倾销守则》中，增加了各国对反倾销的自由裁量权。在此影响下，欧盟也随之改动，采纳了美国注重的“原因之一法”标准。很明显，这等于为资本主义大国之间滥用反倾销措施进行贸易保护大开了方便之门。

发达国家对“反倾销”界定的口径基本是统一的，而发展中国家却又不同。

比如中国虽然没有明确以“主要原因法”作为反倾销的判定标准,但是在实践中基本上遵循了 WTO《反倾销协议》规定的原则。在每个反倾销案件的裁决中，我国都对因果关系问题进行了详细分析，并对反倾销原因做出了明确规定。客观上,这也导致在目前国际贸易的背景下,我国认定原则和西方发达国家的认定原则存在不对等的局面，因而不利于我国充分运用国际贸易组织 WTO 所认可的反倾销守则保护我国贸易产品。

在国际上，虽然在具体确定因果关系时,WTO 与各国确定反倾销因果关系证据的规定基本一致,都采用了从肯定性和否定性两个方面搜集证据,进行论证因果关系存在与否的方法,但是在不同的因果关系标准的指导下,各国有关当局既可以有选择性地使用相关证据，也可以充分利用业已享有的自由裁量权,做出有利于本国但却有失公平的裁决。

随着国际市场竞争程度的白热化,反倾销越发带有浓重的贸易保护色彩。自 20 世纪 80 年代以来,全球范围内的反倾销案件急剧增加。1980 年反倾销调查为 76 起,2002 年反倾销调查达到 276 起,2005 年仅一年之间中国遭遇的反倾销调查就有 51 起,涉案金额高达 17.9 亿美元！[①]反倾销涉及的产品种类也大大扩展,几乎涉及从初级产品到高新技术产品的所有领域。根据相关研究数据显示,到 2002 年底,全球遭到反倾销的产品种类已经超过 3000 宗之多,影响的贸易量达千亿美元以上。金属制品、塑料及橡胶制品、纸制品等,也逐渐成为此时反倾销的重点。在针对发展中国家出口的初级产品中,以自然资源为基础的制成品和低技术制成品所采取的反倾销保护程度非常高。从行业角度来看,主要有化工品、钢铁、纺织品、机械、办公设备和消费类电子产品等等。另外,大肆使用反倾销手段的欧美等发达国家,还在地区、集团内的反倾销法中增加了规避和反规避的相关内容。规避是指反倾销的产物,而反规避则作为反倾销的延伸与深化,除了针对贸易领域的不公平竞争行为外,还扩展到投资与生产领域,其涉及面也在不断扩大。在更多情况下,欧美国家扩大使用成功率较高的反规避调查,来维护其反倾销措施的执行效果,给众多非欧美国家的贸易、生产和投资活动造成了巨大伤害。

---

① 赵育琴.新贸易壁垒及其应对[M].成都:西南财经大学出版社,2012.

在此背景下，许多西方国家滥用反倾销措施进行贸易保护的发生频率也日趋加大，甚至到了肆无忌惮的程度，这使得 WTO 规定的“反倾销法”已不再是用来创造公平竞争的国际环境的法律保证，它也无法最终保护公平竞争，反而被用以经常惩罚与不正当竞争无关的正常的商贸往来。

2. 反倾销的滥用

反倾销的界定在不同国家存在很大差异，从国际反倾销规则和内容上看，还有一些不合理的规定，因而 WTO 反倾销法本身也存在一定漏洞，由此造成了反倾销国家主管机构自由裁量权过大，它会造成反倾销裁定幅度的过高和胜诉率过大等问题。其结果，必然会刺激和助长西方发达国家对于反倾销的滥用。根据美国国家经济研究局的一份报告显示，美国商务部根据“基于可获得的事实”和“非市场经济调查程序”的规定所做出的自由裁量行为，是导致被诉国企业倾销幅度上升的两大主要原因。

但是，反倾销作为 WTO 条约的组成部分，是 WTO 允许成员国采取的保护本国产品和市场的一种手段，由于其形式合法，也易于落实和实施，因而被世界各国普遍使用。它是发达国家通常用来限制进口的重要手段。但是，随着全球化和贸易自由化进程的加快，近年来它也正在被发达国家滥用，成为一种颇具侵略性和攻击性的贸易措施。事实上，发达国家已经不再简单满足于利用反倾销措施保护本国市场，而是转向使用所谓战略性反倾销手段，把该措施运用成拖垮竞争对手或者防范潜在对手成长壮大的进攻性武器，并借以增强本国出口产业的竞争力，从而压倒并控制发展中国家的经济贸易。另外，反倾销已经成了发达国家对发展中国家进行控制的重要手段。在国际贸易中，欧美等发达国家动辄对发展中国家提起所谓反倾销指控，这将导致被控国家的贸易企业或者是投入大量的精力、财力加以应对，因而付出高昂的应诉成本；或是无力应对历时漫长的发达国家的反倾销诉讼，而被迫缴纳高额的反倾销税，并最终被挤出打着自由市场经济旗号的发达国家的贸易市场。总之，发达国家滥用的反倾销行为，已经完全背离了 WTO 协议中规定的将反倾销用以维护国际贸易公平竞争的本意和初衷。

3. 中国与反倾销

贸易自由化在全球的蔓延和经济全球化的发展使得国与国、企业与企业之间的竞争变得更加残酷。在残酷的国际贸易竞争中，为了保护本国利益，一些国家，尤其是西方发达国家，动辄运用反倾销措施抵制发展中国家商品进入其市场，或者借用反倾销方式，对发展中国家的国际贸易进行惩罚性打击。发达国家对反倾销法的滥用，致使全球反倾销案件急速上升。很清楚，表面上极力倡导自由市场经济的发达国家，事实上已经成了逆市场经济行为的反倾销滥用主体。无疑，发展中国家成了受到反倾销滥用冲击最大的受害国。

20 世纪 90 年代以来，中国商品出口贸易量不断增加，尤其是从 2001 年加入 WTO 以来，进出口贸易量的增长速度更是惊人！然而，伴随着国际贸易对国内经济的拉动作用，中国自加入 WTO 以来，出口商品成了国际上遭遇“反倾销”频率最高的对象。部分发达国家为了保护国内产业不受外来产品影响，或者为了扶持业已处于夕阳化边缘的民族工业，在此情况下，中国便成了其反倾销袭击的头号目标，同时也成了国际反倾销浪潮中的最大受害者。据统计，欧盟自 1979 年对中国发起第一轮反倾销调查以来，迄今已经对中国发起了 140 余次反倾销调查。美国同样也是频繁发起对中国反倾销调查的资本主义大国。截至 2006 年，在过去 25 年中，美国对中国产品发起了 111 起反倾销调查，其中，有效的反倾销税令就有 61 条。单是 1999 年至 2006 年上半年，仅欧美等国就对中国出口产品发起 53 起反倾销调查，涉及中国出口商品额 15 亿元之多。

截至 2006 年前的 10 年中，中国出口产品遭受了 411 起反倾销调查，被实施了 297 起反倾销措施，分别占同期世界反倾销调查总量和反倾销措施总量的 15.53%和 17.93%，是此间遭到反倾销调查和被实施反倾销措施数量最多的国家。截至 2012 年底，已有 36 个国家和地区对中国出口产品发起反倾销调查共 510 多起，影响我国出口贸易金额高达数百亿美元。

在 20 世纪 80 年代外国对华反倾销案件中，反倾销涉案金额尚没有一件超过 1 亿美元，即使涉案金额超过 1000 万美元的也不足 10 件。而进入 20 世纪 90 年代以来，涉案金额日趋增大，超过 1 亿美元金额的案件就达 15 起之多。美国 1994 年从一个小小的大蒜案开始，相继对我国出口美国的蜂蜜、自行车、蘑菇罐头、靛蓝等提起反倾销诉讼，直接影响中国对美国出口额高达 3 亿美元。

此外针对中国的反倾销产品，发达国家主要集中在中国出口的制造业

"拳头产品"上。中国出口的金属及其制品、化工产品遭受反倾销最多,均超过案件总数的 1/5,其次是机电产品、塑料制品、纺织品、陶瓷、玻璃等。欧盟对中国的彩电、自行车、箱包、鞋类产品、热轧平板钢材与可锻铸铁管配件等出口的多项"拳头产品",强力实施反倾销措施。尤其是对中国出口的彩电产品征收高达 44.6%的反倾销税，对中国彩电产品在欧洲市场的竞争力造成了很大的冲击和削弱。出口市场受阻,更是导致中国国内彩电产业的供给过剩,大打价格战造成了产业的畸形发展。自欧盟 2006 年对产自中国的皮鞋征收反倾销税以来,导致中国输欧皮面鞋产量降低 20%,向欧盟减少出口约 4000 万双鞋,仅此一项就造成中国约 2 万名工人失去工作。[①]而发展中国家发起反倾销的产品更是五花八门。大到机电、化工等高附加值的商品,小到餐具、烟花、挂锁、纸牌等低附加值的商品,都在其反倾销之列。有的国家征收反倾销税之高,简直令人咋舌。1993—1994 年，墨西哥对中国十大类四千多种商品征收反倾销税高达惊人的 16%—1105%之多。

针对中国的反倾销对中国参与贸易的行业、企业影响之大是不可想象的。2009 年 9 月 18 日,欧盟该委员会对原产于中国等国家和地区的聚酯高强力纱发起的反倾销调查,涉及中国大陆企业 40 多家,涉案金额逾 1 亿美元。2009 年欧盟和美国相继对中国输欧无缝钢管和输美石油钢管征收高额反倾销税。对包括宝钢、鞍钢、中信泰富新冶钢、华菱衡管、天津钢管、攀钢成都无缝管、无锡西莱姆斯等在内的众多无缝钢管企业产生了巨大影响。资料显示,中国无缝钢管出口总量为 609 万吨,出口市场更主要是美国和欧盟,市场份额高达 50%以上。欧美的反倾销措施导致中国 3000 多家无缝钢管生产企业中的 70%处在停产或限产状态。

而美国挥动的"反倾销大棒"引发了国际连锁效应,对华实施反倾销的国家也逐渐增多,开始出现朝发展中国家和地区延伸的趋势。2010 年美国实施"轮胎特保案",对中国的轮胎产业损害非常严重,截至 2010 年 1 月 20 日,包括印度、阿根廷等 10 个国家紧随美国步伐,对中国轮胎进行反倾销调查。中国各外贸行业面临欧盟、美国对中提起的反倾销指控量持续上升的同时，俄罗

① 王希.欧盟反倾销危及中国鞋业长远发展[N].新华网,2009(12).

斯、印度尼西亚、阿根廷等同中国有密切的贸易往来的发展中国家和地区，也加入到对中国反倾销指控的行列之中。[①]

4. 难以确立的“市场经济地位”

目前为止，以发达国家为首的很多国家对反倾销的滥用，主要是针对中国的。尤其是 WTO 反倾销法中自由裁决权的设定，使以发达国家为首的“反倾销”举措，能高概率地取得成功，其众多原因中恐怕最重要的一个，依然是利用了至今没有解决的中国“市场经济地位”问题。

客观来说，一个国家是否会遭受“反倾销”，与是否具有市场经济地位本身并无直接关系。然而，在经济全球化的今天，市场经济地位之所以重要，对中国之所以举足轻重，主要是它适用于其他国家针对中国的反倾销条款。因为，在反倾销能够成立的必要条件中，从反倾销发起国的角度来说，是其进口商品的价格低于其“正常价值”。在进口价格已定的前提下，如何确定“正常价值”就是能够成功立案的关键。对非市场经济国家来说，一般不能使用本国国内同类产品的价格作为“正常价值”，而只能任由调查发起国选用替代国同类产品价格为“正常价值”做参考。由此，这就导致不具备“市场经济地位”的国家在出口商品价值与倾销认定上，更高概率地被他国成功“反倾销”。这种情况，对发展中国家，尤其是对被西方资本主义长期觊觎的我国，无疑是灾难性的。

到目前为止，被西方资本主义诸国所认定的“非市场经济地位”，犹如悬在中国企业头上的达摩克利斯之剑，在客观上它也鼓励了一些国家运用该条款作为贸易保护的手段。其实，从 GATT 成立到 WTO 建立，有一点可以明确，在其所有有关的全部法律文件中，从未有任何“非市场经济国家”之说，也没有“Non-market Economies”等词语，只是 WTO《反倾销协议》中所设定“自由裁量权”才是问题的关键。正如对外经济贸易大学中国 WTO 研究院执行院长屠新泉所说：“由于反倾销发起国在替代国的选择上具有极大自由裁量权，中国企业在反倾销调查中极易被认定存在大幅倾销并被征收高额反倾销税，从而严重影响涉案企业的出口。”

---

① 居占杰.当前国际贸易保护主义对我国的影响及应对策略[J].东南大学学报(哲学社会科学版),2010(6).

根据GATT(关贸总协定)第6条第1款的注释2,唯有:“应当承认,对全部或大体上全部由国家垄断贸易并且由国家规定国内价格的国家出口的产品,为第1款的目的确定可比价格时可能存在特殊的困难,在这种情况下,进口缔约国可能发现有必要考虑这种可能性,即与这种国家的国内价格作严格的对比可能并不总是严格的。”而WTO《反倾销协议》所指定的规则本身就是针对市场经济体制下的进口产品。但是,WTO《反倾销协议》第2条第7款重申了GATT的价格比较规则的例外原则。恰好就是这个例外原则为一些别有用心的国家所利用,成为这些国家反倾销国内法的法律依据,比如美国、欧盟。

美国是唯一对非市场经济国家做出直接定义的世贸组织成员。非市场经济国家一词最早出现在美国《1930年关税法》有关规范反倾销调查程序的法律规定中,起源于“国家控制经济”的概念。《1930年关税法》第771(18)(A)节中将非市场经济国家定义为“不按照成本或者价格结构的市场规则运作的,产品的销售不反映产品公平价值的国家”。到1988年综合贸易与竞争法颁布时,美国再次重申了“非市场经济”这一概念,并明确是否属于非市场经济国家由美国商务部判定。在实践中,一般根据美国法典19U. S. C ——1677(18)提供的六个方面来判定:

第一,该国货币的可兑换性;

第二,对劳工和雇主之间可自由议定工资率的允许程度;

第三,对外国公司开办企业或进行其他投资的允许程度;

第四,生产的政府控制或政府所有程度;

第五,对资源配置以及在企业价格、产量决策方面的政府控制程度;

第六,还应考虑的其他因素。

根据《中国加入WTO议定书》条款第15(d)所表述的意思,对市场经济体地位的认定,应该是由WTO成员国(进口国)根据其自己国内的法律来认定的(under the national law of the importing WTO Member)。①

因此,WTO在市场经济地位认定上,给了进口国一个非常大的自主空间,就像它给西方各资本主义国家反倾销“自由裁量权”一样。美国商务部根据其

① 赵育琴.新贸易壁垒及其应对[M].成都:西南财经大学出版社,2012.

以上国内法律认为，社会主义国家属于国家完全垄断经济，控制全部商品价格，出口产品的价格完全不真实，进口国很难在反倾销调查中按其市场价格来计算倾销幅度，需要用第三国（替代国）的数据来确定倾销幅度。显然，这对资本主义制度以外的经济制度有着明显的歧视性和针对性。而选择何种国家作为“替代国”，本身就具有很大的自由裁量权和随意性。由于“替代国”是在反倾销调查开始后才确定，导致替代国选择的不可预见性，使得出口国、出口商在进行交易之前根本不可能进行合理的价格比较分析，也就难以推测被认定为倾销的可能性以及倾销幅度的大小。出口商在交易时永远是在一个不知未来反倾销状态的情况下“盲目”确定出口价格，也就意味着出口国出口商在交易中无法确定合理的出口价格以避免今后遭到所谓的“反倾销”。例如：美国根据诉讼行业的不同，有针对性地选择加工制造成本较高的马来西亚、泰国等国家作为替代国，有时又选择印度等机械化成本较高的国家作为替代国从而人为抬高反倾销的幅度。在美国对华彩电反倾销案中，它们在初裁中就使用印度作为中国的“替代国”，人为使中国国内几家出口企业的倾销幅度上升到 27.94% 到 78.45%不等，最后中国企业遭受高额的反倾销制裁。在美国对华光伏产品反倾销案中，选择以泰国为替代国，而泰国的生产成本远高于中国，在此基础上判定的反倾销初裁税率最高达 249.96%。

另外，在欧盟贸易区块，1998 年以前，《欧盟反倾销法》一直将中国认定为“非市场经济地位”国家。欧盟理事会在修改其反倾销法时，考虑到中国改革开放的不断深化，社会主义市场经济的发展和对外贸易额的迅速增长，中国经济地位有了很大的提升，于 1998 年 4 月 30 日通过了一项修正法案，将中国和俄罗斯从非市场经济国家名单中排除出去。但是中国并没有被立即列入“市场经济国家名单”，而是新设立了一个“特殊市场经济国家名单”。这一地位是把中国放到了一个具有巨大弹性的谈判空间，也为欧盟争取到了获取贸易利益中的主动权。尽管冠以“特殊”二字，中国依然没有被认定市场经济地位。既然如此，那么就意味着“替代国”制度对中国来说就依然存在。

目前根据欧盟官方文件 COUNCILREGULATION（EC）No 1225/2009 中的定义，认定市场经济地位须满足以下五个条件：

第一，企业一切关于价格、成本和投入（例如包括原材料、技术和劳动力、产量、销量和投资)的决定,都是依赖市场上供需关系的信号作为指引,且没有显著的国家干预,其主要投入的成本在本质上(substantially)反映了市场价值。

第二,企业有一个适用于多种目的的、明确且符合国际会计标准的记账准则和独立审计。

第三, 生产成本和企业的财务状况不会被非市场经济体制遗留下的影响所扭曲,特别是在有关资产折旧、其他资产减记、易货贸易以及通过债务清偿支付等方面。

第四,企业有破产法及财产法可循,保证企业在法律上的确定性和经营上的稳定性。

第五,汇率按市场价格进行兑换。

美国、欧盟等国家正是在 WTO 大伞庇护下,借助和市场经济地位相关的国内法,向中国发起大量反倾销的诉讼(欧盟截至 2016 年,73 项反倾销措施中,就有 56 项是针对中国入口产品),并采用差别选择“替代国”的方式,使得针对中国的大量反倾销诉讼屡屡获胜,还为其他国家向中国发起反倾销诉讼提供了法理基础和参照依据。例如中国重要出口产品——自行车就先后遭受欧盟、加拿大、墨西哥、阿根廷、美国等国先后十余次连锁式立案反倾销调查。这些反倾销诉讼使一些中国的进出口企业乃至行业遭受重创,甚至是致命打击。

自加入世贸以来,中国金属(例如:钢铁)及其制品、化工产品、机电产品、塑料制品、纺织品、陶瓷、玻璃、食品无数个出口行业不断受到反倾销诉讼的狂轰滥炸,各产业除了修炼自身,加强反倾销会计研究,积极应诉、积极参与谈判以外,还始终秉持一种信念,那就是:困扰中国多年的“市场经济地位”,根据当时加入 WTO 的缔约条款,在中国加入 WTO 十五周年之际,也就是 2016 年 12 月 11 日可以自动获得。或许经历了 15 年的不公平不公正的待遇后,中国进出口贸易条件能有较大改观。但是,现实依然非常残酷,WTO 的协定中还埋有更深的伏笔,等待中国去迎接挑战。

2016 年 5 月中旬,欧洲议会全体会议在斯特拉斯堡举行,在 751 名议员投票中, 共有 546 名欧洲议员反对中国自动获得世界贸易组织下的市场经济地位议案,仅有 28 名欧洲议员对中国投了支持票,而另有 77 名投了弃权票。会议中强调:在中国满足欧盟关于市场经济地位的五大标准前,中国对欧出口仍应按照“非标准”方式对待,即在对中国商品进行反倾销和反补贴调查过程中,仍应评估中国商品的成本和价格是否是市场价格。

欧盟这一高票通过拒绝承认中国市场经济地位的决议,虽属非法,但是为何在中国加入 WTO 十五周年之约临近,市场经济地位被认可已是指日可待的背景下高调提出?

查阅我国在 2001 年入世时签署的初始协定《中国加入 WTO 议定书》。与之相关的争论点集中于条款 15(Price Comparability in Determining Subsidies and Dumping),中国为赢得战略主动,接受 GATT1994 第 6 条达成的协议:《关于实施 1994 年关税与贸易总协定第 6 条的协定》, 有关市场经济地位与价格可比性、倾销、补贴的条款如下:

第 15(a)(i),如果中国生产者在被调查后能够证明该产业(industry)在制造、生产和销售该产品方面满足市场经济条件,那么 WTO 成员国须使用中国本地商品价格 / 成本作为参考、进行价格比对。

第 15(a)(ii),如果中国生产者在被调查后无法明确证明该产业在制造、生产和销售该产品方面满足市场经济条件,那么 WTO 进口成员可以使用不依据与中国国内价格或成本进行严格比较的方法。

第 15 (d),一旦中国根据该 WTO 进口成员国的国内法证实其是一个市场经济体,那么,条款 15(a)项的非市场经济条款不得再对该部门或产业适用。对于非市场经济国家,在进行反倾销调查时,不用该国的实际价格,而采用被认为是市场经济国家的第三国(替代国)的价格数据作为正常价值。当然,无论如何,第 15(a)(ii)条款都将在 15 年后自动到期。

由此看来,根据上述条款,中国在加入 WTO 十五周年到期后,不管是否能够证明自己满足市场经济地位,WTO 成员国都不能再借口中国不具备 “市场经济地位”而以替代国产品为参照来对中国进行“反倾销”。也就是说,在反倾销和反补贴调查中,倾销幅度的确定可以不以中国实际成本数据为依据,而选择一个市场经济第三国或进口国的同类相似商品价格,即“替代国”做法的适用期限是 15 年,在 2016 年 12 月 11 日失效。然而,WTO 并没有在这份缔约文件中明确,15 年之后中国可以自动取得市场经济地位!

中国在加入世界贸易组织的进程中, 贸易集团和全球经济大国有意嵌入的文字游戏,使该条款到期后,中国的市场经济地位认定面临两种情况:一是,中国出口商在调查时被证明符合市场经济条件,那么可根据15(a)(i)条款(该条款始终成立),积极争取贸易主动和胜率。二是,中国出口商在调查时无法明确证明其符合市场经济条件,则根据第15(a)(ii),中国出口企业或是行业,乃至政府层面,今后依然面临着同霸权主义的美欧贸易大国不计其数的谈判协商和博弈。

截至2015年7月已经有包括澳大利亚、新西兰、新加坡、马来西亚等90多个国家承认中国的"完全市场经济地位",但美国、欧盟、日本、加拿大、印度等尚在这一群体之外,而这些国家,又恰恰是中国的几个主要贸易伙伴和反倾销发起国。

"市场经济地位"的认定,是发达国家为首的贸易大国针对域外具有强大成长空间和竞争实力的国家设立的不公正、不公平的贸易保护的一张王牌,然而到目前为止,"市场经济地位"的认定,已经不是一个简单的经济贸易上的问题,而是披着经济的外壳,反复成为各大国勒在中国脖子上,随时准备用来做交易的筹码,它既体现出意识形态的偏见,又是基于本国贸易利益的经贸博弈。[①]它是中国参与国际贸易战中如鲠在喉又不得不面对和解决的迫切问题。中国需要加快国内改革和外交努力并重,从而争取更好的国家贸易内外环境和国际贸易地位,避免成为反倾销滥用,各国贸易战争的众矢之的。

(二)反补贴与补贴"大户"

自WTO成立至今,总体看来全世界共发起的反补贴调查数目比反倾销要少得多,虽然不及反倾销措施在世界的影响大,但是对被调查国外贸出口产生的损害并不亚于反倾销措施,有时可能更甚。因为反倾销往往表现为针对微观个体,而补贴更加宽泛和宏观。在实施反补贴调查时,往往涉及的是一个甚至数个行业。

1. 补贴与反补贴

补贴与反补贴的界定在国际贸易理论领域中都存在着长期的分歧和争议,直到1994年,在世界贸易组织的乌拉圭回合谈判中,才将补贴与反补贴作

① 萧何."市场经济地位"——最严重的非关税壁垒[J].中国五金与厨卫,2003(3).

为回合谈判的主要议题之一。最终各个成员国统一签署了《补贴与反补贴措施协议》,即《SCM 协议》,并于 1995 年开始正式生效。该协议作为 WTO 一揽子协议的组成部分,适用于 WTO 的所有成员国。

根据《SCM 协议》对于补贴比较权威的界定是:补贴是指在一个成员国领土内，存在由政府或者任何公共机构向某一企业或者某一产业提供的财政支助或者对价格或收入的支持并因此而授予一项利益，结果直接或间接地增加从其领土内输出某种产品或减少向其领土内输入某种产品，或者因此对其他成员的利益造成损害的政府性行为或措施。

补贴具体指的是以下的五种措施:

① 政府直接转移资金(如捐赠、贷款、投股),潜在的资金或债务的转移(如贷款担保);

② 政府放弃或不征收应征收的税收(如税收抵免之类的财政鼓励);

③ 政府提供货物、服务或购买货物;

④ 政府向筹集机构付款,或委托、指示私营机构履行上述三项功能;

⑤ 存在着 GATT1944 第 16 条含有以上的任何形式的收入或价格支持。

可见,补贴在认定上体现出几个特点:首先,补贴是以一国的中央政府或是公共机构(比如地方政府或者是受政府干预的私人机构)提供支持的“政府行为”;其次,补贴是一种政府财政措施,或者是一种收入或价格支持的措施,并对市场价格产生了影响;第三,收到补贴的那一方可以从政府自主计划或者支持的补贴行为中得到某种“利益”或者是从市场上不能取得的价值;第四,补贴对象是国内生产者和销售者,即是对产品供应方的补贴;最后,补贴形式多种多样，其根本目的是要增强国内企业生产的产品在国内和国际市场上的竞争地位。

在国际贸易中,补贴是一种促进出口同时限制进口的贸易保护手段,可以影响国际市场的货物流向,是国际贸易中惯常采用的非关税壁垒。从世界经济发展的历史来看，各国政府在不同的时期为了国际经济的发展或其他政策的需要,或者为了促进出口产业的发展,对不同的行业或产业或产品实行补贴的政策或措施,是各国经济发展的一个正常而普遍的现象。但是补贴如若导致国家之间的“正常市场活动”出现“扭曲”,国家之间的贸易利益存在矛盾冲突,则会引发和补贴相关的反补贴贸易保护或者采取贸易救济。

“从经济观点上说,补贴如果是普遍给予整个社会方面的和社会各生产部门的,就不具有扭曲的作用。或者说,在如此的情况下扭曲作用非常小,这样就可用这些论据来支持这样一种看法:普遍享有的补贴——即非专向性补贴,不应该是可起诉的。”国际经济法专家约翰·杰克逊如是说。也就是说根据《SCM协议》,不是所有的补贴都属“非法性”的。只有 WTO 成员方政府有原则或者有差别地向某些企业提供补贴,这种造成社会资源分配扭曲的“专向性补贴”才受到《SCM 协议》的约束。因此,确定某种进口产品所受补贴是否具有专项性(Specificity),是一国政府能否采取《SCM 协议》规定的征收反补贴税或者其他措施的前提条件。①

也就是说,只有专向性的补贴才有可能受到反补贴调查和反补贴惩罚,专向性是判断补贴“非法性”的一个标准。

《SCM 协议》认可的专向性补贴有四种类型:

① 企业专向性补贴,即一国政府挑选一个或几个特定企业进行补贴;

② 产业专向性补贴, 即一国政府针对某一个或几个特定部门或产业进行补贴;

③ 地区专向性补贴, 即一国政府对其领土内的部分特定地区的生产进行补贴;

④ 被禁止的补贴,指与出口实绩或使用国产货物相联系的补贴,即出口补贴和进口替代补贴。

根据补贴对自由贸易的扭曲和危害程度的不同,《SCM 协议》 把名目繁多的补贴分为禁止性补贴、可诉性补贴和不可诉性补贴三类。补贴是否具有“专向性”是区别这三类补贴的主要依据。

禁止性补贴也叫“红灯补贴”或“红箱补贴”,是指 WTO 反补贴协议规定禁止成员方给予或者予以维持的补贴行为。这类行为会直接扭曲进出口贸易,违背 WTO 的公平竞争原则,所以是《SCM 协议》中明确规定并严格禁止的。禁止性补贴属于专向性补贴的范畴,《SCM 协议》认定,除《农业协定》外,出口补贴

---

① 珍妮.反补贴:美国贸易政策的主攻方向[J].WTO 经济特刊,2007(8).

和进口替代补贴均为禁止性补贴。出口补贴,是在法律上或事实上,一国政府为了降低出口商品的价格,增加其在国际市场的竞争力,向出口行为提供的现金补贴或财政上的优惠待遇。进口替代补贴,指对本应该使用进口产品时,如果使用者改用国产产品,政府给予使用者或给产品的生产者的补贴。对比看来,出口补贴授予出口产品的生产者或出口商,而进口替代补贴授予的对象是用于国内消费的产品的生产者或使用者。受到禁止性补贴损害的成员,可以采取反补贴措施,或者通过《SCM 协议》规定的 WTO 争端解决机制获得救济。

可诉性补贴,也叫"黄灯补贴"或"黄箱补贴",是指那些不是一律被禁止,但有不能自动免于质疑的补贴。可诉补贴的认定标准较禁止性补贴更为灵活,《SCM 协议》附件一对禁止性补贴做出了详细列举,但并未列举可诉补贴的种类,因此调查机关根据其客观效果在认定被诉国给予的补贴是否符合 WTO 规则,是否可诉时,就有了很大的自由裁量权。在国家贸易摩擦中,可诉性补贴是最容易引起争端的。①

不可诉性补贴,又称"绿灯补贴"或"绿箱补贴",任何成员国在实施这类补贴措施的时候一般不会招致其他成员方提起反补贴申诉。《SCM 协议》的第四部分规定了两类不可诉性补贴:一类是不具有专向性的补贴,即那些具有普遍性的,不针对特定企业、特定产业和特定地区补贴,这种补贴不会引起基于世界贸易组织相关规定而引起的任何反补贴措施。另一类是符合特定要求的专项性补贴,例如政府对研究和开发的、落后贫困地区的和环境保护方面的补贴,也属于不可诉的补贴,但必须具备反补贴协议规定的条件。

同反倾销一样,反补贴是要对涉案补贴发起调查,或是通过调查过程对受诉实施最终裁决从而采取补贴救济措施,必须满足三个前提条件:

① 存在《SCM 协议》中的违法补贴,也就是"专向性"补贴;

② 存在法定范围内的损害;

③ 收到补贴的产品与被指控的损害之间有因果关系。

2. 补贴"大户"

在工业国家,对汽车工业的支持于 2010 年就高达 430 亿美元,美国政府

---

① 王玲莉."两反一保"的新特点及发展趋势[J].理论界,2007(8).

对通用、福特、克莱斯勒三大汽车企业给予了174亿美元的直接补贴。意大利向汽车产业提供了17亿欧元的政府救助。英国以“绿色技术”名义支持国内汽车工业达33亿美元。

其实，真正享受补贴的最重要领域是农业。农业是众多国家生存立国之本,农业补贴在国家经济发展中起到重要作用。在步入21世纪初时,根据国际货币基金组织和经合组织的统计，其成员国每年用于农产品补贴的开支多达3000亿美元,相当于瑞士全年的国民生产总值。迄今共有澳大利亚、巴西、保加利亚、加拿大、哥伦比亚、塞浦路斯、捷克、欧盟、匈牙利、冰岛、印度尼西亚、以色列、墨西哥、新西兰、挪威、巴拿马、波兰、罗马尼亚、斯洛伐克、南非、瑞士、土耳其、乌拉圭、美国、委内瑞拉等25个国家成员,对428种农产品使用农产品出口补贴。欧盟的补贴几乎涉及所有产品分类。南非、土耳其次之。东欧国家的补贴范围也较广。另外,从农业出口补贴使用的分布上看,使用国家较多的产品依次包括:水果和蔬菜、其他奶产品、牛肉、禽肉、粗粮、其他农产品、蔬菜油、乳酪、糖、小麦和面粉。从数量上看,出口补贴最多的产品是粮食;从价值上看,出口补贴最多的产品是牛肉和奶产品;都主要涉及农业。

农业补贴是否合法,关乎是否可以提起调查直至最终裁决,从而采取有效的补贴救济措施来保护本国相关产业。在WTO法律框架下,有关补贴的规定主要见于《补贴与反补贴措施协议》即《SCM协议》和从1995年开始实施,将农业生产与贸易以及与之相关的补贴和反补贴问题置于多边贸易规则控制之下的《农业协议》。《SCM协议》的原则规定了在补贴领域中对发展中国家的差别待遇和转型国家的过渡安排，以便让发展中国家成员国可以充分利用该协议来保护和发展本国产业,其中也明确了规则适用于农业部。但是该协定并未就农业方面的补贴与反补贴问题做专门的详细规定，且在多处明确把农业领域的补贴排除在其具体规制之外,例如在禁止性补贴中是把《农业协议》除外。此外,在《农业协定》第21.1条规定:“GATT1994年和《WTO协定》附件1A所列其他多边贸易协定的规定应在遵守本协定的前提下适用。”意即,如果《农业协定》与WTO其他协定发生冲突,《农业协定》具有优先权。由此看开,《农业协议》是WTO认定农业补贴合法性的最主要依据。

根据《农业协议》,WTO认定农业补贴合法性有一揽子具体标准,也提出了各成员方承诺履行的义务。该认定标准奠定了 WTO 农产品贸易体制的基础,也就农产品国内支持确立了全面的具有直接约束力的规则,算是多边贸易体制的一大突破。还使农产品出口补贴的削减取得了实质性进展。然而该协议依然存在诸多问题,比如在“国内支持标准”问题上,不论是“黄箱”支持标准,“绿箱”支持标准,还是“蓝箱”(农业协议中对一系列条款的通行表达方式。这些条款规定与限产计划相关的支付,如休耕地差额补贴,可免予减让承诺)支持标准,都存在认定标准上的模糊性,给不少国家提供了可乘之机;在出口补贴标准上更是像给欧美大国量身定做的一样, 为出口补贴削减承诺的执行留有变通余地,使削减出口补贴的效果大打折扣。

《农业协议》其实成了欧美等工业贸易大国和集团之间斗争和妥协的结果,其条款的制定明显带有维护大国利益的倾向性,在实施过程中实行双重标准,对发达国家与发展中国家产生了不同影响,因而也出现了十分严重的不平衡性。

第一,是国内支持标准的不平衡性。据统计,OECD 国家的年均国内农业支持总量从 1986—1998 年间的 3020.78 亿美元, 到 1999—2001 年上升到了 3295.64 亿美元,不降反升。发达国家的国内农业支持是世界农产品贸易扭曲的主要根源,然而,在规范国内支持行为时,协定的分类管理模式却为发达国家保留了充裕的支持空间:在贸易扭曲效应最明显的“黄箱”支持方面,协定允许基期综合支持总量超过微量支持水平的成员方继续提供“黄箱”支持,而其他成员方的“黄箱”支持只能以微量水平为限。而绝大部分发展中国家不存在基期综合支持总量或总量低于微量水平,因此,“黄箱”支持该项纪律事实上构成对发展中国家成员方的单方面限制。另外,在欧美操纵下,协定将限产计划下给予的直接支付划入免于削减的“蓝箱”支持,从而使欧盟的补偿支付计划和美国的差额补贴计划得以豁免。“蓝箱”支持在法律名义上对所有 WTO 成员方开放,但广大发展中国家的农业生产力远不及欧美,根本没有达到“限产”的地步,因而对于绝大多数发展中国家几乎没有实际意义。最后“绿箱”支持标准更是逻辑外延宽泛,它被欧美大国大范围地采用,而与此相比,很多发展中国家在不少领域还是空白。WTO《农业协议》中的“绿箱”措施包括:一般农业服务支出(如农业科研、病虫害控制、培训、推广和咨询服务、检验服务、农产品市场促销服务、农业基础设施建设)、自然灾害救济补贴、农业结构调整投资补贴、农业环境保护补贴等内容。这些内容目前就连最大的发展中国家——世界农业大国中国,依然有6项属于空白,其他的发展中国家就可想而知它们同发达国家之间的差距。第二,出口补贴标准的不平衡性。根据《农业协议》关于出口补贴的规定:“凡在基期内未对农产品提供出口补贴者,今后也不得对农产品进行出口补贴;凡在基期内已对农产品提供出口补贴者,今后可继续进行相关出口补贴,只不过补贴支出和受补贴产品的数量要做一定比例的削减。”在基期内对农产品提供出口补贴的原本就主要是发达国家,所以这一规定的潜台词就是:发达国家只要履行削减承诺,就可以继续对农产品提供出口补贴,而发展中国家就不能进行出口补贴。事实上,在协议正式生效时有资格对农产品提供出口补贴且在减让表中列出削减承诺的成员方,就只有前面提到的25个国家。其中当时的欧共体是最大的出口补贴使用者,仅1995—1999年,它们年均出口补贴支出就有60亿美元,占全球出口补贴支出的90%。瑞士是第二大出口补贴使用国,补贴份额约占5%。美国是第三大出口补贴国,补贴份额不到2%。欧盟、瑞士、美国和挪威四个经济合作与发展组织(简称:OECD)成员的出口补贴支出额就达到了330亿美元,占到了全球支出总额的98.9%。发达国家总体上已有很高的农业补贴水平,却只承诺轻微地降低补贴,仍然继续提供本已扭曲的国际贸易,即不公平的国内支持和出口补贴。发展中国家同发达国家之间,本来在财力上就有巨大悬殊,在出口补贴方面无法与发达国家相比,而大多数发展中国家先前就维持很低的补贴水平,在不平等的《农业协议》制约下,不仅不能增加,连提供出口补贴的权利都被加以限制,致使享受大量补贴的发达国家农产品充斥国际市场,而发展中国家农业却雪上加霜,农民的生计受到沉重的打击。

十分清楚,在不平等的国际规则前提下,发达国家才是真正的“补贴大户”!据世界银行资料显示,单就2009年一年,美国的农产品补贴就上升到了99亿美元。2009年1月欧盟再次对黄油、奶酪和脱脂奶粉的出口加大了补贴量。为保障补贴大户们在农业补贴领域的特权,它们在《农业协议》中精心设计了所谓“和平条款”,使符合协定要求的农业补贴措施在不同程度上免征反补贴税,以及免于“违约之诉”和“非违约之诉”。它们借助由其控制的世界组织和国际机构,处心积虑巧制游戏规则,利用《农业协议》将农业从众多参与国际贸易竞争的行业中独立出来并加以保护,使之享受“特殊和差别待遇”。不难看出,发达国家作为农业补贴的主力军,在擦亮其“进攻之矛”的同时,还要求发展中国家撤去“防守之盾”。即使协定在实施期限、削减比例等细节上对发展中国家提供了一些无关痛痒的特殊和差别待遇,也是赤裸裸地反映出全球化前提下,国际贸易规则制定的不公平。

3. 反补贴“大户”

《SCM 协议》出台以来,为 WTO 成员之间解决补贴和反补贴争端提供了解决的依据。此后发生的反补贴争端案:如 1995 年菲律宾与巴西关于椰子干反补贴税案,1996 年加拿大与巴西关于飞机补贴争端案,1996 年欧共体、日本和美国与印度尼西亚关于汽车工业措施的纠纷,1997 年美国、新西兰诉加拿大奶制品出口补贴案,1998 年欧共体与美国关于钢材反补贴税争端案等等,都可以清楚地看出,争端主要是发达国家发起的,数目不大,且没有专门针对某国,而且都是在 WTO 的“市场经济国家”之间发生。虽然《SCM 协议》制定了规则似乎让发展中国家也可以利用协议来保护和发展自己,事实上,发达国家从来没有停止过采用“反补贴”手段来打击具有强大竞争力的贸易对手。在步入 21 世纪以前“反补贴”数量少,一是发达国家财力雄厚,本来就是“补贴大户”;另一方面,发达国家在国际贸易中居于优势地位,最大的竞争对手中国,那时还没有加入 WTO。

随着中国入世,美欧大国的贸易利益受到巨大挑战,然而因为根据《SCM 协议》规定反补贴调查主要是针对“市场经济国家”,“非市场经济国家”不受到“反补贴”的调查和诉讼。因此,在中国入世的前几年,在欧美大国的带领下世贸组织成员中的众多国家重点向中国疯狂地发起数量最大,也是最为频繁的“反倾销”调查。

然而,对中国来说,并没有一种“失之东隅,收之桑榆”的庆幸。对于欧美这些贸易大国来说,怎么可能放弃针对中国的多重惩罚性措施?2016 年 12 月的 15 年之约期限刚刚过去,事实已经证明,受西方各资本主义大国控制的 WTO 组织和中国开了一个天大的玩笑!因为我们并没有忘记,在 2016 年加入 WTO15 年期临近的时候,美国、欧盟和日本等 WTO 缔约国几乎同时发声:“不承认中国市场经济国家地位！”须知，其实在这漫长的15年等待期里，中国已经为加入WTO，遵照西方各大国的要求，如约履行了各项严苛的“规则”甚至“潜规则”，也已经在许多方面做出了巨大的让步，乃至不乏牺牲我国民族利益的一些让步！譬如，大量地、破坏性地牺牲我国生态环境，大量地攫取我国廉价的自然资源，甚至以白菜价消耗我国稀土等战略性资源，掠夺性地剥削我国廉价的劳动力等等。即使在我们已经付出巨大牺牲的15年后的今天还依稀存在着一些谈判空间，但最终“中国的市场经济地位”是否能够获得，还是很大的问题！发达资本主义国家似乎早已做好两手准备。当然，“反倾销”是一定要继续作为惩罚中国国际贸易的拿手戏；“反补贴”等等惩罚措施，也早就做好了各种对中国不利的预设性的铺垫。还有，不断地“创造条件”，或者通过立法来向“非市场经济国家”的中国发起一轮轮的反补贴调查，依然是针对中国的“特殊待遇”！总之，对于中国的贸易战方式是绝对“一个都不能少的”！

其实，2003年以前中国没有遭受过国外反补贴调查，由于当时包括美国、欧盟在内的许多国家一直将中国视为非市场经济国家。而2004年4月，作为对华反补贴“发起人”的加拿大，对原产于中国的烤肉架进行反倾销和反补贴的“双反”立案调查。当年8月27日，加拿大边境服务署对于原产于中国的户外用烧烤架做出反倾销及反补贴初裁，认定原产于中国的户外用烧烤架在加拿大市场上存在倾销行为，而且中国政府对该出口产品进行了补贴，初裁认定有两家涉案的中国应诉企业加权平均倾销幅度为7.2%和28.9%，其他企业为57.5%，涉案企业的补贴幅度为16%；决定对原产于中国的户外用烧烤架征收平均34.6%的临时反倾销税和16%的临时反补贴税。

该案例是加拿大对中国产品采取反补贴措施的第一案，同时也是中国遭遇反补贴的第一案，其象征意义远大于案件内容本身，潜在示范效应不容小觑。由此开始，许多WTO成员方纷纷借鉴效仿，正式开启了针对中国的国际反补贴和“双方调查”之路。

2005年以前，按照WTO以及美国的成文法规定，美国不能对非市场经济国家提起反补贴调查。但是，自加拿大利用法律的修改在2004年顺利成为第一个正式对中国提起反补贴的国家，美国从中大受“启发”。2005年3月10日，美国国会议员提出一项新议案，要求修订现行的反补贴法，对市场经济和非市场经济国家一视同仁。同年7月，美国众议院在短时间内执意通过了《美国贸易权利执行法案》，该法案中准许对来自非市场经济体的进口适用美国反补贴法。2006年11月20日，美国商务部做出了针对中国铜版纸发起反补贴调查的决定。这是美国第一次对从"非市场经济国家"进口的产品征收反补贴税，从而改变美国坚持了23年的不对"非市场经济"国家实施反补贴法、采取反补贴措施的贸易政策。[①]其后，在2007年发起的所有的反补贴调查，几乎全部都是针对中国的。2008年，美国共发起9起反补贴调查，同样是针对中国一国。这些调查的大部分内容，不仅将反补贴、反倾销开始合并，而且立案的密集程度也非常罕见。其中，2008年2月20日，仅在美国对于原产中国的不锈钢焊接压力管实施的反补贴调查中，就征收了高达106.85%的临时性反补贴税，这在国际社会中，非常令人震惊。[②]

在WTO成员中，美加两国，在短短几年时间里，迅速成为对中国密集发起反倾销、反补贴调查的最大国。2008年之前，欧盟还没有对中国进行过反补贴、反倾销调查行动，但是作为世界上最大的经济联盟体，也是当时中国第一大贸易伙伴的欧盟，之后也非常看重反补贴、反倾销这两种获利极高的贸易保护方式，故此同样也成了反倾销和反补贴的重要实施区域。

大国发起的针对中国的反补贴、反倾销"羊群效应"自此已经开始发酵，日本在美国政府宣布所谓"中国采取非法贸易补贴做法"，并向世界贸易组织提出申诉后，也加入美国的行列，就所谓"工业补贴"向WTO起诉中国。不仅西方发达国家，就连一些落后的发展中国家同样加入了针对中国国际贸易的"两反"行列。墨西哥本不是中国的十大贸易伙伴国，与中国之间的贸易量也并不是很大，但它却曾两次与美国一起要求世界贸易组织成立专家小组，对中国所谓"禁止性补贴"进行调查和裁决。

姑且不论加拿大、美国、欧盟等国使用法律手段对一个发展中国家成员进行如此大规模的惩罚是否符合WTO倡导的贸易公平原则，单就这些大国出台的这些所谓针对性的国内法，就不难看出它们在国际贸易中的霸权主义行径

① 萧何."市场经济地位"——最严重的非关税壁垒[J].中国五金与厨卫，2003(3).
② 王玲莉."两反一保"的新特点及发展趋势[J].理论界，2007(8).

及其制造的国际贸易的严重不公。事实上，发达国家本身既是国际贸易中的“补贴大户”又是“反补贴的强行规定者”。在国际贸易中，无论是不合理的国际贸易条款的制定，还是其针对性的国内法及“自由裁决权”的使用，霸权主义者都掌握着“规则”的制定权，使用的自由度也牢牢把握和掌控在它们手中。现在看来，WTO 倡导的所谓“契约自由”“公平交易”的条款是多么虚伪！它在邪恶的资本主义本性和霸权主义“无理的利益最大化”事实面前，又显得多么的苍白！以美国为首的贸易大国，无视发展中国家，尤其是中国 20 多年的市场经济改革的客观事实，坚持不承认中国为市场经济国家，坚持进行无理的贸易歧视和非法的贸易制裁，这已经给中国造成了难以弥补的、巨大的经济贸易损失。无数事实已经证明，WTO 尽管在名义上打着“契约自由”“公平交易”的旗号，但对发展中国家来说，它们从来都是奉行“双重标准”。在国际贸易中，对发展中国家尤其是中国，它们从来都是不公平对待的！

（三）TBT（Technical Barriers to Trade 技术性贸易壁垒）

一个国家或国际组织，如果出于维护人类共同的利益和目标，譬如，出于保护我们的环境及动植物和人类健康安全，而在国际贸易中对所存在的直接影响上述问题的外来商品提出技术性指标与要求，那么无可厚非。同样的，随着科技进步，将更先进的技术标准的制定扩大到对企业生产过程的检测方面，以防止造成危害我们生存环境及动植物和人类健康安全问题的产生，譬如，防止工业生产过程导致的水污染和空气污染等，这也是人类文明进步和可持续发展的现实需要。但是，发达国家操控的 WTO，在国际贸易中倘若出于保护发达国家市场或国际垄断资本利益之目的，而将严苛的技术标准转移到对他国（尤其是发展中国家）本不危害人类生存环境及动植物和人类健康安全的正常商品进行过度检测，并以技术标准为由，阻隔或拒绝他国商品进入其市场，进而影响到其合法的国际贸易利益的，则此被扭曲使用的技术标准就称为“技术性贸易壁垒”。客观上，就技术范畴而言，发达国家与发展中国家二者间是不对等的。因为后者在技术方面一般来说都要相对落后。正因为此，发达国家操控 WTO 所制定的技术性贸易壁垒协议，正是针对性地为发展中国家人为设定的。因此，所谓技术性贸易壁垒就是指西方发达国家主导 WTO，出于保护国际垄断资本利益和市场之目的，扭曲地运用技术因素或标准阻隔或拒绝发展中国家正常、合法之商品进入其市场,因之所形成的贸易壁垒。

尽管发达国家在科学技术的研发与掌握上都高于发展中国家。但是,它们也将科技不合理地运用于维护国际垄断资本利益及其市场保护，使科技成为国际垄断资本利益和市场保护的惯常手段。美欧等发达国家连同WTO组织制定的TBT,常常有利于发达国家在技术方面所处的优势,对发展中国家的合法商品进入其市场形成难以逾越的障碍，这也是发展中国家因技术劣势而导致正常贸易利益受损的重要原因。在经济全球化的当今时代,随着全球化经济贸易的深入发展,发达国家对发展中国家的歧视性贸易也已蓄谋已久。WTO技术性贸易壁垒TBT的出台，既是它们用以限制发展中国家商品进入其市场的重要手段,也是霸权主义在国际贸易领域的具体体现。事实上,这种借助TBT方式控制他国贸易利益的行为,是一种不平等、被扭曲,且被异化了的技术运用方式。因为,发达国家,包括WTO组织,从来都不会考虑为了人类共同的利益和目标，将先进的技术用于支援发展中国家对我们共同的地球生态家园的维护方面。相反,它们将之作为保护国际垄断资本集团牟取暴利的重要手段。与《华盛顿共识》要求发展中国家“政府放松管制”的条款不同,WTO则借其所制定的TPT,极力限制发展中国家商品进入西方市场。因为,当发达国家借《华盛顿共识》胁迫他国,特别是发展中国家“政府放松管制”的时候,最直接的目的就是要求对方取消对国际垄断资本主义的资本和贸易的所有限制，以使之可畅通无阻地进入发展中国家,并垄断和控制其全部市场。显然,这与它们精心设计的各种壁垒，包括借技术性贸易壁垒抑或TBT限制发展中国家商品进入其市场的行为形成了鲜明的对照。由此可见,发达国家极力推行新自由主义倡导的所谓经济全球化,并借此迅速占领发展中国家的市场的行为,已经暴露出了国际霸权主义的狂妄逻辑。因此,在国际贸易中,发达国家同样推行的是其霸权主义国际贸易体系。在此不平等的国际贸易体系中,倘若发展中国家向发达国家输出商品,就必然会遭遇它们处心积虑设置的各种贸易壁垒方式,当然也包括WTO所制定的技术性贸易壁垒,亦即TBT方式。

到目前为止,发达国家通常使用的技术性壁垒主要有三种类型:其一是以技术法规、技术标准和技术合格评定程序为主要形式的技术性贸易壁垒,也称为TBT措施；其二是以动植物及产品卫生检疫要求为主要内容的卫生检疫措施,亦称为 SPS 措施,其主要依据是 WTO 通过的《实施动植物卫生检疫措施的协议》(Agreement on the Application of Sanitary and Phytosanitary Measures);其三是以环境技术指标和环境管理为核心的环境壁垒措施，又被称为绿色壁垒措施。

1. TBT 和 SPS

《TBT 协议》的全称为《世界贸易组织贸易技术壁垒协议》(Agreement on Technical Barriers to Trade of The World Trade Organization)，是协调和减少国际技术性贸易壁垒的重要手段，是对各成员国在国际贸易中制定与实施的技术法规和标准,以及合格评定程序的相关规定。在 WTO 中,这些规定又称标准守则。狭义技术性贸易壁垒通常单指《TBT 协议》所规定的一些内容,或曰 TBT 是技术性贸易壁垒的简称，是指货物进口国家所制定的那些强制性与非强制性的技术法规、标准以及检验商品合格性程度的评定程序所形成的贸易障碍,即通过颁布法律、法令、条例、规定,建立技术标准、认证制度、检验检疫制度等方式，对外国进口商品制定苛刻烦琐的技术、卫生检疫及商品包装与标签的标准。从法理上说,这些标准既大大地提高了进口产品要求,同时也增加了进口难度,并最终达到限制他国商品进口的目的。

这些技术法规、标准和评定程序普遍是以“为保护国家安全与消费者利益”出发点,因此也具有名义上的“合理性”。另外,主要由政府部门或权威机构指定和颁布,故此也具有了形式上的合法性。除此,所涉及的技术范围之广,包括了初级产品、中间产品、工业制成品,涵盖研究开发、生产、加工、包装、运输、销售和消费整个产品的生命周期,从有形商品扩展到金融、信息等服务贸易领域,所以又具有了内容上的广泛性特点。不仅如此,实施技术贸易壁垒的手段较隐蔽,运用形式灵活,对发展中国家来讲有很多难以达到的要求,故导致实施效果有不公平性。最后,TBT 的具体形式还有:“技术标准与技术法规”“合格评定程序”“包装盒标签要求”“产品检疫、检验制度”“信息技术壁垒”“计量单位和条码等其他措施”。

有关研究表明,20 世纪 70 年代在影响国际贸易的非关税壁垒中，约有 10%—30%是技术贸易壁垒。1970 年,GATT 成立了一个政策工作组,专门负责技术标准与质量认证程序方面的问题并负责起草一个防止 TBT 的协议草案。

1979年3月,《东京回合》谈判通过了《TBT协议》,并于1980年1月生效。1986—1994年的《乌拉圭回合》谈判从内容、结构、准确性和可操作性等方面对其做进一步的修改、补充和完善。然而,进入20世纪90年代以来,技术密集型产业产品占世界贸易额的比例稳步上升;贸易中涉及的各种技术问题日益复杂化;高灵敏度检测技术的发展给发达国家限制的商品进口提供了快速、准确的数据,发达国家对环保、安全、卫生要求日趋严格,技术贸易壁垒在非关税壁垒中的比重有了较大幅度的提高。一些发达国家除在商品贸易领域大量使用TBT外,还把TBT用到了服务贸易和投资领域。

《实施动植物卫生检疫措施的协议》(The Agreement on the Sanitary and Phytosanitary Measures, 以下称SPS协议),是乌拉圭多边贸易谈判中达成的一项新协议,在乌拉圭回合中,关于农业问题的谈判是该协议产生的直接原因。协议承认每个成员方政府有权采取动植物卫生检疫措施,但这些措施必须以科学为基础,以改善人类和动物健康以及保护生态环境动机来制定国际贸易规范。

乌拉圭回合过后,根据《TBT协议》和《SPS协议》的要求,WTO成员在实施TBT和SPS具体措施前有义务向WTO的TBT委员会通报。从1995年WTO成立以后短短几年间的通报量看,这两种技术贸易壁垒的通报总量呈上升趋势,尤其是SPS的比重逐年增大。1995—2001年合计通报TBT为4321件,SPS为2757件,TBT和SPS合计通报7078件。1995年各国TBT通报量为389件,1997年猛增至846件,此后保持在600件左右。SPS的通报量从1995年的198件猛增到2001年的772件,增长势头非常之强。[①]TBT通报几乎涉及每个产业,但是主要集中在机电产业、农产品和化工产品领域。随着中国的入世,纺织品服装领域的通报量有了明显增多。虽然发展中国家通报的数量不断上升,发达国家依然占到55%左右,而且集中于少数几个国家和区域。荷兰是TBT通报量最多的国家,其次是美国,日本居第三,欧盟及其成员的通报量占到总体的30%以上。SPS的通报量中有85%以上集中于20个国家,美国的通报量

① 夏友富,俞雄飞,李丽.TBT屏障——技术性贸易壁垒发展趋势及其对中国出口贸易的影响[J].国际贸易,2002(10).

居于第一位占到24.95%，新西兰、泰国、欧盟也是排名靠前的国家和区域。

总体来看，发达国家主导了国际协议和多边贸易谈判的方向，伴随着科技进步的趋势，在TBT技术层面上利用新的检测手段和不断涌现的新方法结合，制定高水平的技术法规、标准和合格评定程序，将TBT的应用水平推向新高。加之发达国家的中介组织发达，行业自律性质的标准及合格评定程序非常完备，TBT日益成为贸易保护的主要手段和高级形式。

2. 绿色贸易壁垒

在技术贸易壁垒中最大的新动向就是绿色贸易壁垒的兴起。绿色贸易壁垒既体现了发达国家对环境领域、自然资源和人类健康领域的重视，也体现了在这些领域中以先进的技术标准和要求所能形成的限制作用；既可以对某一领域有明确的针对性，又可以结合其他贸易壁垒宽泛地对众多领域形成保护，其应用手段多样、灵活，对发展中国家的进出口贸易构成了巨大的挑战。

绿色贸易壁垒（Green Barriers Trade，GBT）又被称为环境贸易壁垒（Environmental Trade Barriers，ETBs），通常是进出口国为维护本国生态环境和公众健康而设置的各种保护措施、法规和标准等，以实现经济的可持续发展。其中，一部分绿色贸易壁垒是合法的环保壁垒。从环境保护的角度看，这些措施都是一国行使国家环境安全的具体表现。进入80年代以后，现代环境问题越来越与国家经济、政治利益挂钩。绿色贸易壁垒也有了更深层次的含义，它以保护有限资源、生态环境和人类健康为名，通过蓄意制定一系列苛刻的、高于国际公认的绝大多数国家不能接受的环保标准，建立烦琐的检验认证和审批制度，通过征收环境进口税方式限制或禁止外国商品的进口。以采取贸易保护措施的面目出现，作为技术性贸易壁垒之一，其对进出口贸易产生的影响也与日俱增。[①]一些国家，尤其是技术领先的发达国家，就把一部分绿色贸易壁垒作为强有力的贸易壁垒，十分露骨地保护国内产业。比较典型的有2002年的六、七月，日本依据《食品卫生法》修正案对我国冷冻菠菜采取的临时性限制措施。日本每年进口的4万吨到5万吨菠菜中，有99%来自中国。日本限制蔬菜进口的措施，对中国的蔬菜出口造成了巨大的冲击。日本对中国蔬菜等农产品问题所

① 季开胜.全球绿色贸易壁垒的现状及发展趋势[J].价格月刊，2011(6).

采取的带有歧视性的做法，就是一种非善意的贸易保护。绿色贸易壁垒的初期形式是采用绿色关税制度又称环境进口附加税的形式，即除了对一些污染环境、影响生态的进口产品征收一般关税外，再征收进口附加税，以提高出口国在国内市场中的成本价格，起到阻碍进口甚至干脆禁止其进口的作用。美国曾以有害物的含量较高为由，对进口汽油和某些石油化工制品加征环境进口附加税，使其比国内同类产品高出 3.5 美分 / 桶。

随着发达国家国内环保意识的不断增强和国内科技水平迅猛提升，加之国际贸易中的政治经济因素的植入，绿色贸易壁垒形式也有了增加，具体有绿色环境标志、绿色技术标准、绿色包装制度、卫生检疫制度等。

（1）绿色环境标志

绿色环境标志又称生态标志制度，是依据有关的环境标准，经过政府部门或其授权机构检测，表明产品质量功能过关，以及从生产到使用、处理的全过程都符合环保要求，对环境和人类健康没有伤害而颁发的图形标志或证书。要进入实施环境标志国家的产品，尤其是发展中国家产品要进入发达国家市场，必须提出申请，经批准获得绿色环境标志才能进入。绿色环境标志作为壁垒出现较早，1978 年在西德率先推出了“蓝色天使”制度，此后许多发达国家纷纷效仿，如欧盟的“EU”制度，北欧四国的“白天鹅”制度，加拿大的“ECP”制度，新西兰的“环境选择”制度，新加坡的“绿色标志”制度，韩国的“生态标志”制度等。美国于 1988 年开始实行环境标志制度，有 36 个洲联合立法，在塑料制品、包装袋、容器上使用绿色标志，甚至还率先使用“再生标志”，说明它可重复回收、再生使用。目前世界上已经有 50 多个国家和地区推行了绿色环境标志制度，美国、日本、德国、加拿大、法国、澳大利亚等国建立了环境标识制度，并相互承认。绿色环境标志对发展中国家来说犹如一道无形的屏障，大大增加了其进入发达国家市场的难度。

（2）绿色技术标准及壁垒

所谓绿色技术标准是指发达国家利用先进的科学技术，以环境保护和人类健康名义制定的技术标准。而以环境保护和人类健康为由，将精心设立的、苛刻的绿色技术标准用以市场及国际垄断资本利益的保护，从而限制和禁止他国（尤其是发展中国家）商品进入其市场的“绿色技术标准”，则称为绿色技术标准壁垒。

绿色技术标准壁垒主要有两种形式：一种是进口国所制定的高环保技术标准，旨在限制发展中国家商品进入其市场。例如欧盟制定的强制性标准《关于在电气电子设备中限制使用某些有害物质指令》(Restriction of Hazardous Substances，简称 RoHS）和废弃电子电机设备指令（Waste Electrical and Electronic Equipment Directive 2002/96/EC，简称 WEEE)。RoHS 于 2006 年 7 月 1 日开始正式实施，主要用于规范电子电气产品的材料及工艺标准，目的是消除电机电子产品中的铅、汞、镉、六价铬、多溴联苯和多溴联苯醚共 6 项物质，并重点规定了铅的含量不能超过 0.1%。发展中国家要达到这一指令要求，必须从设计开始就限制有害物质的使用，并严格控制供应链的各环节，以保证零部件的有害物质含量被控制在规定范围之内。在生产过程中，还要严格管理与控制各项程序，相关设备和制造工艺也得随之更新，以避免污染物的产生。同时，还要购买特别的检测设备来确保最终生产出来的成品符合要求。另据 WEEE 指令，要求从产品设计开始就考虑环保要求；废弃电器、电子设备与普通垃圾实行分开收集等，还要求“生产商”(包括：以自己的品牌生产并销售电气设备者、贴牌生产并销售者以及专业从事由成员国进口或向成员国出口电子、电气设备者)在 2005 年 8 月 13 日以后，负责回收、处理废弃的电器和电子产品；在 2005 年 8 月 13 日后投放市场的电器和电子产品上加贴回收标志。[①] 2006 年 12 月 31 日前实现大型家用电器回收率增加至每件 75%以上；小型家用电器回收率增加至每件产品平均重量的 70%以上；配件和材料的回收再利用率增加至每件产品平均重量的 50%以上。除此，还有许多发达国家制定和出台了《生态纺织品标准》，对纺织品、皮革制品中有害物质提出了限量要求。

另一种是通过国际组织制定高环保技术标准。例如 1995 年国际标准化组织要求的 ISO9000 质量标准体系和 1996 年该组织启动的 ISO14000 环境管理体系。这些标准完全是根据发达国家的生产力和技术水平制定的，且涵盖范围很广。以 ISO14000 体系为例，包括了环境管理体系标准、环境标准和声明标准、环境表现和评价标准、生命周期评价标准、气候变化标准等。其中，有的标

① 赵育琴.新贸易壁垒及其应对[M].成都：西南财经大学出版社，2012.

准更是针对某个国家的出口产品精心设计的，发展中国家要取得这些标准体系认证，一般来说是有很大的困难的。

从两类绿色技术标准来看，发达国家在注重环保的同时，其实是非常注重制造业在国际贸易竞争中的优势地位的。而且也深知在全球化的今天，制造业的竞争很大程度上不是造硬件产品，而是通过占据制造标准、规则的优势地位，凭借强大的标准制定和品牌优势，让新兴工业化国家既按照所制定的规则参与加工、组装发达国家的品牌产品，参与到全球化贸易分工中来，同时又控制这些发展中国家的发展进程。因此，在很多行业，尤其是制造业，发达国家以进口国身份制定的行业标准，常常高出发展中国家的国内标准。例如中国是世界上最大的玩具生产和出口国，美国和欧盟以儿童健康和安全考虑及环境保护标准为由，制定出了苛刻的法规。从 2008 年 11 月 11 日开始，美国要求对儿童产品强制实行第三方实验室测试并出具产品安全证明，而中国仅有极少数几家企业能拿到认证，这对中国玩具出口产生了极大的影响。不仅如此，发达国家利用科技优势制定的强制性技术标准对发展中国家更具有歧视性，对不同水平国家的产品规定同样的市场准入技术条件。2006 年 5 月 29 日，日本实施《食品中残留农业化学品肯定列表制度》，该制度设立了进口食品、农产品中可能出现的 734 种农药、兽药和饲料添加剂等近 5 万个暂定标准，对每种产品制定的限量标准众多，而且执行难度也非常高。而日本是中国农产品出口第一大市场，要满足日本这一迄今最为严苛的检测标准，难度可想而知，成本耗费也非常之巨。再以中成药国际市场为例，目前中成药国际市场的销售额每年约 160 亿美元，其中日本占到 80%，韩国占到 10%，而中国只有 5%左右。作为中药发源地的中国，中药出口美国在美国食品和药物管理局（Food and Drug Administration，FDA）的高标准下，直至 2012 年尚无一味中药制剂以治疗药品的身份通过 FDA 审查，致使中国中药出口严重受阻，而“洋中药”则大行其道。

（3）绿色包装制度

在国际市场上，绿色产品占据主导地位。而绿色产品必须要有绿色包装。绿色包装是指对生态环境和人类健康无害，为节约资源、减少废弃物料采用易于回收再利用，易于自然分解，污染程度轻的包装材料和包装方式。随着对可持续发展和循环经济的深入关注，发达国家也要求包装从原料选择、产品的制造、使用到废弃的整个生命周期,都符合保护生态环境的要求。

德国于 1992 年公布了《德国包装废弃物处理的法令》;日本于 1991 年和 1992 年连续发布《回收条例》《废弃物清除条例修正案》;英国规定了废弃物处理的减量、重复利用、再生、焚化填埋五项优先顺序指标。发达国家几乎在相同时间段出台了和绿色包装相关的规定，这些规定大多是按照发达国家的资源水平、消费者消费偏好来制定的，发展中国家的企业很难适应并达到相应标准。比如,在绿色标签包装方面,美国堪称世界标签法规最完备、最苛刻的国家,而其法规的研究和制定也是处于世界领先地位的。以美国食品标签为例,1995 年 9 月美国食品和药物管理局颁布正式法令,要求销售的强化食品应按照规定加附营养标签,要求部分食品必须标明至少 14 种营养成分的含量。仅这一则规定,使美国本国制造商为此每年就要多支出 10.5 亿美元。由此便可以联想其他落后国家出口商的成本压力会有多高。

在发达国家过度严苛的市场准入条件下，越来越多的绿色包装标准还在朝着更加细节化的方向制定。比如禁止使用含铅、汞和镉等成分的包装材料、禁止使用没有达到特定再循环比例的包装材料等。再如,规定啤酒、软饮料和矿泉水都使用可循环再生的容器，并对使用循环包装的厂商征收较低的税以示鼓励等。有资料显示,由于发达国家绿色环境标志的广泛使用,导致中国出口损失高达 40 亿美元以上。欧盟除对玩具安全严格遵守 CE 标识指令外,还要求在包装盒上印制“回收标识”,以便消费者自行处理;要求在印有“纸类回收标志”的内盒及外箱上,不能使用 U 形钉,而应用胶糊。封口的胶带要用无蜡制品,或无胶质类牛皮纸或胶带等。供货商还要与欧洲公司签订“废弃物收费回收契约”,以便确认废弃包装的流向。这些详细而又专业化的包装要求,对发展中国家的产品出口构成很大的限制，因为出口企业需要根据细则更改产品的包装设计、包装流程、包装仓储和运输要求等,这些都大大提高了产品的出口成本。

(4)绿色卫生检疫

目前,发达国家之所以能够制定相对严格的技术标准和质量标准,来保护本国的相关产业,就是凭借其经济、技术、资金和环境意识的超前性,而且这些标准还可以常常不断修改和强化，其严苛度甚至高于国际标准，且极具随意性，对国际贸易领域中的竞争国家针对性也非常明显和强烈，把卫生检疫制度作为控制从发展中国家进口的重要工具。

卫生检疫制度，主要是对动植物是否携带疾病，对添加剂、污染物、毒素、食物、饮料及饲料中易导致疾病的有害物质进行的检验。各国海关、商检机构都建立了不同的卫生检疫制度，对进口商品进行检测。如美国的《食品、药品、化妆品法》《公共卫生服务法》；日本的《食品卫生法》《植物防御法》等都对强制性检验检疫提出了具体要求。随着科技的进步，检测设备、手段和方法越来越先进。另外，发达国家对于商品中的农药残留量、放射性残留量、重金属含量等要求日趋严格。例如欧盟对茶叶禁止使用的农药从旧标准的 29 种猛增到新标准的 62 种，检测标准达到 118 项，部分农药标准比旧标准还提高了 100 倍以上。再如，美国将氯苯嘧啶醇（Fenarimol）在牛肾中的残留限量从 0.1ppm 降至 0.01ppm；在葡萄内 / 表氯苯嘧啶醇（Fenarimol）及其代谢物残留由 0.2ppm 降至 0.1ppm。然而国际食品发展委员会的标准，该物质在牛肾中的残留为 0.02ppm，在葡萄内的残留限量为 0.3ppm。发达国家在绿色卫生检疫方面依然是执行双重标准。以农药残留检测标准为例，它们往往将最严格的标准用于本国不生产使用的农药，而本国在出口农产品上使用的农药残留标准则非常宽松。如美、欧、日对本国不用的农药按照一般标准执行，一般标准的浓度细微到大多数发展中国家的检测仪器甚至都检测不到。而对本国出口农产品使用的农药，即使农药有较高的毒性，其安全标准也会宽松许多。相反，这些国家又对本国不生产而是主要进口的农作物和农药残留限量则制定了非常严格的标准。

（5）绿色贸易壁垒的新趋势

绿色贸易壁垒在演进中出现了两大发展趋势：

一是越来越多国家和地区尤其是经济发达国家，开始将动物福利和国际贸易相挂钩，将动物福利作为动物进口的重要标准。欧盟、美国、日本、澳大利亚等国家，都在 20 世纪即已经完成了动物福利立法。一些发达国家还对动物的出生、养殖、运输、屠宰加工等环节制定了详尽、具体的标准，这无形中增加了动物养殖企业的成本支出，使得出口国丧失价格和竞争优势。而动物福利还将国家间社会发展、道德、宗教、伦理等多方面的问题同国际贸易相连接，这对发展中国家来说也是一个不可忽视的挑战。

另一个发展趋势是欧美国家将“碳关税”作为一种新的绿色贸易壁垒形式。这一概念最早由法国前总统希拉克提出。目的是希望欧盟国家针对未遵守《京都议定书》的国家苛征商品进口税,以免欧盟国家的商品在碳排放交易机制运行后,遭受不公平竞争。原本美国对1998年签订的这一环境保护法案《京都议定书》不予理睬,然而却成为世界上第一个对碳关税进行立法的国家。2009年,在众议院力排其他国家反对通过的《美国清洁能源安全法案》中规定,授权政府对包括中国在内的,不实施碳减排限额国家的出口到美国的产品征收碳关税,具体规定:一吨二氧化碳征收10—70美元,以免美国制造业处于不公平竞争局面。同时规定,此法案2020年开始实施。面对此状,只要是将产品出口到美国去的国家和地区,都不可能对这一规定置若罔闻。而美国《美国清洁能源安全法案》形成的碳关税壁垒,对发展中国家的影响显然非常大。以中国和印度为例,中国是全世界第一大出口制造国,印度紧随其后,这两个国家如果在2020年还想继续出口商品到美国,那么,就必须符合美国的碳减排标准。如果不符合,那么一吨二氧化碳就要征收10—70美元的碳关税。这简直是同时将技术壁垒和关税壁垒联合在一起的贸易绑架。如果不想被征收碳关税,那么,就必须在2020年之前大量购买新设备、大量引进先进的技术来实现减排目标。倘若依然没有在时限之内做到,那就需要支付高昂的关税。标准是美国定的,可想而知,只有美国的技术和设备才符合标准。显然,这又为美国增加了出口的商机。对发展中国家来说,这无疑是一种双重压榨。

与此同时,欧洲的法国、丹麦、瑞典、意大利,以及加拿大的不列颠和魁北克,在国内范围,已经先美国一步开始征收碳关税。表面上发达国家宣称,碳关税可以帮助发展中国家避免朝掠夺型方向发展,避免走“先污染,后治理”的老路。而实际上如同美国打的如意算盘那样,碳关税以绿色贸易之名,将发展中国家碳排放标准与发达国家趋同,甚至设置更高。这完全违背了《京都议定书》确定的发达国家和发展中国家在气候变化领域“共同但有区别的责任”原则。从根本上说,“碳关税”是发达国家将气候变化问题与贸易问题捆绑在了一起,其目的是既要阻止发展中国家的商品进入它们的市场,又要加大与之相关产品的出口。这就是以环境保护之名,行贸易保护之实的西方发达国家新型贸易壁垒武器。

绿色贸易壁垒的双重性在于:一方面存在着环境保护的合理性;另一方面在全球自由贸易旗号下实施歧性视贸易的不合理性。

客观上讲,运用绿色贸易壁垒关注人类健康、生态平衡、防止自然资源过度消耗,具有一定的进步意义,因而也有它合理性的一面。但是,一些发达国家出于保护本国资本、商品和市场之目的,所设立的环保标准甚至苛刻到高于国际公认的界限,以致大多数国家都无法接受。事实上,这就成了以环境保护名义限制发展中国家出口贸易的一种工具。这样,发达国家所高呼的自由贸易,在其奉行的贸易保护主义面前就显得非常苍白了。客观上,这样的自由贸易实际上是对 WTO 基本运行规则,诸如“非歧视原则”“透明度原则”“差别待遇原则”等,提出的挑战。从前面各种绿色贸易壁垒的表现形式中可以看出,披着“环境保护”这一合法外衣的“绿色贸易壁垒”,更像是发达国家通过立法手段,利用发展中国家与发达国家之间在经济、技术、科学等方面存在的巨大差距,而制定的歧视性的强制性标准。其本意就是在全球化贸易前提下,借助各种贸易壁垒方式,将发展中国家的产品拒之门外,从而形成发达国家对发展中国家不合理的,霸权主义意义上的单方面贸易限制。[①]这种绿色贸易壁垒,其实质就是发达国家凭借贸易垄断地位和先进的技术优势,对发展中国家实行贸易歧视。更有甚者,个别发达国家还利用环境侵略、废物的越境转移等各色环境问题干涉他国内政,因而也激起一系列国际争端。

绿色贸易壁垒给发展中国家带来的影响也具有双重性:一方面,发达国家利用资金技术优势,借由环境保护及人类健康和安全而设立的烦琐、复杂的各种规定,在增加了发展中国家的出口成本、削弱了其在国际市场上的竞争能力的同时,还增强了发达国家自身出口到发展中国家的贸易产品的冲击力。很显然,发展中国家无论进口还是出口,都面临着无比巨大的贸易挑战和与日俱增的贸易冲击。仅 2001 年中国就约有 70 多亿美元的出口商受到“绿色贸易”壁垒的严重影响,贸易壁垒涉及范围包括食品中的农药残留量,陶瓷产品的含铅量,皮革的 PCP 残留量,烟草中的有机氯含量,机电产品、玩具的安全性指标,汽油的含铅量指标,汽车的排放标准,包装物的可回收性指标,纺织品的染料

---

① 郭何根.贸易保护主义的新武器——绿色壁垒[D].上海外国语大学,2006.

指标，保护臭氧层的受控物质等等，涉及我国农业、工业的众多领域；另一方面，发达国家利用发展中国家国内较低的环保标准，出于自身产业结构调整和节约成本之目的，将其高污染行业、废旧物和污染物等许多种类有害物资，利用后者“招商引资”绝佳机会，统统转移到了发展中国家。这种现象在我国尤其突出。此外，众多的海外投资者，为了既获得巨大经济利益、又逃避国内高额的高污染处罚，在发展中国家无环保标准和宽松的环境标准下，大量投资兴建污染密集型企业，对发展中国家的生态环境构成了不可逆的破坏性污染，不仅严重影响到了发展中国家进出口贸易的健康运行，而且妨碍其产业结构的良性调整和经济社会的可持续发展。

（四）蓝色贸易壁垒

到20世纪90年代开始，伴随着信息技术的迅猛发展，全球经济一体化的进程也迅速加快，发展中国家国际贸易的地位也有了一定程度的提高。相应的，在制成品的贸易出口中与发达国家竞争的加剧，使发达国家很快意识到，在国际贸易中依靠底线竞争很难抵挡发展中国家出口产品对国内的冲击。于是开始对来自发展中国家的劳动密集型产品大规模抵制。在针对发展中国家的贸易战中，发达国家除了采用传统的贸易手段（比如以高于工业国4倍的高额关税限制发展中国家出口产品）之外，为了削弱发展中国家的国际贸易竞争实力，它们一方面利用发达国家在技术方面的优势，通过设立严格的技术标准限制发展中国家出口，另一方面利用发展中国家在环境保护和劳动条件方面的弱势，通过多边贸易谈判极力将劳工标准纳入WTO框架下，使一种新的贸易壁垒——蓝色壁垒，成为继绿色贸易壁垒之后，欧美等国家限制发展中国家劳动密集型产品的出口，并保护其国内市场的新手段。

所谓蓝色贸易壁垒又称为劳工标准壁垒和社会责任标准壁垒，它是发达国家主导制定的以保护劳动者劳动权益或生存权益的名义而采取的有利于西方发达国家的贸易保护措施。因其主要是以保护蓝领工人的权益为借口，所以被形象地称之为蓝色贸易壁垒，简称“蓝色壁垒”。由此，人们把针对进出口商品所设置的劳工标准和企业社会责任标准也称为“蓝色条款”，而把符合此标准的商品称为“蓝色产品”。自此，“蓝色贸易制度”则成了体现和贯彻企业社会责任及原则的一种国际贸易制度。

美国在将贸易与劳工标准挂钩的问题上是当仁不让的先行者。早在1970年的GATT东京回合和乌拉圭回合谈判中，美国就力主将劳工标准问题纳入GATT相关条款中,但因当时遭到多国反对而搁浅。在1994年GATT马拉喀什部长会议上,美国以“社会条款”为名,明确表示应将贸易与劳工问题挂钩,要求把劳工标准写进部长级会议宣言，并可以劳工标准为由对发展中国家实施贸易制裁。当时,在广大发展中国家极力反对下,再次无果而终。1996年,在新加坡召开的WTO部长级会议上，美国再次建议将劳工标准问题纳入WTO谈判,并威胁如不在《新加坡部长会议宣言》中提及劳工标准问题,将会否决整个宣言。最后,发达国家和发展中国家经过激烈争论和谈判,最终同意在宣言中承诺遵守国际核心劳工标准。但是各方没有同意通过贸易制裁措施来确保承诺得以执行,只要求WTO加强与国际劳工组织的合作。此后的WTO部长级会议均未再提及劳工问题。

在过去几十年中,发达国家成员和发展中国家成员虽然没有在WTO体制下就贸易与劳工挂钩问题达成一致,但是,就一些原则问题实际上已经形成了共识,且这一共识涉及“社会责任国际标准”中的九大主要领域。

1. 蓝色壁垒核心内容

在蓝色壁垒之中，颇为引人注目的标准是《社会责任标准8000》(Social Accountability 8000 International standard,简称SA8000),是全球第一个可用于第三方认证的社会责任国际标准。该标准是从ISO9000系统演绎而来的,主要用以向各国消费者表明生产商和经销商所提供的相关产品符合国际公认的最低劳工权利标准。这一标准由社会责任国际组织SAI(Social Accountability International)联合欧美跨国公司和其他国际组织,根据《国际劳工组织公约》《联合国儿童福利公约》和《世界人权宣言》的要求制定的。其宗旨是确保供应商所供应的产品皆符合社会责任标准的要求。SA8000标准适用于世界各地任何行业和不同规模的公司。

SA8000与ISO9000(质量管理体系)及ISO14000(环境管理体系)一样,皆为一套可被第三方认证机构审核的国际标准。社会责任国际组织SAI不仅主要负责制定SA8000标准,同时它还负责SA8000标准的授权。被授权的认证机构均为专门从事国际标准认证的独立公司。欧美发达国家在劳工问题上态度非常坚决，在SA8000的推行方面也走在最前列。全球大型采购集团对这一标准都相当熟悉，非常青睐有SA8000认证的企业的产品。值得一提的是，从SA8000的认证情况看，尽管企业社会责任认证基本都是发达国家主导，授权认证机构绝大部分也都属于发达国家，但申请获得认证的企业中，美国、日本、英国和法国等发达国家通过认证的企业数量和占总数的比例不超过1.0%。截至2006年9月，以中国和印度为代表的5个发展中国家的企业占到了认证企业总数的42.68%。显然，这项针对发展中国家制定的标准单边贸易保护动机可见一斑。

SAI提供了两种方法供不同的公司选用。对于以生产为主的制造商和工厂来说，它们可以直接向认证机构提出认证申请，由认证机构安排独立的第三方审核。对于以销售为主的零售商和批发商来说，它们可以向SAI提出申请，成为SA8000签约会员，并提供一份工厂SA8000认证计划，包括自有工厂和供货商的工厂，并公开报告计划的实施进度。通过认证的公司会获得证书，并有权在公司介绍手册和公司信笺抬头处印上SGS-ICS认证标志和CEPAA标准。此外它们还可以得到SA8000证书的副本用于促销。

SA8000社会责任国际标准对涉及的9个领域都制定了最低标准要求，具体内容如下：

① 童工（Child Labour）。公司不应使用或支持使用童工，应与其他人员或利益团体采取必要的措施确保儿童和应受义务教育的青少年的教育，不得将其置于不安全或不健康的工作环境和条件下。

② 强迫性劳工（Forced Labour）。公司不得使用或支持使用强迫性劳动，也不得要求员工在受雇起始时缴纳“押金”或寄存身份证件。

③ 组织工会的自由与集体谈判的权利（Freedom of Associationand Rightto-collective Bargaining）。公司应尊重所有员工的结社自由和集体谈判权。

④ 歧视（Discrimination）。公司不得因种族、社会阶层、国籍、宗教、残疾、性别、性取向、工会会员或政治归属等对员工在聘用、报酬、训练、升职、退休等方面有歧视行为；公司不能允许强迫性、虐待性或剥削性的性骚扰行为，包括姿势、语言和身体的接触。

⑤ 惩戒性措施（Disciplinazy Practices）。公司不得从事或支持体罚、精神或

肉体胁迫以及语言侮辱。

⑥ 工作时间(Working Hours)。公司在任何情况下都不能经常要求员工一周工作超过48小时,并且每7天至少应有一天休假;每周加班时间不超过12小时,除非在特殊情况下及短期业务需要是不得要求加班,且应保证加班能获得额外津贴。

⑦ 工资(Compensation)。公司支付给员工的工资不应低于法律或行业规定的最低标准,必须足以满足员工的基本需求,并以员工方面的形式如现金或支票支付,对工资的扣除不能是惩罚性的,应保证不采取纯劳务性质的合约安排或虚假的学徒工制度以规避有关法律所规定的对员工应尽的义务。

⑧ 健康与安全(Health & Safety)。公司应具备避免各种工业与特定危害的设施,为员工提供安全健康的工作环境,采取足够的措施,降低工作中的危险因素,尽量防止意外或健康伤害的发生,为所有员工提供安全卫生的生活环境,包括干净的浴室、洁净安全的宿舍、卫生的食品存储设备等。

管理体系(Management Systems)。公司高管层应根据标准制定符合社会责任与劳工条件的公司政策,并对此定期审核,委派专职的资深管理代表具体负责,同时让非管理阶层自选一名代表与其沟通,建立适当的程序,证明所选择的供应商与分包商符合本标准的规定要求。

2. 蓝色壁垒产生的原因探析

蓝色壁垒的产生有着深刻的原因:

(1)经济原因

首先是随着经济全球化发展,世界贸易组织成立,从体制上健全完善了世界多边贸易体制。贸易壁垒逐步削减,国际贸易环境向着良性的方向发展,自由贸易在全球范围蓬勃开展,发达国家极力唆使发展中国家打开国门。越来越多的发展中国家参与到世界贸易中,但却让南北经济发展不平衡的问题凸显。尤其从20世纪末,发达国家增速缓慢,发展中国家的生产总量和人均产量相对保持着快速增长,这一现象引起了发达国家的不安。发达国家绞尽脑汁寻求新途径企图打破这种不平衡,然而随着多边体制的发展和完善,各国可以采用的合法贸易保护工具已经为数不多,各种非关税壁垒和技术壁垒、绿色壁垒等将受到多边体制越来越严格的限制。发达国家极力搜寻和建立各种不明显违反 WTO 原则规定的贸易壁垒。一方面以“社会倾销”为借口，认为发展中国家出口的产品价格便宜，并不是由于其在生产成本上存在比较优势，而是因为出口国没有提供合理的工资、利益及对工人其他方面的保护，从而使发达国家丧失了这些产业上原有的优势和国际竞争力，所以对来自所谓“低劳工标准”的国家采取单边贸易保护；另一方面，发达国家巧妙利用了在国际贸易分工进程中出现的一个全球化议题——劳资关系。随着劳资问题与反全球化运动相结合，国际组织与非政府组织对劳工待遇日益重视，都急于寻求一个趋同的国际劳工标准，以促进全球化的稳定发展。发达国家顺势主张将劳工标准问题纳入 WTO 谈判议程，以期通过缔结“蓝色条款”，在工资、工作时间、社会保障与福利方面制定各成员方均应遵守的全球统一的最低劳工标准，对不符合该标准的国家施以贸易制裁，以抵消他们所认为的由于低劳工标准而造成的“国际贸易扭曲”。实际上，各国经济发展水平不同，很难提出一个适用于全球 200 多个国际贸易参与国的工资、工时、职业安全和卫生、社会保障等标准，这为多数发达国家强行推广其劳工标准规则提供了理想平台，可以堂而皇之打着保护劳工利益和企业社会责任的幌子实施贸易保护行为，从而抵消发展中国家在劳动力成本方面的比较优势，客观上实现抑制发展中国家经济发展的目的。

其次，发达国家面对国内经济的滞胀局面，需要缓解巨大的国内失业压力。20 世纪 90 年代初以来，发达国家经济波动于缓慢增长和微弱衰退的“低迷”时期，经济增长缓慢。与此同时，发达国家的大型跨国公司等由于受到发展中国家相对丰富的廉价劳动力的吸引，在绿色贸易壁垒等的影响下，资本大量输出，将一些高污染高耗能的劳动密集型的夕阳产业大量向发展中国家转移，一定程度上相当于将本国的就业机会“让”给了发展中国家，从而降低了国内的就业水平，导致失业率居高不下。而与此相反，这段时间却是发展中国家利用劳动力人口中青壮年为主的竞争优势，获得了人口红利，经济竞争能力日益增强的时期。在此情况下，各发达国家政府压力巨大，尤其是在各国劳工组织批评日益增多，国内蓝领劳工极度不满的情况下，发达国家为将矛盾转移，宣称国内失业加重的重要原因之一是由于发展中国家大量低劳工工资标准下商品的输入，减少了他们国内的就业机会。因此，劳工标准作为一种短视的经济策略，被发达国家重新采用并与国际贸易紧紧连在一起。

(2)政治原因

一般来说,发展中国家出口贸易地理方向都很单一,对外贸易的依存度较高,发达国家容易以贸易条件相威胁,逼迫发展中国家接受其人权概念,以达到政治干预的目的,推动其新自由主义在发展中国家实施。另一方面,由于欧美国家工会的力量相当强大,在选举过程中掌握着大量的票源,是各个政党积极争取的对象,而工会组织把近年来工人工资增长缓慢、技术工人和非技术工人收入差距拉大以及失业率居高不下等问题,归因于发展中国家低价产品的竞争,归因于发展中国家以"低劳工标准"进行的贸易。在这种情况下,欧美各国政党需要竭力拉拢工会,获得政治立场上的支持,必须通过贸易渠道对发展中国家的竞争优势出手,借劳工标准之名干预甚至打击发展中国家。很明显,国际贸易已经日益沦为霸权主义的工具,沦为实现政治企图的利器。

(3)社会原因

消费者对蓝色产品的内生需求,是蓝色壁垒形成的社会客观原因。随着社会经济的发展,人们的生活水平日益提高,人们的消费心理和消费偏好发生了很大的变化,尤其是发达国家的消费者,在消费使用产品时,产生了对产品追根溯源的强大动机,对于产品所包含的劳工属性给予了广泛关注。据美国民意测验结果显示,无论是出于人道还是其他目的,大部分美国民众支持统一的劳工标准,希望参与国际贸易的低标准国家能够提高劳工标准。这些发达国家的"新消费者"在消费时不仅关心商品的质量和安全性,而且要求了解产品是在哪里生产的、是在怎样的环境下生产的、是由谁生产的以及他们是在何种工作条件下生产的,最后再根据自己的判断,决定是否购买。欧美国家的调查结果表明,70%的消费者认为"公司对社会责任的承诺是他们购买产品或服务时考虑的一个重要因素",50%以上的消费者表示他们会对没有社会责任的公司采取负面的行动,包括自己不购买或告诉亲友不要购买该种产品,向有关部门举报该种产品等。例如 1997 年世界著名的跨国公司 Nike 耐克,被媒体揭发其设在印度、孟加拉国等国的工厂大量使用童工,还有 Nike 的供应商,任其工人暴露在高于当地法规标准 177 倍的有毒气雾中工作等丑闻时,引起了强烈的国际关注。许多消费者自愿组织起来,抵制该公司的产品,对整个公司的全球市场造成了冲击,也使得公司的国际声望大为下降,Nike 公司公开道歉并承诺制定社会责任守则进行改革。

如果排除以上调查结果存在发达国家为了制造社会舆论从中操纵数据的可能性,那么,也可以反映出发达国家的消费者的行为,连同其认知的变化,从而也促使发达国家政府和进口商在商品进口时不得不加强对劳工标准的审核。因此,消费者对蓝色产品的内生需求,也是发达国家实施蓝色贸易壁垒无法忽视的重要社会因素。

3. 蓝色壁垒的特点与实质

以美国为代表的西方发达国家,在地区贸易间实施并极力推动蓝色壁垒。在 WTO 的谈判时,首先看重的是劳工标准所具有的复杂性、随意性及多样性的特点,并将劳工标准演变成一种较为隐蔽的新的非关税壁垒,以此抑制发展中国家的迅速崛起。

蓝色贸易壁垒名义上是以保护劳工权益和改善工人工作条件和环境为目的,主要依据《国际劳工组织公约》《联合国儿童福利公约》和《世界人权宣言》等要求,也可以说是以国际公约和所在国的国内法为基础偷运其蓝色壁垒实质。但是,其核心标准 SA8000 依然是一套民间制定的劳工标准,对各国公司并不产生法律上的约束力。迄今为止,劳工问题尚未被纳入 WTO 谈判范畴。然而从内容上看,这一标准并没有顾及不同经济发展水平国家劳工标准的不同,而劳工标准又牵涉广泛的社会利益,受到政治、经济、文化等多种因素的制约。发达国家堂而皇之地借 SA8000 标准,通过对本国法在域外运用的方式把“劳工标准”强加给发展中国家,在国际上以人权、人道主义为幌子大做文章,要求发展中国家采取与发达国家整齐划一的劳工标准。分明是以保护劳工为名,行贸易保护之实,这才是其实质上的既不合理又不合法。

蓝色壁垒的保护手段多样且灵活,既有强制性措施,又有自愿性措施。如对违反所谓国际“公认”劳工标准的国家的产品采取征收附加税、限制和禁止严重违反基本劳工标准的产品采取征收附加税、限制和禁止严重违反基本劳工标准的产品进口、以劳工标准为由实施贸易制裁、跨国公司的工厂审核(客户验厂)、社会责任产品标志计划以及社会责任工厂认证等众多的措施。而且在实施保护时,进口国可以根据具体情况灵活选择自己认为最合适的手段。

蓝色壁垒的保护方式具有隐蔽性,其保护的是产品生产过程中劳工的权利，它隐含在产品内部，而且实际的内容繁多，包括劳动者的年龄、性别、身份、劳动者的劳动时间、工作环境；劳动者所在国家的社会保障、经济发展程度、产业结构状况、收入分配水平等，较难把握和控制。

蓝色贸易壁垒是对发展中国家尤其是劳动密集型产业设置的单边贸易壁垒，具有很大歧视性。发达国家往往在普遍优惠制度受惠国的确定方面运用劳工标准单方面设置一定条件。以美国为例，美国贸易法规定，在确定普遍优惠制度的受益国时，应考虑该国是否已经采取或正在采取措施，向该国（包括该国的任何特定地区）的劳工提供国际公认的劳工权利，对于那些不符合国际公认劳工标准要求的国家，美国总统可以考虑撤销、中止或限制向该国提供普遍优惠。发达国家一直主张各国应该采用统一的劳工标准，保障劳动者的合法权利，实现国际贸易的“公平竞争”，从表面上看起来一视同仁，实质上却没有考虑到发达国家与发展中国家在产业结构上存在的明显不同，在社会经济发展水平、教育文化和道德标准上存在的差距。对各类不同水平国家的产品规定同样的市场准入条件，客观上是很不公平的。

以美国为首的发达国家，极力要把蓝色壁垒纳入世贸组织体系，企图用世贸组织的争端解决机制来强制执行劳工标准，其霸权主义的心态和贸易保护主义的动机已经暴露无遗。因为，当今世界上并不存在统一的劳工标准，国际组织的劳工公约并无强制执行力，在没有国际义务和责任的前提下，强制他国执行劳工标准无异于强迫他国改变劳工立法。不仅如此，蓝色壁垒还明确由“贸易制裁”强制执行劳工标准的内容，而贸易制裁是以各国在国际贸易中的实力为后盾的，发展中国家与发达国家之间经济实力悬殊相当大，这种以贸易制裁来强制执行劳工标准是赤裸裸的不对等、不公平。

4. 对发展中国家贸易的影响

发达国家以维护劳动者的基本权利为由，通过建立新的社会责任国际标准认证，削弱发展中国家在劳动密集型产品方面的国际竞争力。以 SA8000 为代表的蓝色壁垒为国际贸易市场的主体提供了一套价值判断标准，因此有关公司没有通过 SA8000 的认证，就有可能被认为存在违反劳工标准的行为，从而会产生其产品被下游厂商或消费者拒绝购买的结果。由于该标准规定公司应遵守所在国的国内法，因而可以认为该标准同各国国内法的规定也是一致的,这就使得各国政府找不到合适的理由来反对它。

由于该标准以国际公约为基础，对于那些没有将国际公约转化为国内法的国家来讲,无疑是一种巨大的压力,发达国家的贸易保护的手段也由关税等贸易政策转向了劳工标准和技术标准等社会经济技术政策。

正因为如此,蓝色贸易壁垒对发展中国家的影响和冲击有很多方面:

首先是SA8000标准成为订单附加条件,限制发展中国家产品出口。

目前，几乎所有的欧美企业都对其全球供应商和承包商进行社会责任评估和审核,全球200多家跨国公司制定并推行了公司社会责任守则,要求供应商和合约工厂遵守劳工标准,只有通过审核与评估,才能建立合作关系。发展中国家国内许多生产制造企业数量大,规模小,投资有限,由于劳工标准涉及工人的年龄、加班时间、宿舍条件等人权问题也需要资金来支撑,而技术标准涉及一国的技术法规和技术水平等问题，在短时间内无法达到SA8000标准,无法获得认证,这就造成大量订单流失和出口减少。以中国为例:据统计,在中国,已经有家乐福、耐克、阿迪达斯、雅芳、通用电气等50多家跨国公司开展了社会责任审核,如果生产加工企业要做上述品牌的订单,就必须通过SA8000认证,否则无法接到订单。截至2004年5月数据显示,约有85%的中国生产制造企业遭受了由实施SA8000标准带来的直接或间接影响。单是在中国沿海地区,就有8000多家企业接受这类审核,50000多家企业准备随时接受检查。① 中国国内生产纺织品、服装产品的企业很多都因为达不到SA8000这一标准失去了数以百万美元计的订单，更有企业因为国外采购量的锐减而不得不关门倒闭。

其次,实施SA8000标准,消耗企业人、财、物力,增加企业成本,降低出口产品的价格竞争优势。

不管是西方推崇的李嘉图比较优势贸易理论,还是而后的要素禀赋论等,都表达出,国际贸易之所以产生、存在和延续,就在于它指明:参与国际分工的国家,应该生产并出口本国具有比较优势,且具有丰富的密集型要素的产品;

① 刘丽,褚法政.SA8000社会责任认证标准与蓝色壁垒的跨越[J].黑龙江对外经贸,2006(7).

进口比较劣势的产品和要素匮乏的产品。发展中国家大多明显具有的是劳动密集和人力资本低廉的优势，生产并出口劳工密集型的加工制造产品是基本符合国情的。然而，实施 SA8000 标准，无疑加重了企业的成本支出。

发展中国家的劳动密集型产业大部分企业都存在着工作时间较长、职工福利较低、生活环境较差等现象，要完全达到 SA8000 并接受审核认证，需要投入不菲费用，势必增加产品成本。以中国一个 1000 人规模的企业初步测算，通过改造要达到 SA8000 的标准需要增加的投入为 600 万元人民币。接下来要获得 SA8000 认证，按照规定必须支付的认证费用包括：

① 500 美元的申请费；

② 每人次的审查费 × 天数。（比如，在中国对一个工厂进行初次审查，审查天数是 11.5 天，每人次一天是 750 美元，则费用是 8625 美元）；

③ 交通和翻译费用；

④ 5 个月后，5 个监督员进行为期 3 天的审查，每天每个监督员的费用是 750 美元，共 11250 美元；

⑤ 改善劳工条件的支出——根据数量和违反类型。

具体认证收费根据各认证机构而异，与企业人数挂钩。

不仅如此，SA8000 认证的有效期限只有三年，其间成员需按照收入来决定需要支付的年费：

1 级：收入低于 2500 万美元的，年费为 1500 美元；

2 级：收入在 2500 万—10000 万美元之间的，年费为 3500 美元；

3 级：收入在 10000 万—50000 万美元之间的，年费为 5000 美元；

4 级：收入在 50000 万—100000 万美元之间的，年费为 5000 美元；

5 级：收入在 100000 万—1000000 万美元之间的，年费为 5000 美元；

6 级：收入在 1000000 万美元以上的，年费为 1.5 万美元；

非营利组织有 20%的优惠。

在这获得认证的三年之中每半年复审一次，每次复审都需要另外缴纳费用，而三年过后又需重新申请认证。这迫使很多企业投入巨大的人力、物力和财力去申请与维护这一认证体系。特别是发展中国家以外贸加工为主的是中小企业，原本注册资本就不大，又缺乏融资渠道，随着跨国公司采购的日益全球化，企业所能赢得的利润空间更是受到挤压，这无疑大大增加了参与国际贸易的成本。对发展中国家而言，劳工成本是其最大的比较优势，社会蓝色贸易壁垒将极大地削弱它们在劳动力成本方面的比较优势。

最后，它将影响到发展中国家对外引资。

在发展中国家贸易中，外资占据一定比重，中国等国家甚至占到较大比重。国际资本对发展中国家投资最直接的目的就是转移低附加值的产业链，直接利用这些国家丰富而低廉的人力资源和原材料，以规避国内成本上升的压力，保证盈利空间。但是，随着越来越多的跨国公司要求与其合作企业以及配套企业实施 SA8000 认证，履行企业社会责任标准，这些国家劳动密集型商品的低成本优势就难以为继。资本逐利本性引导国际资本流向劳动力成本更加低廉的国家或地区，对劳动密集型产品出口大国来说无疑会有引资流失。

5. 蓝色壁垒理论与现实的脱节

发展中国家出口的大多是初级产品，亦即附加价值较低的加工制成品，因而并不能与发达国家形成直接的竞争关系，它最终导致发达国家在劳动生产率方面的优势完全可能抵消发展中国家在劳动力方面的比较优势。客观上，发达国家对发展中国家在贸易方面的影响，远超出发展中国家对发达国家的影响。发达国家之所以失业率居高不下，有着多方面的原因，如科技的进步、自愿失业和国家不当的财政与货币政策，甚至包括金融危机下经济的萧条等等。然而，发达国家将国内失业率高的问题，归咎于发展中国家出口产品价格竞争优势的冲击，并将其称之为“社会倾销”，以此作为制造和实施针对发展中国家企业存在的较低劳工标准方面贸易壁垒的借口。诚然，重视环境保护符合人类可持续发展的目标，这也是人类当今和未来共同的选择。提出劳工标准也有助于保护劳动者的基本权利，符合社会发展的本质要求。但是，西方贸易大国无视发达国家和发展中国家在环境保护及劳动条件方面的现实差距，为了不平等的市场优势，将其紧密地与国际贸易挂钩，这不仅削弱了发展中国家在劳动密集型产品出口方面的优势，而且单方面无理地严重损害发展中国家的贸易利益，这正是霸权主义在当代国际交往中的鲜活体现。

表面上，美国等发达国家高举自由贸易大旗，要求发展中国家开放市场，参与国际贸易竞争，而蓝色壁垒的制定和实施却又实质性否定“比较优势理论”，否定它们倡导的“自由贸易”的基石。“比较优势论者”认为：两个国家，若属于分工专业化生产和出口比较优势的商品范畴，则它们都能从贸易中获利。发展中国家和发达国家所处的经济发展阶段不同，各国在进入市场以前的资源禀赋差异巨大，劳动市场条件差异明显，不同国家的劳工标准也不可能完全一致。与发达国家的比较优势是资本或知识密集型产品客观事实不同，发展中国家因其劳动力资源丰富和劳动报酬较低的特点，使之能在劳动密集型产品上存在微弱的比较优势，这也是发展中国家贸易得以产生的基础。无视发达国家和发展中国家生产技术条件本不一致的客观事实，一方面打压发展中国家在国际市场上的原料、原材料出口价格，另一方面又对其劳动力价格提出标准，提出“要素价格均等”的不实际要求，借此打击发展中国家出口优势。实际上，这就意味着它们在鼓吹“自由贸易”的同时，又实质性否定“自由贸易”的理论基础。①

（五）灰色区域

以美国为代表的发达国家国际贸易体，在极力推动全球化自由贸易格局中，不仅加大了发展中国家在经济发展中对它们的依赖，而且将贸易问题与政治挂钩，将自身的贸易利益在国际性贸易组织中着力体现并强化，构筑起所谓各种“合法”的贸易壁垒，以规模不断扩大，且形式多样化的贸易摩擦，遏制发展中国家的经济发展，从而以各方面领先优势，巩固其霸权主义的国际地位。

不仅如此，为了以更机动灵活的方式，适时地制定新的贸易壁垒和规则，将现行的多边贸易协定和国际环境公约中尚存的，与各种贸易壁垒相关联的“例外条款”，譬如，借助保护濒临枯竭的自然资源，将绿色贸易壁垒和其他形式的贸易壁垒相结合的条款，也包括WTO赋予了的，各成员国可为“绿色目标”而免除对WTO义务的相关的“例外条款”构成的部分，也即WTO规定的，在既定“绿色目标确保下”由各国自行掌握和控制的那些指标区域（灰色区域），发达国家正是利用这些“灰色区域”和“例外条款”，游刃有余地去制定限制发展中国家贸易品的新的壁垒和规则。更具体地说，它们可使用如《关税与

---

① 王玲，陈伟航.WTO蓝色条款的未来趋势及我国的相关对策[J].山西青年管理干部学院学报，2002(4).

贸易总协定1994》(GATT1994)第2条规定的:缔约方可以在不违反国民待遇的前提下,按照自己的环境计划自行决定,对进口产品征收以保护环境为目的的环境税费;亦可使用如《关税与贸易总协定1994》(GATT1994)第20条b款和g款的规定:“只要不对情况相同的成员构成武断的或不合理的差别待遇”,抑或“不给国际贸易构成隐蔽的限制”,任何成员方都有权采取(b)“保障人类、动植物的生命或健康所必需的措施”,(g)“与国内限制生产与消费的措施相配合,制定自己所需要的规则,等等。诸如此类的“例外条款”,均可构成有利于发达国家制定符合自身利益的“灰色区域”壁垒,可使发达国家在此“灰色区域”中,制定出针对发展中国家贸易品的新的限制性规则。

“例外条款”构成的“灰色区域”,具有较大弹性和灵活性,但它又有不甚完善的情况存在。正是这种情况,有利于新的游戏规则制定。事实上,它是为发达国家利用绿色贸易不完善之空间,营造了其在政治、经济上的很多优势,给进一步增强和保护本国的经济发展创造有利条件。①

在此种“灰色区域”的掩护下,发达国家在执行WTO多边机制的同时,利用WTO协定条款的漏洞、缺陷和“疏忽”,通过双边协调机制,推行区域保护主义。或者制造和利用更多的“例外条款”措施来推行双边主义,甚至将本国的立法凌驾于WTO多边协议之上来推行单边主义。这样,关税措施与非关税措施的交互使用,事实上成为一些成员方实施高级别贸易保护的重要手段,而这也成为WTO运行中体现合理合法高效机制的一大软肋。

---

① 陈卫东.WTO例外条款解读[M].北京:对外经济贸易大学出版社,2002.

第四章　全球化下的贸易博弈

第一节　关卡重重的服务贸易

全球经济的发展促成了世界范围内产业结构的调整。服务业在世界各国经济发展中的支撑作用也不断提升。很多发达国家服务业产品占 GDP 的比重已超过 70%，发展中国家的比重也达到了 50%左右。这说明，服务型经济的发展，正促使各国参与国际经济竞争的重心在发生转变，即从货物贸易向服务贸易转变。1980 年到 2005 年的 25 年间，世界服务贸易出口额由 3650 亿美元迅速扩大到 24147 美元，增长了 5.7 倍之多，占世界贸易出口总额的比重从 1/7 增加到 1/5。进入 21 世纪以来，服务贸易更是成为最具活力的增长源。各国都认识到服务贸易不仅是一项重要的外汇收入(因为它包含着高技术、高附加值，且比货物贸易更节能和环保等优点)，而且是各国综合竞争实力的具体体现。

从世界贸易本身来看，随着比较优势的转移，欧美等发达国家在货物贸易上发生了较大的逆差。与之不同，在服务贸易领域则实现了较大的贸易顺差，它使服务贸易领域领先的发达国家渴望继续保持优势地位，较差的国家也希望能大力开拓服务贸易方面的竞争优势。从 1979—1982 年的经济危机以后，以美国为首的发达国家为推进经济增长，极力向全球推销新自由主义发展模式，极力倡导全球服务贸易自由化。这些发达国家凭借其经济、政治上的优势，在国际服务贸易领域占有了绝对优势，同时占据着服务贸易市场的主要地位。据统计资料显示，1986 年工业化国家在世界服务贸易中所占的比例为 78.6%，其中运输、投资净收益、旅游收入等均占各项目的 75%以上。在世界前 20 位服务出口大国中，发达国家占了绝大多数。就狭义上的服务出口而言，法国、英国和意大利最为成功，而美国的地位则相对次之。如果将要素服务考虑在内，美国当然还是最主要的出口国。

不过，发达国家之间在国际服务市场上的相互竞争也十分激烈。欧盟国家与美国之间为争夺发展中国家的市场份额，相互之间存在着种种矛盾，各自在国际服务贸易上推行的政策也有较大的差异。因此它们在渴望利用优势占据开放的国际大市场的同时，又希望制定一套详尽的法律体系，以处处保护本国服务产业。

对发展中国家而言，服务业领域大多缺乏竞争优势；服务部门尚未成熟，同发达国家相比其国际服务贸易发展水平具有较大差距，加上服务市场的开放会涉及国家主权与安全、政治与文化等敏感问题，所以发展中国家不愿太快实施开放。因此，发达国家常常试图通过向发展中国家发起货物贸易摩擦或争端，挤压货物贸易市场空间，迫使发展中国家加速开放服务领域。不过，发达国家在服务贸易方面的根本策略是，在不断打开发展中国家的服务市场大门的同时，限制本国涉及敏感性问题的服务出口，以自身利益为出发点，建立苛刻繁多的贸易壁垒，以有效地保护自己保持竞争优势和服务市场。

一、《服务贸易协定》与服务贸易壁垒

1986年开始举行的“乌拉圭回合”部长会议中，与会的105个国家和地区取得了一系列重要成果，首次拉开了服务贸易多边谈判的序幕。并于1994年最终达成了《服务贸易总协定》(General Agreement on Trade in Services 简称GATS)，确定了国际社会推行服务贸易自由化的宗旨，同时也为发达国家打开发展中国家服务贸易市场做好了准备。

在会议中，各国围绕服务贸易的定义和范围展开激烈争论。作为世界最大的服务贸易出口国，美国急切地希望打开其他国家的服务贸易市场，通过大量服务贸易出口弥补贸易逆差，推动经济增长。而各国对服务贸易投资的不同程度的限制，成为美国推行全球服务贸易自由化的最大障碍。故此美国力求把“商业存在”形式提供的服务纳入服务贸易之中，因为“商业存在”在全球的基本载体是跨国公司，而欧美服务贸易方面的跨国公司占到了全球的绝对比重。所以，这一举措的实质是将有利于发达国家的服务贸易投资纳入多边贸易体

系。对此,许多发展中国家并不同意,但最终美国基本实现了预定目标,在达成的《服务贸易总协定》(GATS)中,使服务贸易的定义除包括跨境交付和境外消费这两种传统形式外,还包括了商业存在,并且各个成员国都就在其境内设立商业存在做出具体承诺。

在该协定中,从服务提供方式的角度给服务下了较为准确的定义,具有一定的权威性和指导性。按照协定,国际服务贸易分为:跨境交付(Cross-border Supply)、境外消费(Consumption Abroad)、商业存在(Commercial Presence)和自然人流动(Movement of Natural Persons)四种类型。跨境交付,指一个成员国内的服务提供者向另一成员国内的服务消费者提供服务;境外消费,指服务的消费者跨越国界在服务提供者的成员国内消费该服务, 即消费者到境外享用境外服务者提供的服务;商业存在,指服务提供者在服务的消费者成员国(另一成员国) 境内设立商业机构和专业机构, 为消费者成员国内的消费者提供服务,这种商业机构或者专业机构可以是法人实体、分支机构或者代表处;自然人流动, 指一个成员国内的服务提供者以自然人的身份进入另一成员国的领土内提供服务。

1995 年 1 月 1 日《服务贸易总协定》(GATS)正式生效投入运作。《服务贸易总协定》(GATS)将服务分为 12 个部门,即商务服务,通信服务,建筑和相关工程服务,分销服务,教育服务,环境服务,金融服务,健康服务,旅游服务,娱乐、文化和体育服务,运输服务,其他服务。这 12 个部门又进一步细分为 160 多个分部门。

其实,《服务贸易总协定》作为唯一的框架性多边服务贸易规范,仅对服务贸易自由化做出了原则性规定,即要求成员国以服务贸易自由化为目标,在服务贸易自由化过程中积极进行多边谈判。而该协议在约束服务贸易新壁垒方面则出现较大的局限性。比如,协议中所谓原则性的规定,常常被成员国的具体承诺给抵消,而一些服务贸易壁垒的界定也一直处于模糊状态,各国依然有很大的自主空间制定相应的贸易壁垒细则。另外, 在协议中存在诸多弹性规定,实际上是给服务贸易壁垒的设置提供了自由发挥的法律基础,也使得某些发达国家往往能够打着保护消费者的利益,以及维护本国服务,及提供者的合法利益等旗号,制定出严格、繁多、苛刻的服务贸易壁垒,名正言顺地达到既有利于扩大本国服务产品出口，又有利于限制别国产品进口的双重目的。

二、服务贸易壁垒的独特性

服务贸易壁垒是指一国政府对该国服务提供和销售服务所设置的有障碍作用的政策措施，即直接或间接使外国服务提供者增加提供或销售成本的政策措施。同很多新型贸易壁垒一样，服务贸易壁垒也具有灵活性、隐蔽性和保护力强的特点。不仅如此，服务贸易壁垒由于所涉及的保护领域是“无形产品”，交易过程既存在生产消费过程特点，同时还有其独特之处。

一是管制形式以国内立法或政策为主：

从服务贸易的定义中可以看出，服务贸易多涉及人员过境，并在一国境内发生，故服务贸易壁垒往往是以一国国内立法或政策为主的非关税形式的壁垒。发达国家的法律体系较发展中国家要完善许多，于是大量服务贸易壁垒，首先植根于发达国家的国内各项立法之中，并以法律法规的形式展开实施。服务贸易壁垒由于服务产品的无形性，所以一般都难以量化，也缺乏透明度。一项法律法规出台后，在短时间内难以修正，从而更具有保护作用。这令许多发展中国家的服务者望而却步。

二是发挥作用与涵盖范围有特点：

服务贸易壁垒较多对“人”（包括自然人和法人）的资格与活动进行限制。因为服务贸易中最重要的要素就是“人”。劳动力既可以作为服务的提供者，又可以成为服务的载体；既能直接接触式服务，又可以通过提供知识和技术来实现服务。服务贸易的独特性使得服务贸易只能在市场准入和国民待遇方面采取非关税壁垒，但是这反而增强其灵活性，成为政策措施，或规章制度，甚至只针对个别国家在市场准入方面的针对性限制。除此，服务贸易壁垒既涉及范围广泛，还灵活多变。无论是涉及面，还是影响领域，服务贸易壁垒所发挥的作用都与日俱增。目前有超过两千多种，十几个服务部门，一百多个服务行业包含在服务贸易非关税壁垒之中。由此也可以看出，国际服务贸易市场显示出了很大的垄断性，国际服务贸易领域的保护程度也远远超过了国际货物领域。

对中国等发展中国家而言，服务贸易的比较优势主要体现在劳动密集型产品方面，丰富的劳动力资源是对外承包工程和劳务合作等传统服务项目的有力支撑。但是自然人限制使发展中国家大量劳动力无法出口,因为大部分服务贸易要求服务提供者与消费者物理接近,利用服务提供者的技能和知识来完成服务交换。

三是形式复杂多样:

传统贸易壁垒不断弱化,而服务贸易壁垒采取的措施又层出不穷。发达国家更加注重在服务市场里设计隐蔽而灵活的非关税壁垒来维护自身的利益,使得世界上许多国家,尤其是发展中国家应接不暇。发达国家将服务贸易壁垒更多地转向知识产权壁垒,且结合自身在技术标准方面的优势不断更新。另外还通过各种行政、法律手段发展本国服务贸易,为建立服务贸易壁垒寻找合法借口。

四是保护的目的更复杂:

构筑服务贸易壁垒除了保护商业贸易的利益外,更强调保护国家的安全与主权利益。发达国家往往以维护国家安全和竞争优势为借口,对本国服务出口采取各种限制措施,特别是对具有"创新的独特能力"的服务出口采取严格的管制政策。因为发达国家或技术领先国家对先进技术等服务的出口非常敏感,期望通过长期保持与落后发展中国家的技术优势,来维护它们在国际市场中的领先地位。

不仅如此,发达国家为了防范意识形态输入影响到国内环境,还对教育服务贸易投入更密切的关注。德国、美国相机"围剿"孔子学院的事件,也有一定的政治原因。

三、服务贸易四大壁垒

所谓服务贸易壁垒,一般指一国政府对外国服务生产者或提供者的服务所设置的有障碍作用的政策措施,即凡直接或间接地使外国服务生产者或提供者增加生产或销售成本的政策措施,都有可能被外国服务厂商认为属于贸易壁垒。服务贸易壁垒当然也包括出口限制。服务贸易壁垒的目的:一方面在于保护本国服务市场、扶植本国服务部门,以增强其竞争力;另一方面旨在抵御外国服务进入,削弱外国服务的竞争力。

服务贸易壁垒种类繁多,据GATS统计多达2000余种,其分类标准不尽

相同。目前比较普遍接受的是把服务贸易模式与影响服务贸易提供和消费的壁垒结合起来,分为四种形式:

(一)产品移动壁垒

产品移动壁垒包括数量限制、补贴、国家垄断、政府采购、歧视性技术标准、税收歧视以及落后的知识产品保护体系等。

在这种壁垒情况下,即使外国服务能进入国内市场,也会被一些具体规定所束缚,并对所需的销售渠道形成阻碍作用。例如一些国家不允许外国航空公司利用本国航空公司的预定系统，或给予一定的服务进口配额，形成数量限制。产品移动壁垒,还可能是制定一些“本土”要求,比如明确要求服务厂商在当地购买设备,使用当地销售网络或只能租赁而不能全部购买等等。加拿大就一向坚持刊登的广告必须在加拿大境内制作和拍摄。产品移动壁垒还可以表现在对电信技术或跨国界的电信与数据传输的限制方面，如禁止在东道国以外处理的数据在国内使用,加拿大、瑞士都限制外国广告或数据通信进口到其本国,以此影响产品移动和消费者购买。通过政府补贴本国服务厂商,也能更有效地阻止外国竞争者,因为改变补贴部门或数量,可能改变某个厂商在本国服务贸易上的竞争优势。还有政府采购行为,如规定公共领域的服务只能向本国厂商购买,或政府以亏本出售方式对市场进行垄断,从而直接或间接地排斥外国竞争者。另外,制定歧视性的技术标准和税收制度,也会使得外国服务厂商可能比国内厂商要缴纳更多的附加税、经营所得税和使用设备的附加税。[①]

随着越来越多国家对知识产权问题的重视，一国一旦缺乏保护知识产权的法规或保护知识产权不力,很有可能形成新型服务贸易壁垒。如计算机软件的保护问题,已引发世界范围的极大关注。

(二)资本移动壁垒

资本移动壁垒的主要形式有外汇管制、浮动汇率和投资收益汇出的限制等。同货物贸易一样,服务贸易也存在国际结算的问题。由于大多数服务贸易的不可储存性,要求服务提供者和消费者物理接近,从而使国际直接投资成为必然。这更涉及外汇兑换和汇入、汇出的问题。显然,外汇管制、浮动汇率以及

---

① 李夏玲,洪毅颖.论服务贸易壁垒及其特点[J].北方经贸,2004(11).

投资收益汇出限制等方式都有可能限制服务贸易的发展。

外汇管制主要是指政府对外汇在本国境内的持有、流通和兑换,以及外汇的出入境所采取的各种控制措施,外汇管制将影响到除外汇收入贸易以外的几乎所有外向型经济领域,不利的汇率将严重削弱服务竞争优势,它不仅增加厂商经营成本,而且会削弱消费者的购买力。对投资收益汇回母国的限制,如限制外国服务厂商将利润、版税、管理费汇回母国,或限制外国资本抽调回国,或限制汇回利润的额度等措施,也在相当程度上限制了服务贸易的发展。这类措施大量存在于建筑业、计算机服务业和娱乐业中。

（三）人员移动壁垒

提供服务贸易的主要途径之一,是作为生产要素的劳动力跨国移动,因此各国政府限制服务提供者进入本国或进入本国后从事经营的领域,是构成人员移动壁垒的主要手段之一。发达国家迫于就业压力和社会矛盾,以及恐怖主义的盛行,采取了更加苛刻而又复杂多变的移民限制政策和出入境烦琐手续,以及由此造成的长时间等待,都是人员移动壁垒的常见的问题。另外,提高与人员相关的税收,也能构筑壁垒,如印尼通过大幅度提高机场启程税的方式,限制为购物而前往新加坡的本国居民数量。

在《服务贸易总协定》所规定的四种服务贸易提供模式中,“自然人流动”是最具争议、风险最低、收益最低的提供方式,也是发达国家对发展中国家壁垒实行最为森严的一种提供方式。发达国家基于人才战略和经济持续发展的考虑,一方面严格限制其高技术的自然人自由移动,从而保护本国人才,并避免人才流失,另一方面基于发展中国家拥有大量的廉价劳动力,且劳动力的素质良莠不齐等问题,发达国家为了维护国内竞争环境和社会稳定,实行了一系列的人员移动限制措施。例如,英国通过修改入境政策,限制前往其国内的外国人数量。美国政府通过歧视性待遇降低赴美劳务人员的竞争力,利用烦琐复杂的签证制度使进入美国市场非常困难。美国和自然人移动有关的签证非常繁多,不同签证适用于不同类型的人。BI 签证适用于暂时性访问人员,H1B 签证适用于专业职业人员,H1C 签证适用于注册护士,H2B 签证适用于暂时性非农业劳工等等。某些暂时性入境的签证种类还受到数量的限制,H1B 签证每年配额为 195000 个,H1C 签证为 500 个,H2B 签证为 66000 个,美国日趋严格的签证政策很大程度上限制了涉及自然人流动而进行的服务贸易。[①]

（四）开业权壁垒

开业权壁垒又称生产者创业壁垒，包括资格限制、股权限制、经营的限制、许可证制度。禁止外国服务提供商进入某些行业或地区设立机构，对某些行业实行政府垄断，或禁止外国服务人员进入本国从事职业服务工作等，都是开业权壁垒中比较常见的措施。例如，欧盟有规定，中医师无法获得欧盟的行医执照，而且中医治疗（针灸和按摩除外）不在欧盟医疗保险的管理范畴。

开业权壁垒同服务贸易提供模式中的"商业存在"有密切联系。服务提供者在设立商业机构时，东道国对外国服务提供企业加以开业权的限制，这已成为国际服务贸易发展的最大障碍。调查显示，有60%以上的美国服务业厂商都认为开业权限制是开展服务贸易的最主要壁垒。例如美国的保险行业，由于各州立法不统一，使得保险业市场准入方面存在严重障碍，每个州均有自己的保险法规结构，各州有不同的注册偿付和运营要求。另外美国在业务经营上存在非国民待遇问题，如在注册资金税收和管理方面对外国保险进行区别性对待。

值得注意的是，随着服务贸易自由化的逐步推进，以开业权限制为表现形式的绝对的进入壁垒，正面临越来越大的国际压力，而对具体经营权的限制则既体现了适度的对外开放，又能有的放矢地削弱外国服务经营者在本国的竞争力和获利能力。

四、服务贸易壁垒的不平衡性

服务贸易发展已有几十年，其种类数量都有了长足的增长。迄今为止，发达国家服务贸易部门总体占绝对优势，它们在全球也全力推动服务贸易自由化。发达国家在GATS的承诺和开放的水平也较高，对149种具体服务活动的承诺百分比高于64%，在跨境交付和境外消费方式的服务贸易上做出"没有限制"的承诺也明显高于其他国家。

然而，当今世界尚没有一个理论能证明服务贸易自由化绝对是"双赢"的，几乎不可能找到一个"服务贸易自由化"的"交集"，使之同时满足发达国家和

---

① 张汉林.论国际服务贸易壁垒[J].国际商务，1996(5).

发展中国家。服务贸易的四种提供方式的进展状况非常不平衡,它承诺的焦点主要集中在跨境交付、境外消费和商业存在三种方式上，商业存在的比重最大，超过了 50%。其次是跨境交付，占到 35%的比重。第三是境外消费占到 10%—15%的比重,而对发展中国家具有比较优势的自然人移动方面,发达国家并没有提供实质性的自由化措施,在市场准入方面的限制高达 100%,在国民待遇方面的限制高达 83%。所以不管是发达国家还是发展中国家都在服务贸易领域设置壁垒。

在国际贸易自由化背景下，发达国家一方面在减少自己有竞争优势的产业壁垒,另一方面又以壁垒的形式对自己的弱势产业进行保护。发达国家依托《服务贸易总协定》(GATS)的局限性,依然通过例外条款、弹性规定等设置严苛繁多的国内立法或政策,形成服务贸易新壁垒,以达到维持竞争优势扩大出口和限制别国进口的双重目的。这导致服务贸易壁垒的制定和运用存在严重的不平衡、不对称性,发展中国家因此所承受的壁垒限制明显要高于发达国家。

服务贸易实力最强的国家是美国、欧盟和日本,它们也是制定服务贸易壁垒最繁杂,对其他国家和地区尤其是发展中国家造成影响最大的主体。

(一)美国主要服务贸易壁垒

美国的服务贸易是其经济中规模最大、发展最快的产业,它实力雄厚,常年雄踞世界服务贸易榜首。数据显示,2005 年美国服务贸易出口 3530 亿美元,占世界服务贸易出口比重 14.6%;进口 2890 亿美元,占世界服务贸易进口比重 12.2%,顺差高达 640 亿美元。近几年更是呈现强劲的增长势头。

美国高举贸易自由化大旗,却又是实施服务贸易壁垒最多的国家。除了适度开放自己的服务市场，更多的是故意将一些本来开放的部门放入最惠国例外清单，以期通过双边谈判换取他国的开放。对于国内竞争中的重要服务部门,保护措施更是非常森严。

如在产品移动壁垒方面，海洋运输及内河运输业是美国经济中受保护程度最高的领域之一。《美国大陆架法》和《1920 年商船法》限制外国船只从事近海和美国国内运输业务,美国国内的运输只能由美国船舶经营,联邦政府支出的运输项目也由美国船舶承运。美国有大量的法令要求政府所有或政府融资的货物必须由美国船承运。50%的政府运输(主要是农产品)、军事运输以及进出口银行提供贷款的运输必须由挂美国国旗的船只运输。在对知识产权方面的保护,美国更是推出了"337 条款"。

"337 条款"在 1929 年美国经济大萧条中萌生,源于美国国际贸易委员会对进口贸易中的不公平行为发起调查并采取制裁措施的依据是《1930 年关税法》第 337 节规定的内容。"337 条款"在 1969 年的美国经济危机中复兴,并在此后的几十年中逐渐担负起美国进口贸易中知识产权保护的"门神",它以便捷性、歧视性、严厉性、广泛性和持续性为特点,为美国产业发展立下"赫赫战功",因而被称为美国重要的贸易保护手段。"337 条款"的主要内容是:"如果任何进口行为存在不公平竞争方法或者不公平做法(主要指侵犯美国版权、专利权、商标权和实用新型设计方案等知识产权),可能对美国产业造成抑制,ITC 可以应美国国内企业的申请进行调查。""337 条款"将进口中的不公平贸易做法分为一般性贸易做法和有关知识产权的不公平贸易做法。有关知识产权的不公平贸易做法,是指进口到美国的货物侵犯了美国有些专利权、商标权、版权或集成电路芯片布图设计专有权等的行为。特别需要注意的是"337 条款"并不要求以实际损害为前提。这比世界通常的知识产权法要严厉很多。另外"337 条款"将国际贸易中货物贸易、技术贸易和服务贸易各部门、多领域结合起来,对美国保护本国产业起到较大的作用。由此,美国频频启动"337 调查"打击国外企业对美国产品出口,调查对象遍及美国以外绝大部分发达国家和部分发展中国家,截至 2008 年年底,美国共发起"337 调查"高达 665 起,其中针对中国内地企业的就高达 90 起。美国企业尤其是跨国公司利用"337 条款"排除异己,抢占国际贸易市场,给国际贸易造成了很大的负面影响。

在人员移动壁垒方面,美国国会参议院 2009 年 2 月 6 日通过一项"雇美国人"议案,限制外国人在美国银行就业。根据这一议案,接受政府救助的美国银行招人时,必须优先考虑美国公民,之后才考虑雇用外国人。2012 年 1 月 7 日,美国总统奥巴马在每周例行的广播讲话中向商业领袖发出呼吁,督促他们将"劳务外包"转向"劳务内包",增加国内就业机会。

在开业权壁垒方面,美国特别注意金融领域的保护。美国对外国银行的市场网络和业务范围进行了严格的限制。对已经进入美国的外国银行,每增设一个经营网点都必须重新办理申请；一般情况下，美国金融监管当局不向外国银行发放零售业营业执照，另外外国银行收购、兼并或控股美国银行，在报批时也存在严格限制，外国银行分行不能吸收10万美元以下的零散存款，而只能通过其在美国的公司进行此类存款业务。1991年12月19日后设立的外国银行分行，不能加入美国联邦存款保险系统。这意味着外国银行的存款不受联邦存款保险法的保护。

（二）欧盟主要服务贸易壁垒

欧盟各国服务贸易发展迅速，2004年世界服务贸易进出口前十名中有六个国家是欧盟成员国。欧盟对内发展市场的自由化和统一，对非欧盟国家采取差别待遇，设置了不少服务贸易壁垒。

在产品移动壁垒方面，欧盟于1989年颁布的《通信广播指令》有一项规定要求“如可行”，各成员国要“以合理方式”将大部分电视节目播放时间留给来自欧洲的节目，法国规定所有时间以及黄金时间要播放60%欧洲节目，40%法国节目，几乎全部法国私人或公共电台所播放歌曲的40%需为法语。①

在人员移动壁垒方面，奥地利规定，要获得职业认证，必须拥有奥地利国籍。卢森堡对在卢中资银行工作人员工作签证的申请手续也有特殊要求。英国、德国、挪威等劳务紧缺国政府将引进劳务的重点放在北欧和欧洲经济区成员国，与区内成员之间有人员自由流动协议并互有社会保险等劳动协议，但是，尚未对中国等发展中国家开放劳务市场。英国在扩大教育服务产业全球化的同时，又收紧留学生相关的政策。2012年4月，英国实行缩紧留学签证，取消了PSW（Post Study Word）签证，非欧盟国家的留学生在学成结业后必须返回原住国。新规定还进一步限制了学生校外打工的合法时间，而学生签证的附属申请人资格，除了要求更严格之外，还被禁止在英打工。

在开业权壁垒方面，德国规定除欧盟、日本、美国等国家以外，其他国家商业银行总行的资本金不能作为其德国分行的资本金，德国对外国银行分行的业务领导人任职条件苛刻。法国规定对欧盟以外地域的融资计提2%的特别风险准备金。希腊规定外国银行的大多数董事必须是欧盟各成员国公民。意大利

① 莒萍.发达国家服务贸易壁垒对我国的影响及对策分析[J].四川文理学院学报，2012(7).

对非欧盟国家的银行与其本国银行实施差别对待。波兰规定,银行和广电经营许可证制度的管理,要想取得开业权,必须获得行政主管部门的许可。

(三)日本主要服务贸易壁垒

日本服务贸易发展迅速,但一直存在逆差。2005 年日本服务贸易出口 1070 亿美元,占世界服务贸易出口的 4.4%,进口 1360 亿美元,占世界服务贸易进口的 5.8%,逆差 290 亿美元,日本政府在采取自由化发展战略的同时,对日本竞争力较差的行业采取一定的保护。

在产品方面,日本的电信产业存在补贴和垄断,日本电报电话公司垄断并控制了日本的电信市场,控制了 95%以上本地电话网的接入权,还对其零售服务给予补贴,通过"价格挤压"确保其垄断地位。

在人员壁垒方面,日本某些行业根本不对外开放,如日本《出入境管理法》禁止单纯劳务人员进入日本市场,只允许中标的外国建筑公司的管理人员和技术人员赴日。外资企业派出员工应在日本办理社会保险,加入厚生年金,而不顾外资企业派出人员已在国内办理社会保险及养老金手续,双重社会保险及养老金降低了他国劳动力的成本优势。

在开业权限制方面,日本作为世界运输大国,政府规定外方代表或外方表决权占 1/3 以上的公司,在利用传播或航空器从事国际货物运输时,适用不同于日本人或日本法人的许可制度。其次,在现行港运体制中,外国船公司只能租用码头。无权经营码头的装卸等业务,日本港口装卸费较高,且船公司无法自由选择装卸公司。

第二节　双刃剑性质的区域贸易集团

"与全球化并行的世界经济区域化是一对相互矛盾的进程,是帝国主义国家之间的对抗上升到地区层面的表现。区域板块,如欧盟、日本及其在经济区域中的统治地位,以及美国同各种自由贸易协定国的关系,还有美国希望同拉丁美洲整合建立的板块,创造了对内优惠、对外排斥的区域,这是对全球化的否定。随着世界经济的发展,美国的霸权地位相对失去，世界经济权利随之分散，没有任何一个国家具有“协调”全球经济运行的能力。世界经济因此呈现出分化的趋势，区域化就是这一趋势的产物。”

——奥斯瓦尔多·马丁内斯

一、多边协议与地区经济一体化

WTO在1995年1月1日正式成立并开始运行以来，在建立和健全新的多边贸易体制框架，推动全球贸易自由化的进程以及解决国际贸易争端等方面发挥了积极作用。但是作为一个国际经济组织，依然有许多发展中国家和地区被排除在外。然而，WTO接纳新成员的进程因为政治因素和苛刻的经济贸易条件而放慢，使加入WTO的谈判内容与WTO的要求出现脱节。一些申请加入WTO的谈判，已经变成对申请者无所不包的经济贸易政策审议。加之WTO多哈回合中关于各成员国核心利益的“非农产品市场准入”谈判和涉及发达国家巨额补贴的最棘手历史遗留问题“农业”的谈判陷入僵局，致使以WTO为框架的原有贸易规则体制几乎停滞。随之而来的区域主义兴起，及区域性规则制，对多边贸易体制带来严峻的挑战。

长期以来，多边协议往往是经济大国讨价还价的产物，美国与欧盟仍然既是谈判中的强大影响力，也是多边贸易谈判事实上的主要两极。其他国家，日本、加拿大乃至发展中大国，往往只扮演看似重要但并非决定性的角色。虽然美国作为全球多边贸易体制的主要制定者，仍然是多边贸易体制的主导力量，不过随着多极化趋势逐渐显现，发达经济体在谈判中的主导地位也受到以中国、俄罗斯、印度、巴西为代表的新兴经济力量的挑战。这些新兴国际力量的不断壮大和崛起，也成为规则制定中不可忽视的力量，对发达国家也形成了事实上的制衡。受各种经济力量影响，美国对多边贸易体制的控制力逐渐减弱，它使得全球多边贸易体制的决策机制和各国之间的贸易博弈趋于复杂。

多边贸易谈判进程集团化发展的新趋势，明显分成了“对话集团”和“谈判集团”。“对话集团”着重集团内部的磋商与谈判。比如，美国、欧盟、巴西、印度在多哈回合谈判重启后进行了多次磋商就属于这种情况。相比之下，“谈判集团”则更强调对外谈判。比如G20（巴西为首的20国集团协调组）、G10（由瑞士、日本、韩国等工业高保护国组成的10国集团）、SVE（弱小经济体）、凯恩斯集团(农业谈判中积极主张开放的19个成员)等多个谈判集团。目前,主要的谈判集团接近20个,几乎所有成员都参加了一个或者几个谈判集团,特别是新兴集团往往针对特定的问题所组成,并随着问题解决而解散。这使得多边贸易机制陷入困境,协商一致的决策规则使谈判取得成功变得越来越不可能。一些大国在多边谈判中,无法获得有实际意义的谈判结果而渐渐丧失参与多边谈判的兴趣,转而更多地倾向于区域经济合作的发展。

经济全球化带来世界市场的激烈竞争,各个国家,特别是弱国、小国,都希望增强自身的竞争力,但是一个国家又往往力不从心,于是有着地理、文化等若干共同因素的国家就通过区域内国家的联合,通过地区经济一体化来加强争夺市场份额的能力。而发达国家的强强联合也不在少数,它们期望通过国家地区的联合长久保持竞争力与话语权。地区经济一体化组织不断增多,60年代只有9个,70年代发展到28个,80年代有32个,到1997年达107个,共有150多个国家和地区参与,有的还参与了多个地区经济一体化组织。

地区经济一体化对国际关系产生深远的影响:

一是,南南、南北合作增多,为维护地区安全和稳定起到了积极作用,促进地区经济发展。地区经济一体化组织为了给本地区经济发展创造一个良好的环境,或者为了增强区域集团的实力地位,往往还注重加强其他方面的合作,从而维护了地区安全和稳定。美洲国家组织1998年10月就成功地调解了厄瓜多尔和秘鲁长达50多年的边界争端,两国议会都表示无条件地接受保证国提出的解决有争议领土的方案,这是在地区一体化框架内和平解决争端的成功范例。西非经济共同体也成功地化解了长达9年的利比里亚内战。发展中国家之间的区域贸易集团成长非常迅速,拉丁美洲和加勒比地区形成了南方共同市场、安第斯共同体、中美洲共同市场、加勒比海共同市场等众多的区域经贸集团。非洲区域也在积极寻求合作与联合。北美自由贸易区、亚太经合组织、中国东盟自由贸易区、海湾合作委员会、南亚区域合作联盟等区域集团的形成促进了地区之间的政治经济合作,贸易自由化也丰富了地区的物质、文化交流与发展。

二是,地区范围内的南北合作和北北联合加大了经济摩擦。随着区域集团化趋势增强,发达国家抱团形成贸易集团,或者拉拢邻近发展中国家组成自由贸易区的数量猛增。国家间获得了贸易偏转带来的实惠,而对集团外的国家更多更频繁地采取排他性的贸易政策。世界各国门户在大国呼吁的全球化和贸易自由化前提下大开,又被区域集团的保护力量推动着形成以邻为壑的壁垒。发达国家在多边贸易体制中无法或者难以获得贸易利益和好处时，转向区域联合,对域外国家造成了巨大的冲击。

三是,多边层面的自由化遭遇阻力后,区域经济是形成多边贸易体制的前期尝试。发达国家考虑到多边贸易体制成员众多,分歧较大,在一些方面的自由化计划难以付诸实施,所以它们先在区域经济集团内酝酿、协商并逐步形成一套纪律和经验,然后再通过多边贸易体制使之多元化,以约束发展中国家的贸易行为,扩大这些纪律的实际意义,譬如在服务贸易、知识产权方面的计划都可能通过这样的方式实现。

四是,区域贸易协定的激增使世界各国贸易环境更加复杂,尤其成了大国角力的场所。整体来看,欧盟作为世界上最高级的区域经济一体化形式,在政治、经济上的联合形成了对域内国家的有效保护和对域外国家的排斥,在世界经济格局中起到重要的作用。目前欧盟的经济实力已经超过美国，居世界第一。随着欧盟的扩大,欧盟的经济实力将进一步加强,尤其重要的是,欧盟不仅因为新加入国家正处于经济起飞阶段而拥有更大的市场规模与市场容量,而且,作为世界上最大的资本输出的国家集团和商品与服务出口的国家集团,再加上欧盟相对宽容的对外技术交流与发展合作政策，对世界其他地区的经济发展,特别是包括中国在内的发展中国家至关重要。

欧盟的存在与发展是对美国国际地位强有力的挑战，因此美国作为多边贸易体制的核心推动者，一方面联合主要发达国家将主要贸易利益尽可能纳入 WTO 框架,另一方面,美国也是全球区域性贸易组织的重要主导力量和倡导者。以贸易谈判为切入点,不仅抱团发达国家群体,以期巩固其头号强国地位,还拉拢周边发展中国家推销新自由主义经济模式,形成多个跨地区的区域集团,妄图使众多发展中国家和地区的经济发展依附于美国,依附于全球化,排除异己而获取多边贸易体制下无法获得的政治、经济实际利益,重塑新帝国主义形象。

二、区域板块间的竞争与冲击

区域板块间的关系表明,全球化不能让由来已久的争斗有所缓和。争斗不仅继续存在,而且不断升级。国家在区域板块中有获利的同时,国内面对的竞争和冲击也伴随着大国主导的霸权主义。从几个具有代表性的区域经济地区来看看以上影响:

(一)北美自由贸易区 (North American Free Trade Area,NAFTA)

北美自由贸易区目前已发展成为囊括了4.2亿人口和11.4万亿美元的国民生产总值的世界上最大的自由贸易区。根据世界银行的统计数据, 截至2010年年底,该区域发展到占全球GDP总值的27.3%。在过去的时间里,北美自由贸易区取得了很大的成功。由于取消贸易壁垒和开放市场,三个国家都实现了经济增长和生产力的提高。区域内成员国之间的货物贸易额增长迅速,在直接投资方面,北美自由贸易区提供了一个良好的环境,以确保长期投资所需要的信心与稳定性。另外还在服务贸易、提高成员国福利水平、环境保护以及改善劳工条件方面取得了一些积极的进展。

北美自由贸易区成立10多年来,美、加、墨三国由于取消贸易壁垒和开放市场,实现了经济增长和生产力的提高,尤其是墨西哥的加入,使得NAFTA成为10年来南北区域经济合作的成功范例, 国际上对于发达国家和发展中国家能否通过自由贸易实现经济的共同增长、迈向经济一体化的疑问,基本得到消除。

但是,自从北美自由贸易区形成开始,针对它的批评之声始终未曾停歇。批评意见主要集中在失业和贫富差距问题上。美国抱怨北美自由贸易区的建立,使本国企业处在拉美廉价劳动力成本的不公平竞争之中,这导致了美国国内失业的增加,加剧了美国就业的压力。事实上,美、加对墨西哥投资的增加,在创造大量就业机会的同时,也大大降低了墨西哥工人的工资水平。正当自由贸易倡导者为墨西哥北部出口加工区10年间创造75万个就业机会而欢呼的时候,墨西哥农牧业却遭受了沉重的打击。享受高额补贴的美国农产品如潮水般涌入墨西哥,并在10年中导致130万墨西哥农民破产。农民人均收入下降至城市最低收入的30%。美国对墨的新鲜水果的出口增加了2倍以上,棉籽的出口增加了1.6倍，大米的出口增加了65%。

无疑，北美自由贸易区贫富差距拉大是另一个争议焦点。美、加、墨的综合国力和市场成熟程度本来悬殊，但要实行同等程度的贸易投资自由化，就意味着墨西哥是在同美、加进行一种不公平竞争。这意味着相对落后和缺乏竞争力的墨西哥立即向世界上最发达国家敞开大门，实行自由贸易，并在条件极不对等的情况下开展竞争，势必将付出相当惨重的代价。因此，墨西哥的贫困率就从1984—1994年的平均34%上升到了1999年的60%，尽管2010年即下降至46.2%，但其贫困率仍然处于较高位。虽然相对农产品贸易规定了较长的过渡期，但墨西哥的部分中小企业和小农场因经不起美、加商品的竞争而濒于破产。墨西哥脆弱的金融也无法承受与美、加同等的金融自由开放的市场程度。

新自由主义的蔓延推动美国的贸易自由化向整个美洲扩展，美、加将墨西哥在自由贸易区中所遭受的负面冲击不断掩盖，并极力宣传北美自由贸易区是南北合作的典范，墨西哥模式是使发展中国家经济飞速发展的最好例证等等。北美自由贸易区的成立给拉美国家带来不小的震动和启示，它们似乎看到了墨西哥接近美国、加拿大而获得的巨大好处，也激起了它们在国际政治经济格局中重新定位的强烈愿望。拉美国家是美国政治经济影响力最大的区域，美国在1994年西半球首脑会议中，将设想的在西半球建立一个世界上面积最大、年GDP总值达14万亿美元、拥有8亿人口的自由贸易区——美洲自由贸易区(FTAA)提了出来，企图以此自由贸易区与欧盟形成对峙。这一设想得到了一些拉美国家的支持。但是由于如巴西等拉美国家与美国在建立自由贸易区的问题上存在较大分歧，谈判遇到了前所未有的困难，谈判进度受到遏制。作为替代模式，一些国家纷纷与美展开了多、双边自由贸易谈判。

(二)亚太经合组织(Asia-Pacific Economic Cooperation，APEC)

亚太经济合作问题最早在20世纪60年代初由日本民间人士提出来。1966年日本小岛清教授借鉴欧共体的成功经验，提议建立“太平洋自由贸易区”，在日本、美国、加拿大、澳大利亚和新西兰等5个经济发达国家之间取消关税，形成类似于欧共体的自由贸易集团。最初提出的有关亚太经合组织的种种设想，都以这一地区的5个发达国家为对象，发展中国家被排除在外。但是由于亚太地区发展中国家经济发展很快，在此地区经济中所占地位越来越重要,所以20世纪70年代中期以后,发达国家伴随着美国新自由主义经济模式的拓展,开始吸收亚洲新兴工业化国家(地区)、东盟国家乃至部分拉美国家。1989年11月,亚太经济合作部长级会议在堪培拉举行首次会议,美、日、加、澳、新、东盟6国和韩共12个国家的外交部长和经济部长参加。此次会议标志着亚太经济合作组织(APEC)的成立。中国、中国台北和中国香港于1991年11月正式加入。APEC讨论的议题涉及政治、经济,以进一步推动贸易和投资自由化为核心。然而从2011年11月,APEC第19次领导人非正式会议在美国夏威夷举行,美国力挺跨太平洋经济战略伙伴关系协定的举动,被广泛认为是在针对并遏制中国,是美国对抗中国崛起的策略。

(三)跨太平洋伙伴关系协定(Trans-Pacific Partnership Agreement,TPP)

2005年5月28日,文莱、智利、新西兰、新加坡4国发起组建跨太平洋战略经济伙伴关系协定,成员之间彼此承诺在货物贸易、服务贸易、知识产权以及投资等领域相互给予优惠并加强合作。2008年2月美国宣布加入。

同期,2010年1月1日,世界第三大自由贸易区,中国与东盟十国组建的自由贸易区——中国—东盟自由贸易区(CAFTA)正式全面启动。自贸区的建成,使东盟和中国的贸易占到世界贸易的13%,成为一个涵盖11个国家、19亿人口、GDP达6万亿美元的巨大经济体,是目前世界人口最多的自贸区,也是发展中国家间最大的自贸区。该自由贸易区的形成无疑增强了地区间的睦邻友好关系,加强了地区间的经济联系,中国的国际贸易地位得以提升,而对美国在亚太地区政治、经济、军事影响力形成了挑战。由此,2009年11月美国正式提出扩大跨太平洋伙伴关系计划,开始借助已有协议推出自己的贸易议题,全方位主导谈判。自此,跨太平洋战略经济伙伴协定更名为跨太平洋伙伴关系协定(TPP)。

TPP包含有12个国家,其中最大的经济体为美国和日本,其他成员在亚太地区贸易中的地位并不突出,在亚太地区中的贸易比重小。因此TPP在美国主导下,打破传统FTA模式中的包括产品和服务的诸多例外事项,力图达成无例外的高标准的综合性自由贸易协议,但是TPP与APEC最大的不同点是除全面零关税之外,还是美国着眼于亚太变化的地区秩序推出的重要外交战略,其内容涉及各国的内政,如成员国的监管、竞争政策、经济立法、基础建设、市场透明，反贪、金融业改革，产品一致化等，并且是以美国的标准为基调，这对亚太的地缘政治会产生较大的影响。目前，亚太地区已有多个包括中国在内的多边贸易机制，如果TPP成功建立，将对其他贸易机制乃至对APEC机制都有极大的替代和威胁性。换言之，TPP一旦开始运转，其他经贸机制将面临被架空的危险。

美国竭力通过TPP全面介入亚太区域经济整合进程，既有阻止东亚形成统一贸易集团，维护美国在亚太地区的战略意义和图谋，也有全面参与东亚区域一体化进程，强化海洋国家之间的经济联系，进而提升海洋国家之间的政治联系，以确保其地缘政治、经济和安全利益的意图；另外，美国也企图通过这一步骤重塑并主导亚太区域合作进程，稀释中、日、韩特别是中国在这一地区的影响力，尤其是期望通过TPP来孤立中国。当然随着特朗普在美国国内竞选成功担任美国总统宣布退出TPP以后，TPP的走向还是一个未知数。

除以上几个重要的区域经济体之外，美国与欧盟于2013年6月17日开始启动正式谈判，旨在建立世界最大自由贸易区，加强两大经济体之间的双向联系。

总之，前述内容使我们清楚地看出，资本主义发展到当代，推行的是新自由主义的全球化。这种当代资本主义的全球化风潮，缺乏最基本的社会公正性，因为它们基于市场“经济人假设”的利己主义前提，奉行的是市场原教旨主义亚当·斯密和当代新自由主义的理论和思想体系。在全球新自由主义的推行过程中，极力倡导“精英社会”，强调全球精英主导下的社会达尔文主义，注重“丛林法则”“适者生存”的逻辑。在国际贸易方面，全球化的贸易游戏规则，从根本上说就是由西方发达国家，特别是美国主导制定的。它们以高科技为手段，以跨国公司为主要载体和发展动力，其所追求的目标根本不是为人类社会的整体利益，而是谋求或维护美国以及整个西方资本主义世界的利益。在当代资本主义推行的全球化中，广大发展中国家始终处于被动和从属的地位，它们被迫遵守有悖于自身利益的所谓“国际规则”。但由于大多数发展中国家经济发展水平都很低下，根本无法在相同的“国际规则”下与发达国家公平竞争。而美国及其控制的国际经济组织，根本不考虑国家之间所存在的差异，将各种不合理的国际贸易规则强加于发展中国家。事实上，这些不平等、不合理的国际贸易规则,均构成了对发展中国家经济发展的严重束缚。正像印度前总理辛格在其《不纯洁的全球化》一书中所说:“比赛规则的天平已经严重背离了发展中国家的国内经济。”①

故此,在强调新自由主义极力倡导的“自由竞争”的同时,我们应该清醒地意识到这是一场原本初始实力就很悬殊的经济战争。在这场战争中,奉行新自由主义的资本主义诸国,其“自由贸易”的核心理念,就是要强者拆除弱者自我保护的屏障。这一点,我们必须要有清醒的认识,并抱有持久防护的思想准备,否则,就会像有学者所说的那样:“不出国门就会输掉,成为被淘汰的对象。”

尽管美国大言不惭宣称自己是所谓“自由贸易的头号卫士”!然而,它的多数贸易政策都带有十分露骨的侵袭性,并试图通过霸权与武力相配合,开辟自由贸易无法开辟的市场。在其霸权主义的国际贸易政策中,名目繁多的反倾销、技术壁垒、绿色壁垒,加之公开和隐蔽的各种补贴和反补贴名目等等,无一不是对自己的商贸及市场进行保护;同时又是刺向无任何防护的发展中国家的一把把夺命利剑。必须清楚,当今世界各国间力量悬殊,这是不争的客观事实。新自由主义经济贸易观,自始至终都是维护国际经贸中强者的利益,从而可使强者肆无忌惮地对弱者进行剥夺,而又使弱者毫无喘息之机。因此,所谓“看不见的手”——“把强者的利益普遍化为全体人的利益”,只不过是为强者所精心设定的精致、诱人的辩词而已。所以有学者认为:新自由主义的真正面目就是野蛮资本主义的疯狂掠夺!

---

①〔印度〕卡瓦基特·辛格.不纯洁的全球化[M].北京:中央编译出版社,2001.

第五章　世界市场价格的制定者

第一节　价格话语权与金融全球化

在全球市场经济出现和运作的过程中，发达国家自始至终都处于中心地位。新自由主义宣称全球化是自由市场的自然扩张，实际上恰恰相反，它是强有力的政府，特别是美国等大资本主义的政府精心策划和全力推动的结果。从某种意义上讲，它们还是全球化方向和速度的规定者。可见，“全球化并不等于自由化”，“自由主义”并不“自由”。“自由”的背后是强权，乃至霸权。罗伯特·基欧汉（Robert Keohane）在其《霸权之后：世界政治经济中的合作和纷争》一书中指出：“霸权稳定论在世界政治经济中的应用，一个重要的含义是把霸权的概念界定为物质资源上的优势。其中，四项资源非常重要：原料与资本的来源、市场以及在高附加值产品的生产上具有竞争优势。”发达国家的霸权主义是通过各种手段，获取物质资源、利用资源、控制资源，从而创造和巩固优势，紧握霸权同发展中国家拉开差距。各国各地区参与全球化前提下的国际贸易，在世界市场中的地位是不平等的。发展中国家无论作为买方抑或卖方，在价格制定上都显得力不从心。发达国家利用金融全球化，牢牢把持着大宗商品定价到最后产成品价格制定的话语权、控制权，因而是世界市场价格真正的制定者。大量的社会财富以超额利润的形式从国际贸易价格剪刀差中，源源不断地流向发达国家，成为延续资本主义生命，推动资本主义发展的源泉。

一、大宗商品定价话语权

大宗商品价格变动对参与国际贸易中的国家来讲，意义重大。由于大宗商品多是工业基础或涉及农业生产消费，处于最上游，因此反映其供需状况的期货及现货价格变动会直接影响到整个经济体系。例如，玉米价格上涨将影响食用油行业以及以玉米作为工业生产动力的行业成本；棉花价格的上涨对纺织服装行业的生产成本产生带动作用；铜价上涨将提高电子、建筑和电力行业的生产成本；石油价格上涨则会导致化工产品价格上涨并带动其他能源如煤炭和替代能源的价格和供给提升。

经济的利好与不利因素往往都与大宗商品相关，国家与国家之间都密切关注大宗商品的供求变化和价格变动，并在价格波动中获益或经济受损。在2011年食品价格暴涨之时，巴西农民欢呼雀跃，周边国家却因此大大增加了生活成本。作为石油的主要进口国和消费国，欧元区在油价下跌时促进了区域内消费，但是同时又导致该地区通胀率保持低位，故不利于经济刺激。铜价的下跌，使智利等国家的外汇收入大幅压缩，而中国的众多电子、建筑企业却因此获益。铁矿石价格低迷导致大量中国矿企被迫关门，与此同时，备受压力的钢铁企业却可以获得更为廉价的原材料。

由此看来，国家间对于大宗商品的依赖程度在加深，而谁拥有了大宗商品的定价话语权，谁就在全球化经济中掌握了主动。

(一)商品定价权

定价权(Pricing Right)是在确定商品价格时所拥有的主动权力。从广义上讲，定价权是在议定包括商品买进价格和卖出价格时，所拥有的主动权力。国际定价权是指在商品上的定价得以影响甚至左右国际市场对该商品进行定价的能力。国际市场定价权的把握是一国在全球产业链中所处的地位的体现，也能反映出各国贸易利益的分配格局。

从商品的国际价值和国际价格的关系来看，国际商品价格围绕国际商品价值上下波动。商品价格在某一特定时期内，供求关系的变化是其主要的制约因素。而商品的供求状况是由买卖双方市场的激烈竞争程度决定的。商品定价权是供求双方综合经济实力较量的结果。

如果是供方掌控着商品定价权，体现为供方能够主导某种大宗商品资源的供应主动权，对供应总量、供应结构具备实质性的调节能力；能够主导众多供货商报价行动的协调一致性；能够主导相关领域的数据信息统计，具备数据源权威性;能够主导供求信息趋向,隐藏不利信息或制造有利的虚假信息让市场相信。

相反的,如果是需方掌控着商品定价权,则体现为能够主导某种大宗商品的需求主动权,对需求总量、需求结构具备实质性的调节能力;能够主导众多需求商报价行动的协调一致性;能够主导相关领域的数据信息统计,具备数据源权威性;能够主导供求信息趋向,隐藏不利信息或制造有利的虚假信息让市场相信。①

迈克尔·波特(Michael Porter)在《竞争论》中指出:"议价能力是在市场上具备支配地位的供应商和购买者决定价格的能力",并认为议价能力与议价方的实力成正比。议价方的实力是由生产力、经济金融财力、信息获取和控制能力等多方面构成的,对于发达国家而言,无论是作为商品供方还是需方存在,是这些实力的重要体现者, 它们夺取国际市场定价权的最终目的当然是为了获取高额利润。对于中国等众多发展中国家而言,多种实力疲弱,争取定价权就是争取国家能够在合理的国际市场商品价格形成过程中发挥积极影响力,并避免遭受重大经济利益损失的能力。

(二)大宗商品定价机制

大宗商品(Bulk Stock)主要指用于工农业生产和消费的大批量买卖的物质商品,大致包括三类:一是黄金、原油等金融属性强、避险保值功能强的商品;二是以有色金属为代表的工业品,如铜、铝、镍、铅、锡等;三是农产品,如大豆、玉米、小麦、橡胶、糖、棉花等。一般来说可将大宗商品分为四个类别,即能源商品、基础原材料、大宗农产品及贵金属等。

大宗商品的定价机制就是确定以上各类大宗商品进出口贸易的交易价格模式。大宗商品的定价机制与定价权有着非常紧密的联系,其内容包括商品中潜在的或普遍认可的定价规则和贸易双方所确定的或参考的基准价格。在国际市场上,大宗商品的价格主要有两种制定方式:

一种是由最著名的期货交易所标准期货合同的价格来决定。对于原油、大豆和天然橡胶等具有成熟的期货品种和发达的期货市场的初级产品, 以国际

---

① 孙李云,王立群.国际贸易[M].上海:上海财经大学出版社,2008.

期货市场上形成的商品合约价格，即在双方认可的商品基准价格或权威价格后，再加上该商品现货市场升贴水幅度等费用来确定商品的国际贸易价格即最终价格。

另一种是由国际市场上该商品主要供求方经过商谈来确定。一些尚未得到广泛认可的期货品种和期货市场的初级产品，其价格是通过市场上的主要买方和卖方每年进行谈判来达成协议,确定交易价格。最具代表性的是特矿石的交易价格制定。

(三)大宗商品定价话语权争夺

1. 发达国家对定价权的掌控

国际政治经济学的创始人之一苏珊·斯特兰奇(Susan Strange)认为,国际社会主要存在两种权力,一种是联系性权力,还有一种是结构性权力。联系性权力是指甲靠权利迫使乙去做他本来不想做的事,即对过程或结果的控制;结构性权力是“形成和决定全球各种政治经济机构的权力”,是决定办事办法的权力,是构造国与国之间关系的权力,是决定政府与人民、国家与市场之间相互关系框架的权力。苏珊·斯特兰奇还认为:与联系性权力事事要通过运用军事和政治的强制手段迫使别国就范相比，结构性权力是在强制性力量尚未发挥作用之前,已经由对方做出了符合自己需要的选择。从这一观点出发,可以看出美英等大国在国际上频繁地通过联系性权力干涉和控制各国的选择范围时,也在利用全球化下的贸易自由化、金融自由化紧密行使结构性权力,这一权力在全球大宗商品的定价机制中体现得尤为明显。

一是,发达国家通过期货交易所获取大宗商品定价权。

从大宗商品的定价机制来看，具有成熟期货品种和发达的期货市场的初级产品定价权,归属于世界著名的商品期货交易所。形成大宗商品基准价格的中心是期货市场。全球主要商品价格中心大多聚集在美国和英国等发达国家,如美国纽约商业交易所(NYMEX),纽约商品交易所(COMEX),伦敦国际石油交易所(IPE),伦敦国际金融期货及期权交易所(LIFFE)的期货价格来反映国际原油、黄金、白银等价格走势;纽约期货交易所(NYBOT),洲际商品交易所(ICE),伦敦金融期货交易所(LIFFE)和英国利物浦棉花交易所价格反映国际原糖和棉花市场价格走势;伦敦金融交易所(LME)期货价格反映国际铜、铝、锌、镍、铝合金等有色金属价格走势，是国际有色金属定价中心。[①]美国芝加哥期货交易所（CBOT）是主要农产品，如小麦、玉米、大豆、豆油、豆粕、贵金属等改革参考中心；新加坡交易所（SCX）是国际燃料油价格参考中心；新加坡商品交易所（SICOM）和东京工业品交易所（TOCOIV）是国际橡胶交易中心。可以说，英美两国是原材料期货市场上的主导国，全球石油、金属、农产品等大宗原材料的定价权被牢牢控制在国际金融中心的手中。

美欧等主要发达国家则利用定价中心主导定价话语权。这些定价中心在发达国家的操纵下影响或左右着商品的国际贸易价格，运用金融资本积极参与套期保值，影响交易价格，充分利用金融中心的优势了解期货市场，获取相关领域的数据信息统计，借此拥有数据源权威性，还从中主导供求信息趋向，隐藏不利信息或制造有利的虚假信息，占领信息制高点让市场相信。

二是，发达国家通过强大的金融控制力，增强大宗商品的金融属性，并利用金融衍生品市场，影响参与国际定价。

"帝国主义，或者说金融资本的统治，是资本主义的最高阶段……金融资本对其他一些形式的资本的优势，意味着实力者和金融寡头占统治地位，意味着少数拥有金融'实力'的国家处于和其余一切国家不同的特殊地位"。[②]在经济全球化与金融全球化的带动下，大宗商品的价格走势不仅仅由现货的供求关系所决定，更多还反映出金融商品的特点，其金融化趋势也日益明显。故此，单纯用商品供求关系的变化来解释全球大宗商品价格的波动幅度已经不太现实，因为其表现出了越来越明显的金融化特征，在全球信息化对商品需求矛盾的放大作用下，各类大宗商品价格常常出现背离其价值的暴涨暴跌格局。

以石油期货价格为例，从 2003 年初至 2008 年金融危机发生前的 5 年间，价格上涨了近 5 倍，达到每桶 147 美元。受金融危机的影响，2009 年 2 月，石油价格暴跌至每桶 34 美元左右，其后两年内又上涨了近 4 倍，达到每桶 110 美元。由于在石油美元体制下的能源期货交易量大约相当于现货交易量的 10—12 倍，英美等发达国家得以利用金融资本来掌控世界能源期货交易，通过操纵

① 黄运成，王爱华.大宗商品定价权的路径[J].新金融发展，2015(19).
②列宁.帝国主义是资本主义的最高阶段[M].北京：人民出版社，2014.

各种投机性因素来影响国际油价走势，导致国际油价常常背离正常的市场规律。

除石油以外，2008—2010年，铜、铝、小麦等在短短两三年间也都出现了几倍的价格涨幅。随后从2011年3月开始，国际主要大宗商品价格又纷纷出现大幅下滑。2011年5月初，白银价格曾连续4天累计跌幅高达27%，创1983年以来最大跌幅。2011年5月11日，纽约商品交易所(NYMEX)的各类原油期货品种出现暴跌行情，甚至迫使交易所罕见地暂停了所有能源期货品种交易5分钟。

信息化和金融自由化浪潮中，世界各国采取宽松的货币政策，新兴工业国家经济的快速增长等因素共同作用的背景下，商品价格影响因素愈发复杂化。日渐“金融化”的全球大宗商品市场中的商品定价权，不仅存在于实际买卖者之间，还掌握在期货参与者手中。

金融资本对商品价格金融化的影响不容忽视。国际金融寡头运用金融资本干预、操控大宗商品价格现象由来已久，而且能力日益加强。它们将金融衍生品作为操纵大宗商品价格的工具。但近年来，价格操控的方式日益具有合伙作案的特性。首先是某些国家或国家集团对某种商品形成垄断，然后利用媒体及专家声音一致对需求缺口进行扩大化宣传，最后由金融集团以众多金融衍生品为工具，借助其麾下庞大的金融资本对商品价格进行操控。以原油价格为例，美国能够获取原油定价权与其拥有强大的金融机构和发达的金融市场密不可分。高盛、花旗集团、摩根士丹利、对冲基金等等纷纷跻身于石油金融市场。据统计，仅摩根士丹利一家在纽约商品交易所交割的取暖油中就有61.5%的份额。不仅如此，它还将其触角伸到油库、码头、运输船队等每一个与石油相关的供应环节，致使在美国取暖油市场中摩根士丹利等金融大鳄已经不可或缺。

不仅如此，发达经济体的机构通过发布商品价格指数，进一步推动大宗商品金融化朝纵深发展。1957年，美国商品研究局编发了全球第一个商品价格指数路透CRB指数，并于1986年在纽约期货交易所推出世界首个商品指数期货，成为商品市场由现货交易、期货交易向指数化交易演变的一个里程碑，标志着商品金融化程度的加深。[①]迄今,欧美等发达国家已经有50多种与商品有关的交易型开放指数基金,涉及黄金、白银、石油、铜和玉米等多种大宗商品交易。再加之各种对冲基金等机构投资者的进入,都将大宗商品市场与金融市场间价格波动跨市场地传播并将之加以放大,这就很大程度上干扰了期货市场价格发现和套期保值的功能。

第三,跨国公司的强大操控力。

大宗商品的定价权最终还是要归属到发达国家实力雄厚的跨国公司或此类公司团体。它们通常是行业龙头,因而有充裕的资金链给予支持,占有较高的市场份额和较强的技术垄断地位,全球同质产品较少,难以被其他产品替代,加之购买方存在较强的刚性需求和与全球定价中心密切交往,使得它们拥有信息上的便利,可以及时掌握市场供需信息,因而能享受垄断定价权所带来的垄断利润。

以铁矿石为例,铁矿石的定价方式主要是通过大宗商品定价机制第二种,也就是贸易双方谈判协约定价,这一自1981年开始实行的铁矿石年度议价机制也因为跨国公司而受到挑战。在铁矿石需求方面,世界铁矿石进口地主要为亚洲的中、日、韩和中国台湾等国家和(地区)以及欧洲的英、法、德、意4个国家。在世界铁矿石进口贸易中,这7个主要国家和地区(台湾)的进口量占世界贸易的80%左右。亚洲地区占据全球铁矿石需求的60%以上。尤其是中国作为全球铁矿石最大进口国和消费国,在2012年占据了全球贸易量的60%—70%。在全球铁矿石供应市场上,必和必拓(BHP Billiton)、力拓(Rio Tinto)和淡水河谷(Vale SA)三大矿商是生产供应方面的三大寡头,掌握着全球铁矿石的生产主动权,控制着全球78%以上的铁矿石海运贸易市场。看起来势均力敌的供需双方,其实实力差距甚大,并不是买方市场集中量越大,就越有话语权。

国际投资银行和基金公司等国际金融机构掌握了大量的金融资本,在全球金融市场上取得了支配信贷的垄断性地位。铁矿石市场也不例外,它的三大矿商的主要股东全部是实力雄厚的金融资本。力拓2011年的年报显示,之前五大股东及所占份额是:汇丰银行(19.45%)、J.P.摩根(14.52%)、澳大利亚投资

① 崔明.大宗商品金融化的动因、争议与启示[J].现代管理科学.2012(12).

基金(13.29%)、花旗银行(2.67%)和切实控股(2.27%);必和必拓2012年的年报显示,之前五大股东及所占份额是汇丰银行(16.86%),J.P.摩根(12.17%)、澳大利亚投资基金(9.66%)、花旗银行以两种形式分别持股6.56%和3.38%;淡水河谷2011年的年报中主要股东为母公司Valepar(52.7%),以及巴西国家发展银行(6.7%)。[①]由此可见,国际几大投资银行实际掌握了两拓(力拓及必和必拓)的大部分投票权,且70%以上的股东都是重复的。国际金融资本和国际生产资本的联姻,使这些跨国巨鳄在金融市场上游刃有余地利用期货市场,推出掉期交易结算,编制各种和铁矿石相关的指数,创设和铁矿石相关的金融衍生品,将铁矿石的定价权日益朝着被国际金融资本向发达国家政治经济控制的金融化方向发展。郎咸平教授曾经做了一个研究,发现铁矿石价格的变化趋势是由原油和波罗的海指数两条线支撑起来的,而原油价格和波罗的海指数依然是由华尔街金融财团所操纵。显然,铁矿石俨然成为又一个金融化大宗商品。由此铁矿石交易将朝着取消烦琐冗长的谈判的趋势发展,这将直接剥夺中国等需求方的谈判话语权。

2. 发展中国家话语权缺失

从另外角度看,发展中国家在全球贸易中,无论是基于期货交易所标准期货合同的价格来决定大宗商品价格,还是基于国际市场上商品主要供求方经过洽谈来确定价格,都处于弱势甚至是失语状态。即使是拥有丰富的自然资源、人力资源的世界第二大经济体、全球最大的发展中国家——中国也不外如此,其在国际贸易中也面临着话语权缺失的尴尬境地,而其他发展中国家更是力不从心。

市场自由化像飞速转动的齿轮推动着全球化,中国在工业化进程中对能源、重要农产品、矿产资源的需求量大幅增加,部分大宗初级产品的进口更是明显攀升。尤其是在加入世贸组织以后,经济发展对初级产品的大量需求使中国成为多种大宗商品的净进口国。作为世界上最主要的资源型大宗商品进口国,目前中国已经是全球铁矿石、铜、天然橡胶和大豆的最大进口国家。2012

① 全球大宗商品定价机制及其对中国的影响:结构性权利的视角——以铁矿石定价机制为例[J].外交评论,2013(2).

年累计进口铁矿石 74355 万吨，进口大豆 5838 万吨;2012 年进口原油 27102 万吨,是原油的第二大进口国,同时也是棉花、玉米、小麦、氯化铝、镍等大宗商品的重要进口国。但是大宗商品进口额强劲增长的同时,使中国对国际市场依存度越来越高，主要大宗商品的对外贸易依存度也大幅攀升。据相关数据统计,2014 年我国铁矿石对外依存度高达 78.5%；大豆对外依存度高达 80%;原油对外依存度接近 60%。氯化铝、天然橡胶和镍的进口依存度在 40%—60%之间。①

中国在这些大宗商品领域虽然属于“超级买家”,可在商品价格影响力方面与预期相去甚远。伴随着中国经济的高速发展,炒作中国需求成为西方国家媒体的一致行动和最大声音。不断有国际资本在国际市场上翻炒“中国因素”,它们分析中国经济形势政策,了解经济发展方向,提前购买我国准备大量购买的商品,从而拉动市场价格上涨获利,需求越大上涨越快,在国际贸易中出现“中国买什么,什么就涨;中国卖什么,什么就跌”的现象。商品定价权不会因为中国是某些商品的最大买方或卖方而自动获得。在国际贸易领域,我国企业因此也只能被动地接受国际贸易商提出的价格。

一方面,对于国际市场能源、原材料价格持续上涨,中国只能付出更多的外汇用于进口资源能源类大宗商品。例如 2003—2008 年的 5 年间,进口铁矿石涨价高达 4.6 倍,中国钢企(中国主要生产粗钢)仅因价格上涨就多支出了 7000 多亿元人民币，该数字相当于同期中国钢铁企业利润总和的两倍之多!另一方面,中国的大宗商品出口量逐年增加,价格却急剧下降,在价格主导权上明显也处于被动地位。中国稀土、焦炭、淡水珍珠年产量占全球 95%,收入却不足 10%。中国稀土储藏量占到了世界 36%,产量占全球 97%,出口量在国际贸易中占据了绝对优势。然而,90 年代以后中国稀土的出口量更是飞快增长,尤其是在加入 WTO 以后,为了积极顺应所谓“国际市场需求”,抑或满足所谓“国际垄断资本需求”更是迅猛出口,到 2006 年的 16 年间,出口量增长了近 10 倍,平均价格却一落再落,已被压低到当初价格的 64%。

上述情况表明，我们的资源优势已经逐步丧失，甚至到了接近枯竭的状

① 郭明.大宗商品定价与经济安全[J].北方经济.2007(27).

态。然而，与之相反，我们对于大宗商品的定价权却日益被削弱。由于大宗商品定价权的缺失，使得中国在国际大宗商品贸易中始终处在很被动的地位。高度分散的中国企业更没有主导大宗商品定价的主动权，这也直接影响了中国经济社会可持续发展的战略利益。从更深远的层面讲，这种情况对中国货币政策和人民币汇率政策带来的压力和挑战也急剧加大，以致直接影响到中国金融体系稳定，进而还涉及国家的经济安全。

目前中国的商品定价话语权处于不利地位的主要因素有几个：

一是，国内期货市场发展滞后。

目前中国大宗商品期货交易有：郑州商品交易所、大连商品交易所和上海期货交易所，除此还有中国金融期货交易所，共 4 家。虽然其中有些品种价格上已经发挥一定的影响，如大连商品交易所成为芝加哥之外重要的玉米期货市场，也是世界三大铜定价中心之一；郑州的小麦和棉花价格也在一定程度上构建了“中国价格”，但是由于品种有限，至 2012 年底才涉及铜、大豆、天然橡胶等 32 种，包括了金融期货在内，跟目前全球的几百个商品期货和 1000 多个合约相比，中国的市场合约和品种都偏少，绝大部分大宗商品的定价权还是根据国际期货市场价格来确定，距离定价权目标还有很长很长的距离。此外，新品种上市机制还存在缺陷，上市决策与市场发展脱节，行政化严重，审批花费时间较长，而在采用品种上市注册制的美国、德国等国家，品种上市只需要向监管机构提交材料，证明新产品设计合理，即可在较短时间内挂牌交易。

二是，缺乏强大的国际金融资本作为后盾；

随着中国成为世界第二大经济体，国民财富也逐渐累积。但是目前依然没有强有力的国际金融资本作为贸易全球化下行业企业的坚实后盾。以铁矿石贸易为例，铁矿石作为一种资源产品，决定着钢铁企业的生存，影响着钢铁产品上下游相关产业的发展。我国现在处于经济高速发展的阶段，各项基础设施建设如火如荼，造船业、汽车业、家电业等诸多行业的发展拉动了国内对钢铁的需求，各种钢铁企业犹如雨后春笋般建立起来，钢铁产量扶摇直上，直接使我国成为世界上最大的钢铁生产国。然而，国内铁矿石产量少，品质低，只能依靠国外进口，成为国际上最大的铁矿石进口大国之一。但是铁矿石交易过程中，一般采用供需双方谈判方式确定交易价格，中国如此一个大买家，但获取价格信息的渠道却单一闭塞,没有决定价格的能力,只能被迫接受别人定的基准价格和上升幅度。

2005 年,首次正式参与全球铁矿石价格谈判的中国钢企,讨价还价的能力还有所欠缺,所采取的是“跟随”日本的策略,被人家牵着鼻子走,最终在 71.5%的涨价协议上签了字,令中方多支付 34 亿美元。2006 年再度代表中国钢铁企业披挂上阵的宝钢,在谈判中一改往日风格,开始主动“叫板”。面对巨头一致的涨价要求,以宝钢为首的国内 16 家企业组成联盟,坚称 2006 年铁矿石市场供求趋势趋近平衡,价格应该回落。各执一词的买卖双方,将谈判拖入了旷日持久的对峙状态。但令中国企业意想不到的是,到了 2006 年 5 月 16 日,淡水河谷公司巧妙绕开亚洲主要谈判对手,与德国钢厂蒂森克鲁伯达成铁精粉涨价 19%的协议。此后,欧盟的阿赛洛、韩国浦项、日本新日铁陆续表示接受这一价格。致使中国企业面对四面楚歌的局面,又一次导致这个世界最大铁矿石进口国和消费国,“被迫”接受别人涨价 19%的定价。

三是,行业协会力量薄弱;

很多发展中国家企业在大宗商品国贸易中,行动分散,各自采购,分散经营,恶性竞争,行业集中度低,无法形成统一的行业联盟,这种分散的无组织状态使发展中国家企业面对国际寡头垄断企业时,无法形成强势谈判条件,因而也无法在大宗商品国际定价上发挥重要影响力。

四是,缺乏大宗商品国际市场人才,未能构建大宗商品信息系统。

发达国家的跨国公司,国际金融资本团体面向全球招揽世界金融领域的精英,集中了最优秀、最具敏锐洞察力的专业领域先进人才。对发展中国家而言,能够提供的收入、待遇相对逊色很多,相关知识更新也很滞后,故此人才非常匮乏。对于国内大宗资源性商品从产量、储备、用量、进口,以及期现货市场的定价机制等,没有进行全球性的系统研究,更无法依据准确信息确定调控策略,也难以为国家提供有建设性的建议,并保证国家经济不会因国际资源价格变化而出现大的波动。

由于发展中国家人才匮乏和大宗商品信息体系尚未建立,因而缺乏权威的大宗商品研究信息,加之现有的商业机构又缺乏公信力,使企业无法获取权威的大宗商品供求数据供决策之用。在美国,仅农业部就有 500 多人的专门机构从事农产品供应需求信息研究，定期向社会发布主要国家重要农产品供应需求信息。应当说，该信息机构目前已对国际市场农产品价格有着一定影响。因此，发展中国家迫切需要建立权威的大宗商品研究机构，做好信息收集、整理和分析工作，建立完善信息发布机制，在条件成熟时，推出国家自主大宗商品信息系统。

3. 发展中国家争取话语权

在当今国际分工产业链中，谁占据核心技术、规则制定能力、稀缺资源、品牌等国际贸易中的“要害”部位，谁就拥有优势和掌握产业链的定价权。如果不拥有研发和销售渠道等产品增值能力，而只是出于简单加工环节，那么需求量越大，对国际市场的依赖程度就会越高，也就无从谈及定价权。从目前中国进出口商品构成来看，大量进口资源型产品、大量出口初级加工制成品，具有典型的世界工厂或加工厂特征。中国在作为“世界工厂”的发展模式下，反映出的是一个国家在全球分工中所处的低下地位。在既不掌握上游资源和设计研发，又无法控制下游制成品及下游制成品销售网络和渠道情况下，仅靠低劳动成本，在全球产业链中的最低环节开展加工制造时，由于缺乏创新能力和品牌效应，故很难获得与生产主导群相匹配的贸易主导权，也注定无法拥有商品的定价权。当一个国家处于“微笑曲线”中端的加工制造业位置时，承担着对原材料的初级加工过程技术水平较低，利润水平又不高，对原材料价格波动还特别敏感的诸多被动因素，因而只能是国际产业链分工中最薄弱的一环。在这种前提下，国际大宗商品市场的任何价格变化，都会对国内企业造成深刻的不良影响。

尽管众多发展中国家在国际产业链分工中的优势被打压，尽管争取商品价格定价权越来越困难，但是因为其在国际贸易中，乃至参与全球化时具有举足轻重的地位，所以必须要竭力争取改变现有的状态，绝不能在这样的惨烈地位上一直延续下去。

近年来中国期货市场的发展，在有色金属领域，如铜、钨等品种的期货价格逐步得到国际市场认可，定价话语权有所增强。钨是中国重要稀有战略资源，储量、产量、消费量和出口量均居于世界第一位，世界80%以上的钨需求都是由中国提供。以前整个钨矿系统开采无序，国内企业恶性竞争，相互压价导致钨的定价话语权丧失，背离钨的稀缺性应有的价格。2000年，国家开始治理整顿钨矿开采企业，关停并转后，中国重新掌控了丢失近20年的钨定价权；还可以增强行业协会力量，强化职能。以行业协会或业内龙头企业为代表，实行行业性联盟的集约化采购、协调和保价行动的一致性。集中资源培养大宗商品国际市场的专业人才，从参与到专门组织设立，整合各种信息平台，提升信息化下经济领域的情报采集分析能力，强化各种大宗战略性商品的行业数据统计功能和数据源权威性。①由此可见，部分发展中国家正在逐步利用资源优势，进行供给侧改革，以生产权影响定价权。

全球经济一体化时代大宗商品的金融属性越来越强，商品价格已不仅受到供求关系的影响，金融资本对其影响不容忽视。当前国内资金通过各种渠道做境外交易的群体越来越多，规模也越来越大。因此国家可以从虚拟市场着手，从政府方面设立专门的大宗商品主权基金，专门投资大宗商品资源生产和贸易的领域。

二、国际金融美元化

（一）美元化金融

新自由主义作为国际金融垄断资本主义的经济学范式和美国国家意识形态的主要标志，主张从“自由至上”原则出发，把资本主义所谓的“自由、民主、平等”等观念作为“普世价值”，并将之粉饰为人类社会文明发展的理想价值目标。以美国为首的西方发达国家，在国内维护资产阶级最高阶层的利益的同时，它们还利用上百年发展的世界金融中心，在新自由主义全球化中像海绵一样贪婪地汲取着全球各国创造的财富，在金融自由化中利用国际金融资本进行各种投机活动，利用汇率翻云覆雨地对发展中国家进行无情的压榨。通过操纵国际货币基金组织、世界贸易组织等国际机构向发展中国家全面渗透，强迫它们执行其所谓“结构调整方案”，并借此方式控制发展中国家，获取国际经济霸权，争夺国际话语权，主宰初级产品原料价格，压低成品价格，利用跨国公司进行资本转移和差别定价，在进出口贸易期间设置名目繁多的贸易壁垒获取

---

① 汪启兵.大宗商品贸易定价机制浅论[J].特区实践与理论，2013(6).

剪刀差,进而获得高额垄断利润。

金融全球化,让世界期货市场在国际市场中成为决定商品定价权最具有影响力因素。欧美等发达国家的期货市场经过100多年的发展,形成一套通用的市场交易规则,因其占有较大的市场份额,它们可以主导修改交易规则,利用前面所提到的多方面优势和特权,掌握着国际市场的大宗商品定价权。金融全球化让以美国为首的发达国家控制了要素和商品的流向,同时也成为一股贯彻贸易壁垒的强大力量。金融全球化的发展,使国际社会日益重视统一标准的制定与实施。由于发达国家掌握了金融全球化的主导权,按其水平制定的标准必然不利于发展中国家,并使其难以获得所需的发展资金,从而进一步扩大发展中国家与发达国家的差距。

国际货币体系呈现出四大特征:私有、投机、动荡与亲美。从布雷顿森林体系美元崛起,时至今日,美元不仅仅是储备货币,而且是投机者钟爱的货币,即避险货币。美国可以不受任何外部控制,随心所欲地发行美元,并使之可以不受任何限制地在世界各地流通。以美元为核心覆盖全球的金融市场,是新自由主义全球化最理想、完美的产物。今天,全球化的程度如此之高,且由美国控制的金融市场不受任何制度规则的约束,夜以继日地在全球运行。其巨大的能量,践踏并嘲弄着在以国家体系残存的监管。而金融市场全球化的同时,经济、就业增长以及金融赖以支撑的实体经济被个人牟利、社会冷漠和无监管的市场短期主义无情地摧毁。

在今天的世界贸易中,从贸易盈余和赤字出发来进行分析,日本、中国、东盟、欧洲、拉美的贸易都是盈余,只有美国是赤字。但从另一个角度看来,美国却是世界上商品的最后实现者和吸纳者。正是在这种意义上,美国在世界范围内控制着商品实现的流动方向。一方面,世界产出的流入增强了竞争,刺激了进步。而廉价商品的流入又能减轻要素的成本压力,提高美国产业的竞争力。同时,通过大量赤字的存在美国借机提出实行花样百出的贸易壁垒的诉求。既然在世界经济中有能力控制要素和产出的流向,那么就有能力控制住他人经济发展的方向。这种控制力使美国可以任意选择国家采购数量,甚至通过配额数量的削减与增加加剧发展中国家的贸易摩擦,制造矛盾。这才仅仅是问题的开始,美国为首的发达国家以国际金融资本作为强大后盾,推动金融全球化、自由化，从中获取金融权利，再通过强大的金融力量去获取定价权这种重要的软权力已经是不争的事实。而当绝大多数大宗商品是以美元定价交易时，当世界大多数的产成品以美元价格签订合约时，那么美元的发行，美元与其他国家国币之间的汇率就成为美国能够掠取他国资源的最有力武器。

早在 1973 年第一次石油危机之后，美国就与沙特达成了一项被称为“不可改动”的协议。根据这项协议，沙特将美元用于为石油定价的国际货币。作为世界第一大石油出口国，沙特更是轻易说服了石油输出组织也接受美元作为唯一的石油交易货币。以美元作为石油交易的唯一货币，遂形成现行的“石油美元”体制。“石油美元”计价机制意味着在原油市场上购买石油时必须使用美元，美元由此借助与石油这一重要的工业经济资源交易挂钩，从而强化其世界货币的地位。美元发行由美国政府及国际金融寡头所控制，因此美国可以通过对国内利率调节货币政策来影响、操纵国际油价，借助美元支付结算体制来掌控国际贸易中的石油定价甚至石油波动的趋势。更令人生畏的是，金融全球化中的美元与重要经济资源定价挂钩后，其汇率的波动会连带影响众多工业国家的贸易经济状态。以亚洲国家为例，亚洲国家货币近年对美元保持跌势，就意味着这些国家在享受油价下跌的福利上会大幅缩水。油价大跌对于美国国内消费者而言利好最多，却使得收入从大宗商品生产国转移到大宗商品进口国，使大宗商品生产国与进口国之间发生相对的财富转移，从而影响各国的贸易条件。智利比索、挪威克朗、巴西雷亚尔和澳元等众多国家货币都因此而受到负面影响。

新自由主义的金融全球化实际还是一种全球霸权主义逻辑，换言之，它是全球“美国化”的逻辑。美国运用巨额的贸易逆差将众多贸易经济国牢牢地拴在一起，对美国的对外贸易高依存度和高货币需求维系起美国为中心的国际货币体系。美国将自己已经铸造成了世界政治经济的主宰。此时，操纵国际金融间不可或缺的纽带——信用评价，从而操控企业的融资投资，连同国家间的融资与投资，党同伐异是再自然不过的事情了。

(二)美国化信用评价体系操纵价格

弗里德曼(Friedman)说，我们生活在两个超级大国的世界里：一个是美国，一个是穆迪。美国可以用炸弹摧毁一个国家，穆迪可以用债券降级毁灭一个国家。

美国有着影响世界金融投资领域的三大信用评级机构：一是创始人普尔于1860年，顺应欧洲投资者希望更多地了解自己在美国新发展的基础设施的资产愿望创设的标准普尔公司；二是于1909年，首创了对铁路债券信息进行信用评级，在1913年底对公共事业和工业进行债券信用评价的穆迪投资服务公司；三是创立于1913年，在全球市场尤其是新兴市场的评级上，敏感度非常高的惠誉国际信用评价有限公司。

被视为国际金融市场的“看门人”的这三大评级机构，各有侧重。标准普尔侧重于企业评级方面，穆迪侧重于机构融资方面，而惠誉更侧重于金融机构的评级。由此，美国构建起一个对美国甚至全球的金融企业握有生杀大权的，全面控制国际金融市场各个环节的信用评级体系。

作为世界举足轻重的信用评级机构应该展现出强大的公信力，从而引导国际投资融资朝着更优化的方向进行资源配置。然而事实并非如此。美国所披露出来的三大信用评级机构“为了赚钱，把灵魂出卖给魔鬼”，一起骗投资者的累累案例，足以说明美国国际金融垄断资本体制及运行机制的这种寄生性、腐朽性和操纵性。三家评级机构为了争夺市场，捞取巨额利润，背弃评定公债券信用度的中立、客观的职业标准，将大批“有毒债券”贴上“优质”乃至“3A”级的标记，同华尔街的金融巨鳄们串通欺诈全球投资者。[①]标准普尔综合指数中被评为最有价值的181家企业和机构，实际竟然背负着3880亿美元的巨额债务，其中不乏在国家贸易中颇具影响力的大型跨国公司。三家机构为次级债评级的收费是为一般公司债券评级收费的3倍，它们正式通过给包括大批垃圾金融衍生产品的次级债评级攫取到高达数十亿美元的丰厚收入。优质资产、优质企业、优质投资项目、优质金融产品，都不过是大国利益团体操纵选择的结果，在高额利润诱使下贴上的虚伪标签。

被资本主义金融大鳄掌控的评级机构，扭曲了对国际金融市场环境的预判，操纵金融市场中各类金融产品的价格。不仅如此，美国的国际金融资本垄断集团为主宰全球，还将三家信用评级机构作为杀手，用主观性的评级、降级

---

① 何秉孟，李千.新自由主义评析[M].北京：社会科学文献出版社，2012.

来打击国际市场中的竞争对手，封杀、毁灭异己。标准普尔、穆迪等长期压低对中国主权信用及中国企业的信用评级，就是一个鲜活的例证。

2016 年 3 月初，穆迪将中国主权信用评级展望从“稳定”下调至“负面”，次日又将多家中国企业和金融机构评级下调至负面。3 月底，标普也将中国主权信用评级和中国香港特别行政区评级展望从“稳定”下调至“负面”。

从历史数据来看，标准普尔在 20 世纪 90 年代对中国主权信用评级为 BBB，也就是投资级别的最低级，直到 2004 年 2 月才提升到 BBB+。2007 年 7 月，在中国经济持续保持两位数增长的背景下，才进一步提升到 A 级，使中国终于拥有了同韩国和希腊一样的评级。两年之后，也就是 2009 年 10 月，希腊债务危机爆发并迅速传染到整个欧洲。[①]此时，中国外债无一违约，违约率为零，并成为世界经济发展的中流砥柱时，标准普尔对中国主权信用评级则同爱沙尼亚处于同一等级。与此同时，有 25 个国家和地区超过中国，这种结果显然是非常荒谬的。目前中国外汇储备居世界之首，外债水平在安全线以内，偿债率、债务率、负债率等指标都优于墨西哥和加拿大等 25 个国家，发展潜力更是不言而喻。但是，标准普尔对墨西哥和加拿大的主权评级均为 AAA 级，远远高于中国 AA-（评级展望为“负面”）。

不仅如此，这些评级机构还刻意压低中国商业银行评级，并因此而增加了这些银行的国际融资成本。2003 年 11 月 26 日，标准普尔公开将中国 11 家商业银行的信用评级评为“投机级”，同时宣布中国主权信用评级为 BBB 级。次日，《华尔街日报》评述，标准普尔将“中国内地银行全部定为垃圾等级。其原因是当时的中国商业银行在积极谋求海外上市或寻找海外战略投资者，信用级别最低融资成本自然最高。另一方面，粗暴评级的目的在于压低中国上市商业银行股价，为美国的金融机构和国际金融资本获取超额收益做好准备。事实上，评级机构最终目的还是达到了。2002 年，花旗银行以约 6 亿元的人民币成本入股上海浦东发展银行，10 年实现了 600%的收益。2006 年花旗以约 6.2 亿美元入股广东发展银行，2016 年以 30 亿美元的价格出售，这意味着过去 10 年花旗集团对广发银行的投资获得了超过 20 亿美元的利润，实现了大约 400%

① 揭开国际评级机构的六大真实面目[N].上海证券报，2016(4).

的利润。高盛集团自2006年入股中国工商银行,2013年5月20日减持完所有的股份,最终获利逾72.8亿美元,不到7年的时间实现了约300%的投资回报。[①]由此看来,当年标准普尔对上述银行如此低的评级和后来的巨额投资回报形成了鲜明对比,这无疑给了标准普尔两记响亮的耳光。但是,它们实实在在地达到了低价收购中国商业银行资产,然后再高价出售给中资金融机构的目的。

纵观这些评级机构对中国评级的历史,可以发现如下情况:在经济处于快速上升期,它们刻意压低中国评级,导致中国海外融资成本上升;在经济处于转型期时,再度降低中国评级,存在做空中国的嫌疑。而横向看来,相关评级机构对大公司破产和历次金融危机都没有做出任何风险提示。不仅如此,在欧债危机中它们还扮演了"墙倒众人推"的角色,基本丧失了评级机构的预警功能。

发展中国家没有自己健全的有影响力的信用评级体系,只能失语于三大评级机构在整个国际经济中的评级垄断,在没有信用评价话语权的劣势地位中,遭受国别歧视、评价失灵等诸多问题,任由评级机构控制国家和企业在整个世界金融经济领域的地位定位,最后公众投资者因评级失实、错误、歧视导致投资受损,或者投资融资按照发达国家所规划的方式和流向进行。

无奈的是,这些所谓的国际最有影响力的信用评级机构不用承担任何侵权责任和损失。华尔街饱含的国际金融风险却被源源不断地向全球转嫁。

第二节 贸易自由化的载体——跨国公司

"运转和推动全球化的是跨国公司。所谓的无国界经济被跨国公司结成蛛网,跨国公司利用这一网络,根据利润最大化的全球规划,推动资本在世界范围内移动。"

——《垂而不死的新自由主义》

---

① 揭开国际评级机构的六大真实面目[N].上海证券报,2016(4).

1994年，全球500强的收入比美国的GDP高出50%，比拉美各国的GDP高出10倍，比拉美最大的经济体——巴西的GDP高出25倍。据联合国《200年世界投资报告》，1980年全球已有15000家跨国公司，35000家分支机构。2000年全球有63000家跨国公司，设立分支机构70万家。跨国公司的生产总值已经超过工业世界总产值的30%。目前，全球直接投资的90%都是由跨国公司对外直接投资实现的。

跨国公司拥有先进技术、雄厚资金、多样化产品、遍布全球的分支机构和复合型管理人才等优势条件，这使之能在国际竞争中处于有利地位，其生产能力达到惊人程度，销售额巨大，销售网络覆盖面甚广等等，这些都是其之所以能够成为跨国公司的先决因素。据联合国《2000年世界投资报告》介绍，2000年跨国公司的销售额从1980年的30000亿美元增加到140000亿美元，是国与国之间贸易总额的2倍多。跨国公司海外附属企业货物和服务出口为31670亿美元，占世界货物和非要素服务出口的46%。跨国公司的生产总值已经超过世界工业总产值的30%。这些庞大的跨国公司，对国际政治、经济事务和东道国的内部事务往往都能产生较大的影响。

跨国公司作为全球化的助推剂，通过跨国经营实现公司内部在全球范围内进行的贸易交换和生产配置。这主要表现在三个方面：一是跨国公司通过将一种产品的不同部件交给自己在不同国家的子公司生产和装配，促进了国际上的生产专业化；二是跨国公司的销售和投资目标是世界市场，其在全球范围内的投资、生产、销售刷新了国际分工的内容；三是跨国公司的经营使其与相关国家地区的经济联系日益密切，在世界经济中具有举足轻重的作用。①

正如著名学者马丁内斯博士所言："发达国家在贸易全球化中占有突出的地位，不仅仅是因为其国内经济额总量规模巨大，如美国的GDP占到了全球GDP的四分之一强，还由于其拥有着80%以上的跨国公司，并通过跨国公司的内部贸易，为全球贸易的发展提供了动力。贸易发展的延伸使跨国公司掌控着世界对外直接投资的90%，随之而来的技术转让费也约有85%是在跨国公司内相互支付的。"1996年，世界GDP的17%是由全球200强企业完成的。到21

① 池元吉，李晓.世界经济概论[M].北京：高等教育出版社，2013.

世纪初时，这一比例飞快上升到35%以上。再看一下全球500强企业的国籍，主要集中在美国、欧洲和日本。根据1998年《财富》杂志的排行榜显示，1997年，全球500强企业中，有440个是美国、欧洲和日本企业。1998年全球500强中的前50名，都无一例外地在美、欧、日三角地带。[①]美国、欧洲和日本几乎完全控制了全球最先进的生产领域，贸易和谈判条件也由它们制定。其盈利中，金融投机行为成为最为丰厚、最富获利的经济活动。跨国公司是以美国为首的发达国家操纵国际资本流向、资源流向、财富流向的利器。

一、跨国公司发展简史

早期的跨国公司起源于19世纪六七十年代，在当时发达的资本主义国家的一些大型企业，一般都通过对外直接投资，开始在海外设立分支机构和子公司。两次世界大战期间，由于战争和经济危机，大多国家的对外投资停滞不前，跨国公司发展较为缓慢，但此时仍然有一些大公司进行海外直接投资活动。由于发达国家经济力量发展不平衡，资本输出也不均衡，这导致一些国家直接限制企业的海外投资活动。在此期间，美国对外直接投资的数额和所占比重却不同，不仅有相当的增加，而且其跨国公司的发展还很迅速。此后，跨国公司的发展同资本主义发展特点有了更明显的对应：第二次世界大战以后，特别是20世纪50年代末、60年代初，跨国公司及其海外子公司的数目大大增加。据联合国统计，1968—1969年间，主要资本主义国家的跨国公司共有7267家，在外子公司数目达到27 300家。跨国公司的投资规模不断扩大，投资日益向新兴的工业部门发展，投资地区由发展中国家转向发达国家；投资部门，除了传统的采掘业以外，日益向新兴的、技术发展较快的制造工业发展。对汽车工业、石油化工、电子、机械等部门投资的比重也在增加，采矿业和传统工业部门，如纺织、钢铁等行业的比重却在下降。

20世纪70年代以后，跨国公司的发展进入第三个高峰期。伴随着美国经济在新自由主义发展模式下走出低迷，跨国公司发展也十分迅速，美国成为拥有跨国公司最多的国家。德国同期的跨国公司发展速度也明显加大。另外，具

---

① 陆燕.国际贸易的主角——跨国公司与世界贸易[J].瞭望新周刊，2000(4).

有东方管理特色的日本工业公司开始走向世界市场，逐渐形成欧美亚跨国公司三足鼎立的格局。

20世纪90年代以后，世界经济新自由主义全球化趋势加强，当代科学技术的发展和国际竞争的加剧，大型跨国公司在激烈争夺市场的同时，相互联合与协作的势头进一步加强。尤其是90年代中期以来，跨国公司在全球范围内兴起了一场规模宏大、影响深远的收购与兼并浪潮。据统计，1996年并购案件多达2.27万件，企业并购交易高达1.14万亿美元，1997年高达1.5万亿美元。并购范围广，涉及行业众多，涵盖了工、商、传媒、金融等领域。在并购中，横向兼并和纵向兼并方式都有。迪士尼兼并美国广播公司、通用兼并休斯等属于行业纵向兼并；法国诺那普朗对英国伊森的兼并（医药业），波音对麦道的兼并（航空制造业）等属于横向兼并。

进入21世纪以后，跨国公司在经济全球化发展的环境下，更迅速地发展起来。据《2006年世界投资报告》，2006年跨国母公司总共达到7.7万，国外子公司已逾77万个。2005年这些国外子公司创造财富4.5万亿美元，雇用工人约6200万名，出口货物和服务的价值超过4万亿美元。跨国公司以它们自身的发展势头和表现，已经证明它们是世界经济的主流。

二、跨国公司是全球化的助推器

（一）跨国公司与国际直接投资

1. 开放的国际直接投资

根据联合国贸发会的《世界投资报告》，国际直接投资（Foreign Direct Investment，缩写为FDI）被定义为：一国（地区）的居民实体（对外直接投资者或母公司）与其本国（地区）以外的另一国的企业（对外直接投资、分支机构或国外分支机构）建立长期关系，享有持久利益，并对其进行控制的投资行为叫国际直接投资。

FDI分有三项：一是股权资本，是对外直接投资者购买本国以外国家的企业股份，如创办合资企业；二是利润再投资，包括未被分支机构以及股息形式分配掉的直接投资者的利润份额，或未回给直接投资者的利润，这些被分支机构留下的利润用于再投资；三是公司内部借贷或公司内部债务，是指直接投资者(母公司)与复苏企业之间的资金借入与贷出。

发达国家是对外直接投资的主要来源国,更准确一点说是指:很长一段时间内,国际直接投资主要集中于少数几个发达国家。1960 年时美国对外直接投资占到世界对外直接投资总额的 71.7%, 英国占 17.1%, 两国合计达到 88.8% ;1970 年,美国相应比例为 62.9%,英国为 10.9%,联邦德国为 7.2%,三国合计达到 81%。1980 年, 发达国家在对外直接投资流出存量中的比重为 89.24%,1990 年为 92.67%,2000 年为 86.74%,2002 年为 89.52%。

第二次世界大战前,跨国公司的对外直接投资大多集中于铁路、采掘、石油、种植等初级产业部门。战后,跨国公司的对外直接投资日益转向制造业,特别是新兴的产业部门,如电子、飞机制造、计算机、汽车、化学、机械、制药等。而采矿、热带农业等初级产业的投资比例在减少。到 20 世纪 80 年代中期,服务业对外直接投资已经占到全世界对外直接投资总额的大约 40%。自 1985 年起,每年新增对外直接投资的 50%以上的资本进入服务行业。1990 年,全球服务行业吸收的外国直接投资存量达到 48.87%,2003 年提高到 59.76%。

以跨国公司为载体,FDI 对国际贸易产生了多方面的影响:

资本输出有利于促进国际贸易发展。在国际贸易中,西方大国热衷于通过跨国公司进行国际直接投资, 其根本目的是为了通过对外投资维护和扩大商品出口。原因有三:一是发展对外投资可以直接为跨国公司的出口商品提供服务。商品出口要涉及一套中间环节,诸如储运、装卸、售前售后服务等。为了增强适应市场的能力和减少风险, 国际上一些大跨国公司通常都在异国投资建立相应的服务设施和网点,譬如发展运输业、保险业等;二是通过直接对外投资可以带动一批商品出口,如新建企业所需原材料、零部件和设备等;三是发展对外直接投资,可避免贸易壁垒。20 世纪 70 年代末,随着新贸易保护主义的抬头和区域经济一体化的发展,贸易保护主义措施纷繁复杂,利用对外直接投资方式,可绕过这些障碍并扩大对外出口。例如,跨国公司在异国设立分支机构生产某产品,并在当地进行销售即可避免许多贸易壁垒对其商品的限制。

资本输出加强了国际贸易总的垄断与竞争趋势。在国际竞争日趋激烈的环境下,发展对外直接投资,既是大型跨国公司维护和发展其垄断优势的重要途径,也是一些发达国家大企业争夺国外市场的重要手段。

对外资本的输出也为商业情报的搜集提供了便利。对国外直接生产和贸易投资企业,更容易准确、及时地获得当地市场的商业情报。这对于企业适时地采取灵活有效的生产和销售措施,改进产品的销售大有裨益;此外,还有利于提高出口产品的竞争力。通过对外直接投资采取本土化策略,就地生产,就地或到邻近地区销售产品,既减少了运输成本和其他费用,也可以使产品更好地适应当地市场的消费习惯与偏好,缩短交货期,提供销售服务和咨询,从而提高成品在国际市场的竞争能力;不仅如此,对外资本输出还可以利用技术上的领先地位,通过对外直接投资在国外建立使用新技术生产新产品,获得抢先占领市场的先机,在其他企业仿造或制造出类似产品之前,就取得生产和销售上的垄断地位。如美国跨国公司在西欧发展合成纤维、电子计算机等新兴工业就是这样做的;当然利用跨国公司进行对外直接投资,不仅可以进入输入国当地市场的销售渠道,利用当地市场生产和销售降低成本,利用当地的对外贸易渠道扩大对其他国家的出口,还能巧妙绕过各种关税和非关税壁垒,使投资者和东道国的企业在同样的条件下竞争。例如,鉴于欧盟对经济贸易集团内部产品实行自由流动,对外则实行统一的高额关税或其他非关税壁垒措施的情况,非成员国就可以通过在欧盟成员国直接投资设厂方式, 使其产品在域内自由流动,最大限度地减少受各种壁垒的阻碍。

2. 跨国公司是对外直接投资的主体

当全球的贸易门槛在新自由主义全球化主张的推动下大大降低的时候,资本必然要在全球范围配置更便宜的资源和更廉价的劳动力, 来促进其实现追逐利润的最大化。据联合国有关机构统计,在 20 世纪 60 年代后期,跨国公司的总数只有 276 家,其海外分支机构为 27300 家。到 70 年代末 80 年代初,跨国公司数量已经增至 1 万多家, 其海外分支机构达到 10 万多家。而到了 1999 年,跨国公司增加到了 6.3 万家,其海外分支机构达到 70 万家。

在迅速膨胀的跨国公司中,发展和分布是很不平衡的。根据《财富》杂志的数据显示,世界 500 强企业根据所在国和地区统计,2010 年,欧洲共有 166 家企业入选,占到 500 强总数的 33.2%,经济实力较强的英国、法国和德国,上榜企业数分别为 35 家、39 家、37 家,占到欧洲世界 500 强总数的 62.7%。;美洲共 159 家企业入选,占总数的 31.8%;亚洲共 155 家企业入选,占总数的 31%;

大洋洲共20家企业入选,仅占总数的4%。若按照经济发展程度划分,美、日、欧等发达国家的企业达406家，比2006年减少1家，占到500家大企业的81.2%,仍占据绝对优势。随着亚洲经济的稳步增长,新兴市场国家和地区上榜企业由2000年的35家增加到了2007年的50家，占到世界500强总数的10%。由此可见,发达国家依然是支配跨国公司的重要国家,在全球企业和贸易竞争中仍然保持领先地位。

如果说跨国银行的出现是国际货币资本(即国际间接投资)移动产生的重要标志,那么跨国公司的出现是国际生产资本(即国际直接投资)产生的重要标志。现今跨国公司几乎承担了世界上所有的对外直接投资,尤其是大型跨国公司更是成了对外直接投资的主导力量。据估计,在20世纪末,全球最大的500家跨国公司的海外直接投资额,占全球对外直接投资总额的80%以上;美国200多家跨国公司的海外直接投资额,占美国对外直接投资总额的70%;英国165家跨国公司的海外直接投资额,占英国对外直接投资总额的80%;德国82家跨国公司的海外直接投资额,占德国对外直接投资额的70%。

(二)跨国公司对国际资源流动产生重要影响

跨国公司是资本国际化的微观基础，跨国公司的投资体制是国际资本流动日益活跃的微观渠道,它极大地推动了国际资本流动的发展。这种情况,可从以下三个方面得到了解。

一是,跨国公司的并购浪潮促进了国际资本证券化。

近年来,跨国公司的跨国并购活动大多以股权转换来实现。规模庞大的跨国并购交易,刺激了股权资本的相互渗透,使各类股票、债券的国际发行比重逐年上升。国际资本的证券化,就意味着国际资本市场的日趋成熟和一体化,意味着国际货币资本流动的进一步发展。

二是,跨国公司内部的国内机构与国外机构之间货款和费用的支付、结算等业务通常引起大量的资金转移。

同时,跨国公司的母公司为了从全球范围获利,一方面经常利用资金往来和借贷以统一安排调度头寸,另一方面,为了投机获利或避免利率、汇率风险,跨国公司经常参与各种金融衍生品交易,从而推动了国际资本流动的增长。这一推动作用虽然从该理论上说能够促进资源的合理配置，增强金融市场化的调节机制,减少风险,但是在实际操作中,却很有可能增强风险和不稳定性,引起东道国和相关国家金融市场的动荡。

三是,跨国公司对科技开发的促进作用和对科技的利用日趋国际化。

跨国公司凭借自己雄厚的资金实力,在全球范围内招揽人才、置办设备,利用来自各国的人力、物理资源进行国际协作和开发。这不仅促进了科技开发的国际化,也加快了科技进步的步伐。可以说,跨国公司是技术创新的主要拥有者和技术发明的领头羊。在经济自由化背景下,跨国公司为了保持和增强自己的竞争能力,力求利用其他国家和地区的科学技术能力,利用不同国家的研究、开发成本的差异,获得研发的规模经济和区位经济效益,将研发活动从地理位置上更加广泛地分散开来。同时,跨国公司为了增强自己的科技创新能力,进而提升核心竞争力,都在不断增大自己的研发投资。许多跨国公司都拥有数量巨大的知识产权,知识产权已成为跨国公司控制世界经济的重要手段之一,特别是信息化、计算机化以及各种电子通信手段,正在起到增强跨国公司影响力的作用,信息技术革命已经成为强化跨国公司影响力的新手段。

跨国公司也加快了先进科学技术的国际传播。现代科学技术绝大部分被大型跨国公司所掌握。据统计全球500家最大的跨国公司控制着世界90%的生产技术和75%的技术贸易。跨国公司大量进行的技术转让有助于国家间技术交流,加速技术扩散,从而推动了全球范围内对先进技术的利用。

三、世界市场价格与跨国公司

跨国公司的发展壮大同全球化程度不断加深密切相关。全球化之后的跨国公司,将依据不同的“区位优势”来配置不同的生产过程,使得当代国际生产组织方式也随之发生着深刻的变革。研发、设计、加工等诸多产业环节,锁定在一家企业内部的纵向一体化流程中不断分解并最终加以组合。跨国公司通过海外设厂和合同外包等方式,将不同业务活动趋于分离,并在全球范围内进行重新定位与整合,以寻求优势集成与资源的最佳配置。正是跨国公司生产流程的这种分解与组合的优化配置,使过去在一个地方完成的最终产品的生产,现在则把不同工序,不同零部件及不同组件分散到世界不同国家和地区来进行,从而形成了以跨国公司为主导的国际生产网络。而国际生产网络格局对世界市场中原料、原材料以及初级产品，直至最终产品的采购定价到终端销售价格形成了强有力的影响，世界市场的价格决定与跨国公司密不可分。

（一）FDI与国际垄断

列宁在《帝国主义是资本主义的最高阶段》中有这样的一段话："资本家的垄断同盟卡特尔、辛迪加、托拉斯，首先瓜分国内市场，把本国的生产差不多完全掌握在自己手里。但是在资本主义制度下，国内市场必然是同国外市场相联系的。资本主义早已造成了世界市场。所以，随着资本输出的增加，随着最大垄断同盟的国外联系、殖民地联系和'势力范围'的极力扩大，这些垄断同盟就'自然地'走向世界性的协议，形成国际拉特尔。"①

跨国公司产业内分工的发展，丰富了交换的内容，它也使越来越多的中间产品成为国际贸易的内容。跨国公司的专业化和劳动分工，促使交换的次数倍增，产业内贸易得到飞快增长。由于跨国公司的需求量与贸易量庞大，从而对国际贸易商品结构中初级产品、浅加工产品，直至制成品和深加工产品，在不同国家、行业的分工布局形成了重要的影响。几乎每一个行业都有大型的跨国公司的身影。行业中跨国公司在资本主义强烈的利益（利润）驱使下，在对新市场、新疆界的渴求中，利用强大的控制力与合谋形成了对国际市场的行业垄断。在经济全球化时代中，国家之间的竞争是以经济实力为核心的国家综合国力的竞争，一国的竞争优势和影响力，体现在其对全球资源的支配力上。跨国公司是国家间经济竞争的人格代表，是全球资源配置的组织者，是经济全球化时代基本的产业组织形式。在经济全球化条件下，国家主权观也有了新的改变，即从某种意义上说，国家主权是可以通过跨国公司加以延伸的。同样的，在某种程度上，跨国公司垄断集团不仅仅对各层级产品的世界市场上的交易价格有着举足轻重的作用，甚至俨然成为一国借以实现对其他国家控制的工具。

前面在铁矿石交易的论述中，跨国公司以及背后金融财团对行业的垄断已可见一斑。然而跨国公司仿佛是资本主义无数强大的触角，饱含着对资本、对利润的渴望伸向世界各地的无数产业中，既控制国内外市场，又控制交易价

① 列宁.帝国主义是资本主义的最高阶段[M].北京：人民出版社，2014.

格。[1]被称作国际粮食市场“幕后黑手”的“全球 ABCD”的四大粮商,即美国邦吉(Bunge)、美国 ADM、美国嘉吉(Cargill)、法国路易达孚(Louis Dreyfus),它们垄断了世界粮食交易量的 80%,而且包括大豆等大宗农作物的定价。以 ADM 公司为例,该公司通过收购兼并后,旗下有 270 多家各种各样的制造工厂分布在发展中国家,从事食品添加剂、营养补助品、食用油的生产和销售、粮食储备等相关行业。又如成立于 1818 年的邦吉,是巴西和阿根廷等国最大的肥料生产商。它一方面向农民提供种子、化肥和咨询服务,另一方面又对农民的农产品进行收购、储存、加工并使之进入全球贸易体系中。邦吉还推广农艺学,传播全球大农业趋势,不定期召开商务论坛,以增强自己的行业地位和市场话语权。

随着全球化进程的推进,跨国公司对于服务贸易和技术贸易的垄断也在不断增强。

跨国公司越来越多地采取复合式一体化战略和网络式组织结构,开创出比贸易一体化更深层次的国际生产一体化体系。跨国公司之间还纷纷缔结国际性战略联盟,通过跨国开发和技术优势互补加速新产品的产出,以及新行业的诞生和新市场的进入。跨国公司利用兼并和收购强化规模经济的聚合与垄断权力,使得大型跨国公司具有发展中国家中小企业无法企及的实力,因而可持久性称霸国际市场。

跨国公司控制了相当数量的世界技术贸易,是战后技术创新和技术贸易的发动机。世界主要的跨国公司都在其领域拥有先进的技术和创造新技术的能力,并不惜代价地从事研究和开发。目前,约占 75%—80%的全球民用研究与开发费用是由跨国公司承担的,西方发达国家 500 家最大的跨国公司,控制和集中了这些国家 90%的生产技术和 75%的技术贸易。以美国为例,其全部专利的 75%—85%是被美国的跨国公司所拥有的。由此不难看出,跨国公司可以利用国家制定的贸易保护政策和知识产权政策形成行业垄断、产品垄断,来制定高昂的垄断价格并从中获取超额利润。跨国公司成为当今世界市场价格的主宰。

---

① 王宏.跨国农业公司对粮食安全的影响:机理与政策[J].甘肃理论学刊,2013(1).

(二)跨国公司与价格控制

1. 垄断价格支配的市场

跨国公司在各行业中的集中控制，使它们能够在国际市场上采用多种形式操纵和支配市场,形成和巩固垄断地位,从中获取超额利润。它们支配市场的行为最常见的有两种：

一种是通过采取掠夺性定价,即对垄断低价和垄断高价的混合采用,厂商自己在遭受短期损失的情况下,将产品价格削减至对手平均成本之下,目的是将对手驱逐出市场或者遏制进入。一旦对手离开市场,再提高价格以平衡掠夺期损失。掠夺性定价是跨国公司快速占领东道国市场的有力手段。比如日本松下公司不惜损失 30 亿美元,也要在中国大屏幕彩电市场占有绝对优势;再如微软公司为剿灭中国国产办公软件 WPS97 时,提前于 WPS97 发布 97 元超低价格的 Word97 版本也是如此。总之,这些跨国公司的掠夺意图是十分明显的。

另一种是进行价格歧视，即跨国公司对不同的客户实行价格上的差别待遇。这种差别价格与成本并无太大关系,但它是跨国公司非常管用的一种滥用优势的方式。当然,这些优势既可能是品牌知名度、美誉度所带来的,也可能是知识产权优势带来的。例如:微软公司在中国大陆地区销售的 Window10 价格为:家庭版 888 元人民币;专业版 1799 元人民币;家庭版升级专业版 879.99 元人民币。美国区的则是:家庭版 119.99 美元,折合人民币 745 元;专业版 199.99 美元,折合人民币 1240 元;家庭版升级专业版 99.99 美元,折合人民币 620 元。中国区比美国区贵不少,家庭版只差 20%还勉强可以接受,专业版、升级版则都高出 40%以上。

另外,现在还出现了较为特殊的掠夺性产品创新策略,叫作变换系统相容性。指某个系统产品的主要厂商重新设计系统,使与旧有系统相关联的其他产品与新系统不相容。例如涉及生物科技的杜邦公司,为农民提供的转基因种子和农药制剂是一对一匹配的,当对转基因种子升级以后,原匹配的农药制剂就不能发挥作用,必须以高价更换新农药制剂方可。

2. 跨国公司内部贸易

目前,跨国公司不仅成为国际贸易的重要主体,而且是国际贸易的推动力量。现在,国际贸易中大约 2/3 是由跨国公司进行的,它们控制了世界贸易的

50%—60%。西方各国的跨国公司在本国出口贸易中占相当大的比重，如美国和英国80%—90%的出口都是由跨国公司完成的。这一趋势说明，跨国公司已经取代各国国内企业而控制了国际贸易活动。

跨国公司一方面犹如一般企业，由母公司或子公司直接从事世界范围的进出口；另一方面，又在公司系统内进行技术、物品和服务的交易。大量研究表明，与一般国内企业相比，跨国公司具有更高的贸易倾向，跨国公司及其海外分支机构的进出口额超出其销售额。这不仅是因为跨国公司通常集中在贸易密集的行业，而且也因为其生产分布跨国化所必然引起的机器设备、原材料和零部件等进出口的频率很高。由此，一方面在跨国公司的母国，由跨国公司支撑成为进出口的主要创造者；另一方面，跨国公司的海外分支机构，借助于公司拥有的国际销售网（通常指投资当地或投资东道国）成为最主要的国际贸易创造者。而且，在跨国公司的生产经营过程中，子公司与母公司之间、子公司与子公司相互之间，往往要往返运输，多次贸易，从而会大大增加国际贸易的流量。①

跨国公司的内部贸易是指跨国公司的母公司与海外子公司之间，以及子公司与子公司之间在产品、技术和服务方面的交易。企业内跨国界的贸易活动，是跨国公司国家化经营中的重要特点。根据联合国的统计，目前约1/3的世界贸易为跨国公司的内部贸易，最近10年，跨国公司内部贸易的市场还在不断扩大。如果以“内部化率”（即公司内部进出口额占一国进出口总额的比率）来衡量公司内部贸易的重要程度的话，美国、日本、加拿大等发达国家从70年代开始内部化率已经逐年呈现上升趋势，90年代已经高达50%以上。对于发达国家而言，诸如汽车、机器设备、通信器材、运输工具等高技术含量的消费产品市场，伴随着部分发展中国家经济的高速发展，其市场也在不断扩大，这些行业的跨国公司母公司内部化率也是逐年提高。另外，服务部门公司的内部贸易发展也非常迅速。无形资产转让方面，发达国家内部化率也相当高。数据显示，1977年美国转让无形资产所获得的全部收入，来自国外子公司的内部支付高达80%；1999年美国来自海外分支机构的特许使用费356.38亿美元，占

---

① 孙国辉.跨国公司内部贸易与全球一体化经营[J].中央财经大学学报，2004(3).

到美国特许权使用费总收入的90%以上。

这种贸易虽然同样引起商品的跨国界交易，但是交易双方实际是同一所有者,交易交割也由公司内部确定。这种贸易既具有国际贸易的特征(跨越国界),也含有内部转移的因素(在公司内进行)。换言之,它是通过企业跨国化的组织机制将世界市场内部化了。因此,内部贸易的发展改变了国际贸易的原有范畴,跨国公司内部国际贸易采用的就是转移价格的定价策略。价格一般是由公司内部确定的,因此,它的高低也取决于公司内部需求或欲望。事实上,这等于与生产成本脱离了关系，更重要的是该价格不是按照国际市场的供求关系来确定的。因此,跨国公司之间以内部贸易的形式进行的交换越多,国际市场价格就越没有真实反映市场中的供需情况，跨国公司通过内部贸易所获得的利润就越丰厚。

四、跨国公司对国家间的影响

第二次世界大战过后,发达国家在国家贸易中一直处于主导地位,无论是货物贸易,还是服务贸易,这与战后跨国公司的发展密切相关。大量存在的跨国公司作为国家贸易的重要组成部分,是经济全球化的先锋和载体,其拥有的强大经济实力,在同发展中国家的经济交往中居于明显的优势地位,大大促进了发达国家贸易总量的增长,并巩固了发达国家在世界贸易中的主导地位。发达国家的对外贸易很大程度上是跨国公司的对外贸易,如日本,2000年13.8%的企业是跨国公司，但却占有日本货物出口的95.1%和进口的85.4%。1997年,美国货物出口的97%、进口的80.7%是与跨国公司有关的贸易,即跨国公司与局外企业进行的贸易以及跨国公司内部贸易。跨国公司冲破了国家的经济疆域,在东道国的子公司,又不受东道国政策的约束,因而在母公司的指导下,可能采取不利于东道国的任何贸易安排。

大多数发展中国家作为跨国公司对外直接投资的东道国，其利益往往会受到损害。因为跨国公司能够通过内部转移价格进行不等价交换。另外,一些重要部门的生产与贸易活动受到跨国公司直接控制，致使发展中国家的经济发展严重依赖国际市场,从而经济发展的动力非常脆弱,容易受到其他国家市场的影响。更为严重的是,东道国的主导产业和新兴工业部门很有可能为外国资本所控制;整个经济可能受到投资国跨国公司经营战略的影响和制约,经济结构和产业结构的合理调整以及技术自主开发往往可能受阻;污染严重、高耗能产业也可能被转移到后进国家。总之,这种种消极影响甚至还会波及政治和文化等方面。

还有一方面是,跨国公司影响着国际人才流动。跨国公司在经济上控制国际要素的流向,尤其是优质人才的流动。发达国家通过跨国公司作为平台,甄选出全球的最有价值的人力资源。每年大量的其他国家的学者、留学生从世界各国流向发达国家,不仅带去了凝结在这些学者、留学生身上各国支付的人力资本,而且带去了未来产业创新的生力军。无疑,这些都是经济增长和结构转换的根本要素,是未来生产力的创造者,控制了这种要素的流动方向,也就控制了未来经济创新的机会、方向与可能,故此,这也是左右未来世界经济方向的根本。尤其是美国,在优质人才资源的吸收上占有绝对的优势。至今没有一个国家在这方面的控制力量能够同美国匹敌。

第六章　失衡的国际贸易

今天世界经济中有实力制定并贯彻贸易壁垒的国家，不仅能够控制生产要素的流动方向，还能控制经济产出流动方向；不仅具备强大的创新能力，还可以在世界经济中利用它们制定的各种游戏规则，为国际垄断资产阶级最大化的获利行为服务。在东亚、拉美、东欧及俄罗斯等国家和地区的经济不稳定因素存在并影响区域平衡时，大量资源和资金却流入发达国家，为它们（尤其是美国）提供了廉价而丰富的自然资源和丰厚的货币资金。由于发达国家有着良好的基础设施和科研设备，大量的、代表着科技和经济未来的高技术人才也纷纷流向发达国家。新自由主义全球化背景下的发达国家，实际是在用以工作方式掠夺的全球资金攫取自然资源和人类的财富。不断增进的财富和霸权主义控制的各种贸易壁垒，又可使之控制世界经济发展的进程与节奏。然而，霸权主义和国际垄断资本主导的新自由主义发展方式，必然导致世界贸易日益出现严重的失衡。

第一节　全球化中的国际贸易失衡

一、国际贸易的全球失衡

经济失衡一般被定义为对均衡的偏离抑或背离。在国际贸易失衡的情况下，一方面，在短期内由于供求不平衡造成了市场无法出清；另一方面，长期经济体系运行中存在着一种内在的，且将持续性打破经济平衡的力量。所谓世界经济失衡，是指一个全球化了的世界经济体系的严重不平衡问题。因此，也可以将之界定为：在相互依赖的、全球化了的世界经济体系中，因其供求关系不平衡或该体系之中打破经济平衡的力量持续存在，所导致的全球范畴无法出现内外均衡的全球性经济问题。

当前的世界经济失衡，由覆盖实体经济领域的贸易失衡和覆盖虚拟经济领域的金融失衡所组成。其中贸易失衡根源于世界经济格局及国际生产分工体系的演变，受到世界各国经济发展阶段、模式等因素的限制，调整难度较大、周期较长，对世界经济整体结构性影响也更为严重。

全球化背景下的国际贸易失衡的原因主要涉及两个方面：

一是，以美国为代表的发达国家经常项目逆差规模和亚洲地区为代表的新兴市场经济体贸易盈余规模的日益扩大。

对于全球贸易失衡问题可以从两方面来看。一方面是全球贸易失衡的盈余方，另一方面是全球贸易失衡的赤字方。而在当前，全球贸易失衡的突出表现是，中美两国，乃至以中国为代表的新兴市场经济体及美国为代表的发达国家两个集团之间存在着的巨额经常账户顺差与逆差并存的现象。

根据世界银行数据库数据分析可得出，1998—2011 年，以美国、英国和西班牙为代表的发达经济体是世界主要的贸易逆差国，这三个国家在此期间的贸易赤字的总规模超过了 9 万亿美元，占贸易逆差前 20 位经济体逆差总规模的 84.8%，其中仅美国一国的贸易逆差规模就占到约 65.5%。与贸易逆差相对集中的西方国家的情况不同，贸易顺差来源国呈现一定程度的多元化现象。1998—2011 年贸易顺差额前 20 位经济体，分别包括 8 个东亚经济体、8 个其他地区发达经济体和 4 个石油输出国。在这一时期内，三类经济体贸易顺差额分别占到贸易顺差前 20 位经济体顺差总规模的 38%、39.4%和 22.6%。贸易失衡不仅存在于世界主要经济体，而且其程度呈现出不断加深的特点。[①]

美国是当前全球经济失衡的重要一方。与之对应的是，自 1966 年以后，亚洲国家逐渐成为全球贸易失衡中的主要盈余方，且该地区盈余规模持续扩大。从 20 世纪 70 年代中期开始，美国对外贸易开始连续出现逆差，且项目逆差规

① 宋则行，樊亢.世界经济史：下册[M].北京：经济科学出版社，1994.

模在不断增大。与此同时，东亚新兴经济体和中东石油出口国家与美国相比则产生了大量贸易盈余。90 年代中期，美国对外贸易逆差和经常项目账户赤字恶化程度加剧：1996 年只有 1170 亿美元，此后开始迅速增长，最多达到 8000 亿美元。东南亚国家和地区的经常项目账户盈余也在增长，从 20 世纪 90 年代末期的 1000 亿美元左右增加到 2008 年的 4000 多亿美元。2011 年，美国对外经常项目账户赤字为 4734 亿美元，是世界第一大经常项目逆差国。

2011 年，日本经常项目账户盈余 1202 亿美元，中东和北非国家经常项目账户盈余 3660 亿美元，以中国，亚洲四小龙和东盟国家为代表的亚洲国家（地区）对外经常项目账户盈余为 2013 亿美元。与其他国家（地区）相比，这些亚洲国家（地区）构成了全球贸易失衡中盈余方的主体。美国则成为全球贸易失衡的最主要赤字国家。

在亚洲新兴经济体中，表现突出的是中美两国的贸易。从中美两国近 30 年的经常账户余额情况来看，美国从 1982 年开始直至 2010 年（除了 1991 年以外），一直持有一定规模的经常性账户逆差。中国迄今已成为美国第一大贸易逆差来源国，且逆差总额的比重在波动中趋高发展。 当然，世界经济中经常巨额账户顺差逆差的现象，不仅存在于中美两个国家之间，也存在于以美国为代表的发达经济体与以中国为代表的部分新兴市场经济体之间。有研究表明，如果选取七国集团与新兴亚洲工业化国家为样本，搜集两个集团经常账户的相关数据进行比较，尤其选取中美贸易失衡中具有代表意义的 1995—2008 年作为研究区间，发现在主要发达国家与新兴亚洲工业化经济体之间，同样也存在着经常账户巨额逆差与顺差并存的现象。前述情况表明，全球经济失衡状况不仅持续存在着，而且越来越明显。

二是，世界贸易格局已经发生重大变化。

从整体的全球贸易状况看，世界商品贸易所占 GDP 的比重在快速增长。随着经济全球化程度的加深、运输方式和通信方式的变革，以及世界贸易组织的成立连同诸多贸易协议的签署，国际贸易规模在近几十年里得到空前扩大。世界商品贸易占 GDP 的比重，从 20 世纪 90 年代初期的 33%左右迅速增长到 2008 年的 54%左右。不难看出，在此过程中存在比较明显的不平衡现象——发展中国家尤其是中国的贸易增幅巨大，在全球贸易中的地位也迅速提升。中国对外贸易占世界贸易的比重从1992年的2%多增到2011年的近10%。同期,美国则从13%下降到了10%。

在世界贸易发展的不平衡现象当中，发展中国家的出口商品结构变化也是很明显的。制成品比重显著上升,且制成品出口在世界贸易中的比重明显提高。而与此同时,发达国家的制成品出口比重则呈显著下降趋势。一方面,东亚新兴经济体和发展中国家的制成品出口贸易占到世界贸易的比重在最近几十年中稳步上升。如,中国从1980年的0.8%提升到2010年的14.8%,韩国、墨西哥、印度、马来西亚也分别从1.4%、0.4%、0.1%、0.2%上升到了4.1%、2.2%、1.4%、1.3%。另一方面,发达国家和地区制成品出口贸易的比重则明显下降,如美国从13.0%下降到9.5%,日本从11.2%下降到6.8%。①

不仅如此,世界贸易中服务贸易的比重在发达国家中则不断增大。科学技术的发展加速了服务贸易结构的变化，并使之逐渐向新兴服务部分倾斜成为趋势。金融、银行、保险、法律、租赁、咨询等发达国家占据优势的产业发展,均促使服务贸易的范围不断扩大。发达国家和发展中国家的服务业及国际服务贸易发展水平具有较大差距,且服务市场的开放涉及政治与文化,甚至国家主权与安全等敏感问题,因此,不仅国际服务贸易市场显示出很大的垄断性,而且其保护程度远远超过了国际货物领域。

二、全球贸易失衡的原因

以美国为首的资本主义经济体推行的新自由主义政策,对全球国际分工,国际贸易产品结构与分布,发展中国家、新兴经济体经济发展模式变更,乃至美国国际霸权地位的稳固提升等多方面,都有十分重要影响。由此导致的全球贸易失衡,绝不是国家间单纯的进出口额顺差、逆差的表象问题,而是在全球经济下多种因素交织而形成的一个长期的，且在短时间内无法逆转的世界经济格局下的矛盾现象。究其原因,主要有几个方面:

① 姚枝仲,齐俊妍.世界经济形势回顾与展望专辑——全球国际收支失衡及变化趋势[J].世界经济,2006(3).

(一)经济全球化加速国际分工体系演进下的冲突

1. 国际政治经济秩序与国际分工的重大变化

战后,尤其是 20 世纪 70 年代之后,伴随国际政治经济秩序的重建,经济全球化在美国等大国的推进下,使各国经济不断走向开放,这不仅加深了国家之间的联系、碰撞与互动,更是使各国企业的外向型程度不断加深,由此也加速了国际分工制度出现较大变化。在此期间,国家企业间在新格局中所处的地位是很不平衡的。美国率先开展并引领了全球性产业结构与经济结构的调整,导致其以非贸易品为主的第三产业与创新产业在经济中的地位不断上升并日益成为比较优势产业。这一结构调整通过贸易自由化及其后的经济全球化进程,使得最先是消费品,其后也涵盖了资本品的全球最终产品之需求,大多集中于美国等市场,但是最终产品生产过程则分散至其他国家。这些最终产品(包括消费品与资本品)的生产转移,首先是传递至日本、德国等发达国家,并形成了早期的贸易失衡问题,引发了国际货币体系的早期危机。经过 20 世纪 70 年代的结构调整,特别是 80 年代末至 90 年代初的东欧剧变和苏联解体,在全球货币体系基本格局未变的情况下,经济全球化又促使这一进程在全世界范围迅速扩散,最终形成了美国为全球提供创新与金融服务等服务业产品,日本等其他发达国家提供资本品,新兴工业化地区尤其是东亚地区提供其他最终产品的全球产业梯次关联的格局。[①]同时,在东亚地区内部,通过区域内贸易与资本国际流动,又将最终产品生产集中到中国等少数国家,中国成为其中的一个关键环节——不仅是部分生产过程的最终聚合地,也成为资金循环的重要中介。

因此,现阶段的全球经济失衡本质上并不是一个新问题,而是世界经济体系循环和国际分工生产与贸易格局变化的重要结果,或者说是布雷顿森林体系建立以来世界经济运行中积累的各种矛盾和问题在新条件下的暴露与放大。从整个世界经济运行的角度来看,美国经济结构与产业结构的这种先行调整及其所导致的其他国家产业比较优势的变化,是其经常账户逆差扩大的根

---

① 贾林娟,杨宏哲.全球贸易失衡对国际经济秩序的影响及对策[J].河南科技学院学报,2013(3).

本原因。布雷顿森林体系崩溃前,美国与其他一些发达国家的贸易失衡、20 世纪 80 年代前后的日美贸易失衡,以及目前美国经常账户的进一步恶化等,都可归因于此,或者说本质上是同一问题的延续和深化。①

2.“美国贸易模式”与“东亚贸易模式”的冲突

“美国贸易模式”是指,随着全球经一体化的进程,以美国为首的发达国家,在全球生产分工体系的演进过程中,不断向广大发展中国家转移其成熟产业,国内产业结构逐渐软化,第三产业发展迅速,同时,发达国家贸易领域微观经济主体以跨国公司为主,大量跨国公司在逐利思想的指导下,借助经济全球化过程及全球生产体系分工格局,将生产基地转移至拥有丰富自然资源或人力资源的发展中国家,形成了“海外生产—海外销售”或“海外生产—返销”的贸易模式。在美国贸易模式下,美国国内资本海外投资,追求较高回报率,造成国内产能不足,而美国消费者长久以来形成的高消费低储蓄传统导致国内需求旺盛,美国只有通过扩大进口以满足国内产能不足,因此导致美国逆差必然存在。加之美国政府为了缓解经济泡沫带给经济的冲击,执行低利率政策,鼓励金融衍生品创新与发展,金融市场营造出虚假的欣欣向荣,而金融资本的升息能力远远高于产业资本,在这种情况下,美国消费者的消费欲望有了通过金融投资创造购买力的途径,消费需求空前高涨,美国的贸易逆差增长之快也就可想而知。

与之相对应,“东亚贸易模式”则是经济发展呈上升期的新兴市场经济体,尤其是以制造业为主的东亚各国及地区,为推动本国及地区的经济发展,纷纷推行的外向型经济发展战略,对外大量吸引外资,对内鼓励出口。加之,由于东亚各国及地区拥有良好的投资环境与廉价的劳动力和丰富的自然资源,使其成为发达国家产业转移目的地的良好选择。故大量外资流入东亚各国及地区,使得国内生产能力日益提高,加之东亚各国及地区低消费、高储蓄的传统,使之国内消费水平相对不足,贸易顺差的存在就显得非常自然了。而在东亚各国及地区之间,中间品贸易规模激增,中国通过加工、组装,成为众多中间品最终出口到美欧等发达国家的终点,形成“东亚—中国—美欧”的垂直三地贸

① 高莉.新贸易模式与全球经济失衡[D].浙江大学博士学位论文,2008.

易模式。[①]在此种“东亚贸易模式”情况下,中国从东亚各国及地区进口大量中间产品,经加工组装后,再出口到美国等发达国家,表面上导致中国对美国的贸易顺差规模巨大,而实际上,在如此大规模的贸易顺差背后,却是东亚各国及地区对中国的贸易顺差的积累,从而中国演变成“美国贸易模式”与“东亚贸易模式”冲突的焦点。中美的贸易顺差与逆差成为两种贸易模式冲突的集中体现。

(二)产品贸易结构调整

多次科技革命的推动和信息产业化的崛起，使得全球范围国际贸易内容的比例和结构发生了重大变化。国际货物贸易和服务贸易在规模及种类上不断扩大,然而从货物贸易角度看,商品贸易结构是不平衡的,因为主要发达国家的跨国公司控制商品流向、规模、贸易模式的主体,这才是商品贸易结构失衡的关键。与此同时,商品贸易和服务贸易两者之间也出现了不平衡的情况。发达国家的国际贸易已经改变了以往的竞争重心，正在朝着以服务贸易为主的第三产业不断发展和升级,而产业的结构都在朝着高技术化、服务化、融合化与国际化等方面挖掘贸易竞争潜力。

1. 跨国公司经营是产品贸易结构不平衡的重要因素

经济全球化背景下,全球的资本、劳动力、技术和资源等生产要素的配置已经跨越了国家的范围,各种要素都在寻求全球范围内的优化配置。以美国、英国、日本为首的发达国家,是全球贸易规则的制定者,控制着国际经济和贸易组织，也左右着经济全球化进程。发达国家借机向发展中国家实施产业转移,以跨国公司为主体的国际投资在全球范围内蓬勃兴起。跨国公司所带动的贸易已经成为世界进出口贸易的一个十分重要的影响因素，这些跨国公司掌握着先进的技术、雄厚的资本和丰富的信息，在全球范围内尽情追逐超额利润,成为控制全球贸易商品结构的关键因素。

从初级产品贸易方面看,1980 年,7 家石油跨国公司控制着北美和其他非社会主义国家原油生产和销售的 43%;6 家跨国公司拥有世界铝矾土生产的 46%、氧化铝生产的 50%、铝制品生产的 44%;7 家跨国公司拥有涉及铜生产的

① 沈红芳.东亚经济发展模式比较研究[M].厦门:厦门大学出版社, 2002.

23%。2003 年,世界三大铁矿石公司——巴西淡水河谷(CVRD)公司、力拓(Rio Tinto)公司、必和必拓(BNP Billiton)公司掌握着全球铁矿石产量的 30%,海上贸易量的 78%。跨国公司在农产品世界贸易中所占的份额从 40%到 90%不等。15 家棉花跨国公司控制了世界棉花贸易的 85%—99%。6 家跨国公司控制着世界 85%以上的烟草贸易。①

20 世纪 80 年代以来，跨国公司将对外直接投资的重心主要集中在制造业部门,尤其在资本、技术密集型产业,直接影响了国际贸易商品结构的变化。这种变化的集中反映是:制成品贸易所占比重逐年上升,初级产品所占比重则明显下降。2000 年的世界货物贸易中,工业制成品贸易的比重提高到 74.8%,其中,资本、技术密集型产品和高附加值产品在工业制成品中的比例也迅速增加。数据显示,机械设备出口已经占发达国家出口的 1/3 以上。在制成品贸易方面,少数跨国公司控制着许多重要制成品的贸易。20 世纪 80 年代,22 家跨国汽车公司的产量占到发达国家汽车产量的 97%，其中美国的国外汽车产量占到国内产量的 59.2%。以美国通用电气公司为首的 12 家动力设备跨国公司控制着世界动力设备贸易,11 家最大农机公司的销售总额占到世界农机销售总额的 70%以上。高科技产品领域更是如此,10 家跨国公司控制了世界半导体市场,美国在世界计算机市场上所占的份额为 75%—80%。日本、美国、瑞典和德国的跨国公司控制着世界机器人生产和销售的 73%，而仅日本一国即占到 50%份额。不仅如此,跨国公司内部管理和经营国际专业化程度提高,加之协作生产方式的普遍应用和发展，使得制成品贸易中中间产品贸易比重也在不断上升。

此外,跨国公司以内部贸易形式进行的国际贸易对世界贸易的规模、方向和构成都产生了重大影响。虽然这类交易数据涉及各公司的内幕,由于其非公开性和隐秘性的原因,故很难通过海关等公开的途径获取。但是,根据联合国贸易和发展会议及世界贸易组织的有关报告估计，世界贸易中大约有三分之一是在各跨国公司内部进行的。而不同跨国公司之间进行的贸易也占到世界贸易中的三分之一，因此跨国公司在世界贸易中所占的份额接近 70%。从对

① 蔡兴,刘子兰,赵家章.国际产业转移与全球贸易失衡[J].当代经济研究,2014(1).

美、英、日等发达国家按公司分类的贸易数据来看，跨国公司在母国贸易流量中占到四分之三以上，其中公司内部贸易在母国贸易中占30%—40%。

2. 发达国家发展重心朝服务为主的第三产业转移

从第二次世界大战前起，发达资本主义国家产业结构的重心开始从第二产业转向第三产业，并因战后科技革命的飞速发展而大大加速。从战后发达资本主义国家产业结构变化的基本特点来看，这些国家的第一产业在国民经济中的比重急剧下降，第二产业的比重从停滞转为逐渐下降，而第三产业的比重则迅速上升。现代科学技术成果广泛应用于生产过程，使得物质生产部门劳动生产率和产量大幅提高。在此基础上，发达国家在最近的十几年间，一直较稳定地将农业在国内生产总值中的比重维持在1%—3%，第三产业产值在国内生产总值中所占的比重却在飞速上升后，较稳定地维持在65%—75%之间。这是发达国家的社会生产力水平发展到一定高度所呈现出的新的产业格局。

而第三产业的内部结构，也随着科学技术的发展和生产社会化、专业化的发展发生着多方面的巨大变化。一是，作为第三产业重要组成部分的交通运输业，是社会生产力的有机组成部分，是社会化发展生产的动力。交通运输业已经发展成为铁路、公路、水路、航空和管道五种运输方式，在战后都发生了革命性的变化。二是，作为第三产业中比重最大的商业，在战后兴起的超级市场、商业街、连锁商店，尤其是互联网发达后的电子商务，对传统的商业模式形成巨大挑战。三是，科研、信息、咨询、设计等行业已成为发达资本主义国家第三产业的发展方向，并成为其重要的生产力。四是，银行、保险在现代市场经济中的地位和作用日益重要，成为整个国民经济运行的枢纽和风险承担者。五是，包括电力、自来水、邮政、医疗、保健等在内的公共事业，作为政府组织和管理社会经济生活的部门，也成为第三产业中的重要组成部分，成为保证和提高居民生活水平所必需。六是，文娱、体育、旅游、教育等产业在全球化、商业化、市场化运作下同样成为第三产业中发展较快的部门。

大力发展服务为主的第三产业，是将制造业从本国转出的必然结果，这使得发达经济体出现了“产业空心化”趋势，其直接后果是引起国内制造业产品生产能力的严重不足。而发达经济体居民旺盛的消费需求要满足，同时，服务业上也需要大量制造业生产的资本商品，因此，它们只有通过进口来弥补一直不断扩大的供求缺口。

3. 产业结构软化趋势增强

各产业的发展中，有形产品和资源等硬生产要素的作用日益降低，而知识、技术、服务和信息等生产要素的作用则日益提高，在各产业中的投入量也迅速增大，而且是从产业结构的高技术化、服务化、融合化和国际化多方面表现出来的。

从电子网络、电子控制和生物工程的广泛应用，及信息产业和服务业的加速发展情况看，知识和技术将成为一切经济行为和社会行为的基础。正是这一原因，产业结构所呈现出的明显的高技术化倾向，更是拉开了发达国家和发展中国家差距的关键。甚至在农业方面，由于运用电子控制和生物工程技术等原因，也都将逐步走向立体化和工厂化作业，成了技术密集型的产业。

服务化贸易渗透到个人、企事业部门和社会各个领域和方面，即使在第一产业和第二产业内部，对服务贸易的需求量也在不断扩大。第二产业中，无论信息管理、综合计划、研究开发、市场调查，还是广告宣传、产品销售等，与服务贸易相关的业务比重都在不断扩大。随着科学技术和信息化产业的发展，第一产业提供的产品中，如专利技术、专有技术、管理技术和商标等方面的比重，也在日益增大。

随着企业经营风险的增大，多种经营和跨行业经营成为一种趋势，混合化成为大企业普遍采用的经营战略，这也推动了产业结构融合化趋势的发展，它反映了技术复合化的趋向。科学技术的进步，使任何一个企业或行业都不可能凭借单一技术求得生存与发展，而必须对现有的多种技术进行综合开发和利用。

(三)经济规模及竞争力的不平衡

1. 国际投资方向的改变

随着发达国家垄断服务贸易的升温，服务部门的对外直接投资也持续上升，并且服务业的增长速度将继续超过制造业和初级产品部门，从而受到全球FDI的青睐。服务业的这种备受瞩目的状况，首先出现在发达国家，随后是发展中国家和转型经济体也在不同的地区实行，但它们的服务业对外直接投资的增长情况和构成格局并不相同：非洲对外直接投资以自然资源和服务业为主导;亚太地区一半以上的FDI投向金融、运输、通信和商务服务业;中东欧的对外直接投资均已转向服务业,并主要向国际服务业;发达国家的服务业FDI高居主要地位,且跨国公司并购是发达国家服务业进入市场的重要方式。总体而言，服务业对外直接投资的构成正在改变，目前主要集中在贸易和金融领域,2004年两者占服务业FDI流入存量的48.8%和流出存量的42.5%(相比之下,1990年分别占65%和59%)。然而,诸如供电、供水、电信企业活动正在占据越来越显耀的地位。例如,1990—2002年,发电和电力配送方面对外直接投资存量增长了14倍;电信、存储和运输增长了16倍;企业服务增长了9倍等等,都说明了这一问题。

2. 信息产业拉开产业结构差距

信息产业有时被称为"第四产业",信息作为一种生产要素,具有强大的渗透性,它能够渗透到一切经济和经营的环节,是最具渗透性和扩散性的产业方式,是企业经营降低成本、提高质量、加速战胜竞争对手的有力武器。信息产业,它不同于其他生产要素,在促进经济增长的同时往往总会伴随着资源消耗的增加。而信息产业则不同,它与传统的物的生产要素相反,其所发挥作用的规律是:成本不断下降,收益却不断递增。这种情况,与知识是可以不断积累、不断复制、不断传递、不断反复使用的特点密切相关。此外,信息不受地域、国别、空间的限制,可以跨越地区、国界直接流动。一方面它给各国,特别是后进国家追赶先进国家提供有力的渠道与工具，因而可以消除传统物的生产要素的诸多缺点。但在另一方面它也对众多国家安全的维护方面提出了更高、更复杂的挑战。

信息产业包含的门类众多,有信息机械设备生产业(电子计算机及其外部设备、现代化通信机械器材、现代影视机械器材、自动控制机械系统、信号装置设备等)、信息生产业(宣传、出版印刷、教育、研究开发等)、信息服务业(咨询服务、档案存储、数据库、审计服务、法律服务等)。在当今世界,信息技术和信息产业已成为发达国家经济中规模和影响最大的产业。1900年,美国直邮10%的劳动力从事和信息产业相关的工作;1950年上升为15%;1980年已超过60%。1996年,美国投入信息产业的资本已占总投资的40%以上。20世纪90年代美国"新经济"的出现和发展,标志着美国率先进入信息经济时代。[①]

信息社会的主导产业，是以信息技术特别是计算机网络技术为支撑的高技术产业,其核心动力是技术创新,其核心资源是创新型人才。在信息经济时代,具有高等学历的知识阶层将成为社会的主体,只有拥有专业知识和技能的人,才能在物质产品和精神产品的生产中发挥核心作用。在经济运行中,操作性劳动的附加值将不断降低,脑力劳动的附加值将日益提高。目前,在发达国家的劳动人口中,从事第一产业和第二产业的只占到30%左右,而从事第三产业的已占70%左右。在一块半导体芯片的价格中,原材料和能源所占比重不超过3%,而用于支付专业设计和工程服务、相关专利与版权的费用所占比重已高达80%。因为信息经济很大程度上是智力驱动型的经济。

(四)中国等新兴工业化国家的快速崛起

中国等新兴工业化国家的崛起为全球经济失衡的进一步加深提供了支撑。国际分工的新变化使得出口导向型的新型工业化国家处于最终产品的生产国地位,而美国的金融比较优势又使得它们成为国际资金的循环中介。新兴工业国家通过贸易部门的发展解决了国内就业问题,并实现了经济高速增长。但是出口导向型战略的实施及其对美国市场的依赖，使得新型经济体在汇率安排上也对美元形成了明显的依赖性——它们越是希望保证对美国的出口，就越要维持汇率安排上对美元的盯住;而越是维持依赖美元的汇率安排,就越希望保留尽可能多的美元外汇储备。美国金融服务业的发达、金融市场的完善以及美元在国际货币体系中的核心地位，使得其他国家尤其是新兴经济体不得不将一部分由对美顺差所获得的官方储备回流美国，美国的支付能力也因此得到强化。因此，新兴工业国家贸易顺差的扩大加速了全球经济失衡的恶化，而将贸易顺差以购买美国国债等形式返还给美国又使得全球经济失衡得以持续。所以,新兴工业国家的崛起在一定程度上意味着国际分工新格局和国际资金双重循环模式的稳固与强化。

(五)石油输出国贸易盈余与消费

1998—2011年贸易顺差额前20位经济体分别包括8个东亚经济体、8个

---

① 池元吉,李晓.世界经济概论[M].北京:高等教育出版社,2013.

其他地区发达经济体和4个石油输出国。在这一时期，三类经济体贸易顺差额分别占到贸易顺差前20位经济体顺差总规模的38%、39.4%和22.6%。不难看出，石油输出国既是从高油价中大发横财的一方，也是在国际贸易中获取巨大盈余的一方，除此，它还是全球贸易失衡的主要驱动之一。

就在全球范围把贸易失衡的焦点集中在中国时，2012年国际货币基金组织（IMF）的调查数据显示，全球盈余额高达7400亿美元，其中有五分之三来自中东，这个数字使得中国的1800亿美元的盈余相形见绌。事实上，自2000年以来，石油输出国的累计盈余已经超过了4万亿美元，是中国的两倍。然而这还只是进入官方统计数据的一小部分而已，[①]因为大量数据藏在不透明的官方投资专款之中。中东国家，通过国家主权基金等资金购买财政长期债券，经常是通过伦敦中间人，从而隐藏了真正买主。大量资金投资于普通股票、保护基金、私人股票和不动产等，这些买主很难跟踪了解。

高油价对于世界经济的影响依赖于石油输出国对石油的美元开支方式及规模。这些国家如果将石油美元用于从石油进口国更多地购买货物，并让经济循环起来，则加速了全球商品的流通，也刺激了全球消费。但是，如果这些国家更侧重于储蓄，那么石油贸易的收益也就永久地从石油消费国一方进入石油生产国的一方，并压制了全球消费。继20世纪70年代的全球石油价格冲击之后，石油输出国约70%的出口增长是花费在了货物与服务的进口上。但是根据国际货币基金组织的一些数据显示，最近这三年来，石油输出国组织在货物和服务的消费上不足50%。这说明，石油输出国将大量的石油美元重新投入到了国际金融市场上，由此也加剧了国际金融泡沫的产生和实体经济与虚拟经济之间的矛盾。

不仅如此，石油美元的再循环也呈现出不规则的分布状态。石油输出国主要从欧洲和亚洲进口商品，而非美国。这就导致了石油出口收入的再分配过程在石油消费者和生产者之间直接产生。这种情况，不但使石油输出国产生了减少对美国商品依存度的趋势，而且导致了全球各国"进出口比率"的变化。国际能源署的研究结果表明，美国每花费一美元从欧佩克国家进口石油，只有34

① 崔大沪.全球国际收支失衡下的美国贸易[J].世界经济研究，2007(12).

美分能通过出口再返回美国。而欧盟的这一比率则达到了 80 美分。除了较为发达的欧盟国家，即使作为发展中国家的中国也达到了 64 美分的水平。

（六）美元本位体制的无可替代

继布雷顿森林体系崩溃后所产生的牙买加体系，本质上是一种以美元为本位货币运行的美元体制。美国通过制度化手段使得美元摆脱了黄金的约束，真正成为一种不可兑换纸币，即通过自身的国家信用成为现行国际货币体系的本位货币。在美元体制下，美国基本上是利用美元的国际地位解决了全球霸权的经济负担，与此同时，全球经济失衡问题也不再是单独地表现在贸易领域，而是显著且同步地表现在贸易和金融两个层面，这也使得当前的全球经济失衡比以往更为严重和持久。美元体制对全球经济失衡的影响主要体现在以下两个方面：

在美元体制下，美国拥有对现行国际金融秩序和国际资本市场运行规则的制定权，使得该国可以在通过扩大贸易逆差增加美元的全球供给的同时，忽视贸易收支赤字美国增长所可能产生的负面影响。发展中国家由于国内市场结构和自身金融发展水平无法吸收因贸易顺差而产生的大量美元结余，只能通过投资美元资产（如美国国债）的形式将其输送回美国金融市场，进而支撑着美元体制的运行。

在美元体制下，稳定美元汇率和调整国际收支的压力主要由除美国外的其他国家承担。也就是说，美国的经济调整政策可以仅为达成国内经济目标服务，而其他国家则需要跟随美国的货币政策被动调整国内经济政策以降低美元汇率波动对本国经济的影响。美元体制使大部分发展中国家对美国经济产生了严重的依附，这种依附程度越深，全球经济失衡的格局就越难以改变。

三、全球化下的国际金融失衡

统计数据表明，净出口国通常都是制成品生产国，而净进口国主要是具有世界货币供给能力的国家，如美国。其结果是，由全球贸易失衡所引发的国际收支失衡问题只能通过美国向全世界输出美元来予以平衡，进而出口国必须用不断积累的美元储备购买美元资产（美国政府国债），其实质是将经常项目的失衡推向了资本项目，紧接着，全球金融失衡也就随之产生，成为全球经济失衡的另一个重要表现。战后，国际政治经济格局有两个重大变化：一是冷战格局的形成及其解体；二是形成了“金融国家”与“贸易国家”间国际分工的新变化，并成为世界经济失衡特别是金融失衡的重要基础。“金融国家”，以美国最为典型，这类国家金融市场开放且发达，引领国际金融市场的潮流并制定相应规则。而“贸易国家”的金融体系则较为落后，主要依靠出口来拉动本国经济增长，且本币不是世界货币。所谓“贸易国家”，在此也泛指那些没有掌控“金融霸权”的国家，当然更是指作为第三世界的发展中国家。

（一）“金融国家”与“贸易国家”的金融失衡

同以往的霸权国家相比，美国不仅仅是依靠发动战争，建立和控制、掠夺殖民地而成为世界大国的，除此，它还依靠的是一个资源配置效率极高的自由（金融）市场体系，以调动或配置世界上所有的资源，并使其他国家对之产生严重的经济、金融依赖。由于以美国为主要代表的“金融国家”拥有发达的、具有广度与深度的金融市场，建立了适配于以资本主义制度金融运行模式。纽约、芝加哥、伦敦、法兰克福、东京等都是发达国家金融高地，也是世界的金融中心和代表，它们利用各种金融组织、金融机构不断地汲取世界各国的财富和金融资产，又将货币资本根据产业结构调整和资源优化的需求，以对外直接投资的形式，输出到“贸易国家”或发展中国家，从而巩固其在国际分工中居高临下的地位。而与之不同，以制造业发达、金融市场发展滞后、金融体系不健全的东亚各经济体为代表的“贸易国家”，在金融全球化的背景下，实际上它们只是资本市场和金融市场的跟随者，亦即资本财富的流出方。这些国家通过贸易换来的外汇财富，又通过证券投资等形式，源源不断地输出到国际金融市场上，因而国际资本流动呈现出明显的二元结构性的失衡，即流入“金融国家”的金融证券资本和流入“贸易国家”的直接投资资本二者并存的结构性失衡。

（二）美元霸权与全球金融失衡

布雷顿森林体系崩溃以后，整个世界经济体系的制度安排朝着有利于美国利益集团的趋势推进。美元作为世界货币，以美元全球化，美元纸币本位制，维持一种不均衡的经济体系，借势全球美元本位制货币霸权地位，享受着法国经济学家雅克·吕夫所说的“无泪赤字”，从中过度地占有全世界的资源、商品和货币财富。目前，世界许多国家在把大量的资源、商品输出到美国的同时，不得不共同为维系一个有竞争力的美元而努力，甚至出现了世界上最大债权国所拥有的债权是以世界上最大的债务国货币计价的状况。因此,确保来自“贸易国家”的美元供给的稳定,是现阶段乃至此后的长时期中美国全球战略的核心之一,也是美国维持其经济增长的必由之路。然而,新自由主义全球化下的美元运行机制包含着巨大的金融风险，也给世界经济的发展带来了诸多不稳定的因素,而且这些不稳定因素具有传导性作用,它必然使美国国内的金融危机转嫁成全球性经济危机。

当美国因贸易积累大量逆差时,拥有大量美元顺差的“贸易国家”为了避免因美元增量供给导致国民财富的大幅缩水，这些国家又重新将美元以金融投资的方式再投入美国市场,即返还给美国。这种情况,反映出亚洲国家成为购买美国国债等证券交易产品的主力,其中以东亚国家(地区)最为突出。因此,在美国国内金融市场发生危机时,这些国家也将毫无例外地遭受最为惨重的冲击,国民财富的流失与损失自然不可避免。更让众多的国家处于两难困局的是,一旦“贸易国家”本能地撤回投资于美国市场的资金,就此也切断了全球物质资源与资本资源循环的传导链条,并造成物资与资本无法得到交换时,金融领域的危机将迅速影响到实体经济,使金融危机加速向经济危机转变,进而导致从全球范围内的金融失衡引发全球经济失衡。①

从国际收支平衡角度的一般规律看,如果一国经常账户出现逆差,将必然使该国货币出现贬值,紧接着会促使出口增加,从而缓解逆差。从另一方面讲,一国经常账户出现逆差,则该国收入减少,消费会减少,进口也会减少,从而缓解逆差。然而,无论从哪一个角度去解读当前的世界贸易失衡,都存在着困扰之处。

一般来说,一国经常账户逆差,将使得本币贬值而引发出口增加。然而对于美国而言,却与之不同,它表现出既经常账户逆差,而又出口乏力的现象。美国这种特殊现象的原因主要在于其国内生产能力的不足,面对这种情况,即使美元贬值也无法使之在短期内通过提高生产能力,从而增加出口。而就减少消费会导致减少进口这一规律性特点而言,美国又恰好相反,过度消费又构成了

① 祝丹涛.国际货币体系和全球经济失衡[J].中国发展观察,2007(11).

其习惯性的定势和社会生活的常态。那么,究竟是何种原因能够确保美国这种畸形社会得以逆势而存呢?归根结底,还是美国金融的国际霸权地位决定的。无论当今还是以后的很长时间里,只要美元的世界货币地位不发生改变,则美国始终有办法借助自己的霸权地位,利用其所控制的国际金融市场,有效地回流全球巨额美元资源,从而保证其国内消费者的畸形消费。

如果将经济分为实体经济和虚拟经济两个层面的话,马克思在《资本论》的第三卷中早已提出虚拟经济(Fictitious Economy)这一概念,认为虚拟资本是在借贷资本和银行信用制度的基础上产生,包括股票债券、不动产抵押单等。正如马克思所示,虚拟经济与实体经济之间存在着密切的联系,虚拟经济由实体经济中产生,又依附于实体经济。虚拟经济像一面镜子反映出实体经济的优劣状态。因此,实体经济中产生的风险会传递到虚拟经济中,从而导致其出现失稳情况。相应的,而虚拟经济中的风险也会由此引发对实体经济造成严重的影响。

事实上,美国在国际贸易中的大量顺差是其实体经济严重失衡的表现。近年来,美国跨国公司在发展中国家尤其是在中国大量投资设厂,将劳动密集型、资源和能源消耗型以及低附加值的加工行业向发展中国家转移,而国内集中发展高新技术产业和服务业。美国这种产业结构转移,使得其国内对劳动密集型产品的消费不得不依赖于大量进口,尤其是从中国进口大量的消费产品,造成了美国国际贸易失衡。美国实体经济的失衡,使美国国内经济的发展过度依靠金融市场上的资本运作,换言之,就是过度地依赖于虚拟经济所产生的泡沫繁荣。到2007年底,美国的GDP约为14万亿美元,而期间所形成的金融及其衍生产品是美国实体经济的29倍之多,美国国内的消费占到美国GDP的80%以上,支撑美国消费的是其庞大的金融产品、金融衍生品和房地产泡沫等虚拟经济。相应的,由此导致其虚拟经济不断地集聚不稳定因素,当然也蕴含着潜在的危机,致使这种虚拟经济积累起来的虚假繁荣,必然会找到一个出口溢出,直至最终金融危机爆发。

由此可以看出,世界贸易失衡的长期存在与美元霸权的持续密不可分,同时也与美国操控全球金融导致的失衡密不可分。世界贸易失衡在多长时间、多大规模内持续,取决于国际社会为美国提供多长时间、多大规模的美元回流。

倘若全球的物质资源通过国际贸易的形式源源不断输入美国，同时美元又通过金融资本不断回流美国，那么这种失衡就一直有其存在的基础。

第二节　贸易利益下的失衡

发达国家主导的世界经济体系，一方面在利益驱动下推进国内产业结构优化，推进资源在全球范围内的优化配置，另一方面又期望固守现存的有利于发达国家群体的不公正、不合理的国际经济旧秩序。美国等发达资本主义国家在经济全球化进程中攫取有利地位，不失时机地向全球推行其价值观念和行为标准，将广大发展中国家纳入他们主导的国际经济体系中，力图通过维持现行的国际经济秩序，最大限度地维护自身利益。相反，发展中国家不能像发达国家一样享有同等的待遇和贸易条件。正因为此，南北差距也伴随着全球化的扩展，一步步继续扩大。

美国作为世界最发达的资本主义国家，其巨额贸易逆差与中国这个全球发展最快的发展中国家的巨额贸易顺差形成反衬，这是当前全球贸易失衡的突出表现，是以美国为代表的发达国家与以中国为代表的新兴市场经济体，在当今世界经济格局及全球生产分工体系中地位之差别的集中体现，也是“美国贸易模式”与“东亚贸易模式”冲突的必然结果。

古巴的奥斯瓦尔多·马丁内斯(Osvaldo Martinez)教授2005年在哈瓦那文化与发展大会的演讲上曾有经典的诠释:“美国所确立的三个新霸权要素中，其一，是一个能让美国像寄生虫或者掠夺者一样摄取全世界人民资本和储蓄的世界经济体系。新霸权的这第一个要素是美国经济的寄生性，美国从世界各地摄取资本和储蓄，就像一台庞大的吸收机，从欧洲、日本、第三世界乃至全世界榨取巨额的金融资源，用于自己的发展，用于资助一个像美国那样荒唐的制度……” 美国已经不再是一个对外投资大国，转而成为一个巨大的投资吸纳国。美国吸收的外国投资几乎两倍其资本出口。1995年外国投资在美国投资总额中的比例只有8%，10年以后这一比例已经高达30%。90年代初，美国的外债总额从2680亿美元一跃跳至2.5万亿美元(占GDP的25%)，几乎是德国和法国经济总量之和。美国经济失衡得如此完美，与国际货币基金组织的调整计划衔接得如此恰到好处。

一、名义顺差与经济福利

新自由主义国际贸易的理论核心依然遵循要素禀赋论，即，一国的比较优势产品就是其应出口的产品，同时也是它需在生产上密集使用该国相对充裕而便宜的生产要素生产的产品，而进口的产品则是它需在生产上密集使用该国相对稀缺而昂贵的生产要素生产的产品。从而，世界各国在国际贸易中确立其国际分工地位。实践证明，发展中国家在“国际分工陷阱”中的比较利益，长期集中在专门生产和出口资源密集型及劳动密集型的初级产品方面。然而，初级产品及半成品又主要集中在第一产业和第二产业的生产与贸易范围；与此相伴随，进口产品主要集中在工业制成品连同无形商品等方面。进出口产品交易期间产生的收益剪刀差，使发展中国家的第一产业和第二产业受到的贸易冲击最为严重。

贸易自由化，尽管使世界贸易迅速增长，从表面上也促进了各国经济的发展，但在经济全球化前提下收获的硕果，在发达国家和发展中国家之间并不是被平等享用的。客观上，发达的资本主义国家已经攫取了巨额的世界财富——其经济财富迅速增长，生活质量不断提高，生态环境亦无后顾之忧；而发展中国家则相反，它们产业结构畸形，资源配置效率受损，价格紊乱，寻租行为严重滋生，物质资源被掠夺，自然资源严重枯竭，生态环境严重破坏，生活质量急剧下降。这种南北经济连同贸易不平衡，既是新自由主义推行自由化、市场化、私有化和全球经济一体化发展的既成事实，也是其理论逻辑的真实用意和必然结果。在全球经济失衡背景下的国际贸易，使得表面贸易盈余的国家其贸易利益的获取并没有那么简单，而以美国为首的贸易逆差的国家的贸易环境，也并非像其自己宣扬的那样严重恶化。以前述最具代表性的两个贸易国家中、美贸易为例便可见一斑。

二、中美贸易利益不对称

20 世纪 90 年代以来，中美贸易失衡问题一直伴随着双边经贸关系的发展而日益积累。据美方统计,1993—2008 年美国对华贸易逆差从 227.77 亿美元增加到 2680.40 亿美元,2009 年至 2268.77 亿美元。但导致当时贸易逆差回落的措施或条件是外生的,中美外贸失衡问题难以从根本上得到解决。中美贸易迅速发展,但贸易失衡也同时增强,相应的,中美之间的贸易摩擦日益加剧。2009 年,奥巴马政府以不公平贸易和中方顺差太大为由,对中国发起了 20 余起"反倾销、反补贴"调查。此次调查是上年度的 10 倍,而且频频对人民币汇率施加压力。然而, 中美两国贸易差额背后的利益得失却是一个富有争议的话题。美国主流观点认为,中美双边贸易中美方因逆差而损失巨大,这种损失包括高失业率、国际竞争力的下降、经济体系的严重失衡等,由此出发要求中方进一步开放市场,加快人民币升值步伐。而中方认为,中美双边贸易中中方处于全球产业链的低端,多为加工贸易顺差,且顺差主要发生在跨国公司内部,加之中方生产成本低,事实上中方获得的利益很小。[①]更何况,中方通过贸易所获得的外汇资金,购买了大量的美元债券,事实上进入了所谓的"斯蒂格利茨陷阱"(我国以高昂的代价促进出口以获取外汇, 又以低收益购买美国国债和证券投资等形式把借来的资本倒流回美国,故造成巨大的福利损失)。由此引出一个思考,顺差或逆差是否存在表层性的现象? 争论贸易总量、实行贸易保护主义、发起贸易救济调查都不是解决问题的关键,而应该着重分析贸易失衡背后的贸易利益这一实质性问题?

作为衡量在一定时期内一个国家出口相对于进口的盈利能力和贸易利益的主要指标, 贸易条件指数可以用来反映一国贸易发展为该国带来的福利变化情况。在两国贸易中,一国贸易条件等于另一国贸易条件的倒数。在两国产品的贸易中,贸易条件形成了贸易商品的相对价格,这种价格就是两国对应的实际汇率。虽然根据联合国 UNCTAD 的数据统计,世界总体贸易条件在过去 15 年间基本持平,发达国家及发展中国家整体贸易条件变化不大。但是在发展中国家内部贸易条件不同变化趋势下,非常醒目的是,中国自 1988 年至 2006 年以来的贸易条件指数呈持续下降趋势,成为逆全球趋势而行的代表性国家。

---

① 刘建江,杨细珍.产品内分工视角下中美贸易失衡中的贸易利益研究[J].国际贸易问题,2011(8).

既然中国作为全球最大的贸易出口国，美国为全球最大的贸易进口国，且两国的贸易量持续增长的同时，为什么贸易失衡会持续存在？为什么中国出口得越来越多，贸易利得却没有对应地增加？

两国历史和经济长期发展差异，形成了中国作为资源出口型国家的背景和美国具有丰厚的资本资源的背景。随着现代国际分工向更加细密化程度发展，国际分工的差异愈发拉开差距，美国等发达国家生产的高科技产品因为技术上的绝对优势在国际贸易市场上牢牢占据着垄断地位，与作为发展中国家的中国的分工之悬殊更加明显，且中国在短期内是无法改善现有格局的。因此，按照比较优势理论，在两国贸易中，如果中国主要生产和出口具有比较优势的劳动密集型产品，美国在国际分工格局中以从事新产品的研究和开发、垄断信息产品的供给为主，那么，中国需要通过贸易从美国进口本国生产有比较劣势的资本密集型和技术密集型的产品。同时美国从中国进口本国生产有比较劣势的产品并向中国出口本国生产有比较优势的产品。从而贸易两国遵循贸易交换原则形成一个完整的贸易交易循环，从相互的贸易中获得各自的好处。[①]但是，在实际贸易中，中美贸易并没有体现双方贸易利得的对称性：中国出口有传统比较优势的诸如纺织品、玩具、日常消费品给美国，这些产品生产在美国已经处于夕阳产业阶段，因此这使美国不仅解决了国内劳动力不足的问题，还满足了美国人对这些产品消费的需求，从中美国际贸易中一举两得。对应的，中国利用出口劳动密集型产品所获得的美元，想从美国进口自身生产有比较劣势的高科技产品时，却受到美国设置的种种贸易壁垒阻碍。可见，中美两国的贸易并不是一个完整的贸易交换过程，不是一个完整的贸易循环过程。中国在两国国际贸易可能获得的贸易利益并没有充分体现，存在着明显的破缺。这种不对称的贸易利得，甚至还造成了一国贸易顺差过大而另一国贸易逆差过大的国际收支严重失衡。中国只得将其拥有的庞大美元外汇储备，投资到以美国金融市场为主体的国际金融市场中。最终，再次在全球金融市场上承受世界经济失衡的不良后果。

---

① 崔鹏，刘裕国，马冰一.现行统计方法造成我贸易顺差严重夸大[N].人民日报，2011（10）.

由此可见,国际贸易失衡的典型中美贸易的失衡,中国作为名义顺差大国其实质的逆差已经从四个方面体现了出来:

第一,经济福利逆差。此前的大量数据看来,美国无疑是逆差大国。但从利润与经济福利角度分析,结果却是另一种景象。一个产品在整个国际贸易的流程中,包含了产品设计、原料采购、仓储运输、订单处理、批发以及零售众多环节。这整条大物流的产业链,基本上都操控在欧美各国的手中。郎咸平在其著作中有如下一段详细描述:"芭比娃娃" 的中美产品内部分工及其贸易利益分配的情况,在"芭比娃娃"的生产流程中,美国公司占据 6 个"软的生产环节",中国承担"硬的"加工生产。"芭比娃娃"在美国的零售价为 10 美元,其中美国公司获得了 9 美元的价值,而由中国劳动力所产生的增加值仅有 1 美元。芭比娃娃的对比意犹未尽,苹果 iPad 的对比已经兴起:一台市场售价 299 美元的 iPad 平板电脑,负责研发和营销的美国公司获得 160 美元,提供关键零部件的日本公司获得 130 美元,剩下可怜的 9 美元,才是留给负责组装和包装的中国企业。美国智库用一个很形象的表格对比了中国和美国的产品价值:这种态势的结果是我们出口越多,美国越富裕,这就是产业链的分工。

如果说台湾等地区的一部分企业代工跨国公司负责设计之外的其他所有环节,算是真正的产业链分工的话,而中国大陆的众多"富士康"企业,则是纯粹的代工,承担的是价值最低的制造业。按照苹果公司财务报表研究结果显示,苹果的毛利率是 70%,净利率是 40%,而中国的 OEM(代工企业)富士康只有 2%的利润。

加工制造业的本质基本上就是破坏环境、浪费资源、剥削劳工。因此从产业链的价值角度而言,真正拿到大头的是美国,是国际贸易中处于产业链分工高端的众多大型跨国公司,而且所谓的"制造大国"负担了沉重的代价,比如环境、资源及劳动的问题。中国只是承担了名义上的顺差。

从经济发展角度分析,不管是顺差还是逆差,只有产生利润,才能形成企业的扩大再生产,推动社会总资本的增值,才会有乘数扩大国家市场的容量,成为国民经济的发动机。对外贸易影响经济增长的因素是经济福利,而不是名义顺(逆)差。在产业内国际分工模式下,美国占据着贸易品的研发、销售等工序,在全球价值链中位于高附加值的战略价值环节;中国承担贸易品的加工、组装等工序，在全球价值链中位于低附加值的低端价值环节，贸易失衡与贸易利益流向并不同向。[①]目前，中国的加工贸易主要是接单加工生产，由于加工贸易主体以外商投资企业为主，外方投资企业往往是海外接单，然后将订单拿到国内生产，这种做法使得我国加工贸易的销售渠道被牢牢控制在外方接单人手中，造成加工贸易企业对外方投资者和中间商的严重依赖，并且使得部分利润留在了海外接单人手中。

第二，所有权逆差。在经济全球化背景下，以美国占比最大的跨国公司群体通过FDI（对外直接投资）向中国投资，实质上获取了中国国内众多企业的所有权，很明显，中国的经济主权在流失。《中国统计年鉴》及国研网数据都显示出最近的15年中国是国民贸易逆差国。事实上，跨国公司的逆向贸易行为及就地销售、就地采购行为，对传统的属地原则下的贸易统计体系造成了较大的干扰，尤其是对传统贸易差额的影响涉及国际贸易失衡及贸易利得的评判。中国是名义顺差大国，但又是从所有权角度来看的国民贸易逆差国。客观地说，中国对外贸易数量存在虚高，而经济福利却被实质地异化了。

第三，投资收益逆差。中国通过名义贸易顺差获得的美元大量购买收益较低的美国国债，迄今已经取代日本成为美国国债最大持有国，然而美国国债的名义收益率仅为5%左右，要是在考虑美国的通货膨胀率和美元贬值等因素，其实际收益率更是微乎其微。但是另一面，根据世界银行对中国120个城市的1.24万家企业进行的调查，目前跨国公司在中国的投资回报率竟高达22%。中国牺牲消费和投资机会而向美国提供了大量低息融资的同时，跨国公司却在中国赚取了高额利润。不仅如此，中国外汇储备资产是以美元为主，如果美元在波动中不断贬值，那么，这就意味着中国的国民财富就在不断流失，而美国就此也减轻了它的外债负担。

第四，生态逆差。中国作为世界制造工厂，在源源不断为世界各国提供初级产品、产成品的同时，造成了巨大的生态环境污染和资源流失。加之，跨国公司从母国转移出的产业再对华投资，往往都是在国内高污染高耗能的产业，因

① 张海燕，宋玉华.当前全球贸易失衡的机制及中国的地位分析[J].世界经济研究，2009(8).

此，这等于事实上将生态环境破坏的代价转移到了中国。生态环境的污染及治理是一笔巨额的付出，到目前为止，所统计的对外贸易额，经济增长的数据至今没有计算统计实现经济增长所付出的环境污染等社会成本。

除此之外，中国的作为国际贸易大国创造的巨额名义顺差，加剧了中国和其他国家、地区之间的贸易摩擦和敌视。不管是遭受“双反调查”还是其他的贸易壁垒冲击，都会带来各种没有进行详尽统计的额外隐形成本，但是这些数据也没有得到体现。

三、名义顺差的代价

美国为代表的发达国家在贸易全球化的格局中，充分利用国际分工新变化，以跨国公司为代表的制造业、高科技产业，通过对外直接投资或跨国外包的方式，将劳动密集型产品和附加价值低的生产加工环节转移到成本较低的发展中国家。这样做，不仅将环境污染，资源耗费过度，且产生的外部负效应的国内生产转嫁出去，还运用国际金融市场和价格谈判等手段，通过大量低价的本地采购或以价格转移、关联交易为特征的内部化交易，使相关国家以其本国的资源耗费和低报酬的劳动力，促进其国内产业机构调整和“优化”，以获取全球福利。尤其是美国，正是运用如此手段来推动负债累累的国内经济运转。由此看来，迄今为止的经济全球化，是在少数西方发达国家推动之下进行的，因此，它仅仅属于“资本运动的全球化”，其结果说到底也只是“资本的胜利”，而非发展中国家经济福音的“全球化”。

国际贸易的失衡，表现为贸易国贸易条件的恶化，而贸易条件的恶化则暴露出了现行的国际贸易体系的严重弊端。自20世纪70年代末以来，美国所大肆推行的新自由主义全球化，实质是通过国际贸易中的交换，解决国内生产力不足、产业结构调整等问题，在国际上利用美元霸权的确立，维持国际贸易中的重要交换地位，开动国内的印钞机，就轻而易举地用纸钞换得世界各国人民的劳动和汗水，换得世界全球的各类稀缺资源以供养国内的利益既得集团。国际贸易的失衡说明了以美元为主体的国家货币体系存在着严重的缺陷。因为美元汇率的变动，很大程度上可以改变贸易商品的相对价格，使得贸易国家尤其是发展中国家，譬如中国一类的贸易大国的贸易条件不断恶化。随着美元的贬值,为了维持现有市场份额,出口国的商品价格也不得不变得便宜。就中美贸易而言，中国出口劳动密集型产品的价格同需要进口的高科技产品价格的比值也变得越来越小,这说明中国的贸易条件已经严重趋于恶化。尽管中国拥有庞大的外汇储备,而在中美贸易商品相对价格的变动下,反而影响和加重了两国贸易的失衡。名义顺差国其外汇占款持续增加,不但扩大了国内货币投放量,干扰了国内物价均衡,而且由于大比例投资于美元债券等收益率低的金融产品,严重影响了外汇储备的保值增值能力。

国际贸易的失衡和国际货币体系的缺陷弊端，最终必然导致全球经济失衡和全球金融危机。这就更加深了发展中国家利益在世界经济波动中的不确定性和高风险。发展中国家在国际贸易中孱弱的话语权和羸弱的金融体系格局地位,成为全球经济失衡结果的主要承担一方。伴随着全球经济关联度和依赖程度的加深,发展中国家系统性灾变的迹象日益明显,同发达国家之间的差距也越来越大。

所幸的是，部分发展中国家已经对对外贸易失衡的结构开始有意识地优化。比如:以通过降低关税等方式鼓励国民消费国外的优质产品,释放国内消费潜力;积极参与到自由贸易区的设立,打破贸易壁垒,避免过分依赖一些单一大市场,起到深度调整外贸发展的国别结构。近期中国与韩国、澳大利亚自由贸易协定的相继签署,都是有利于改善国民福利的举措。而“一带一路”政策作为大力发展向东南亚等沿线国家的外贸和投资的契机，更是有助于防范出口集中度过高的风险,并促进出口平衡发展。发展中国家一方面逐渐重视对国内企业对外直接投资的鼓励,使企业参与国际竞争与合作,从而达到减低外汇储备和实现外汇资产保值增值的双重目的；另一方面加速推进服务业的国际化步伐，通过促进服务行业尤其是知识密集型服务业的对外开放来提高服务质量和效率的转型升级,进一步增强国际竞争能力。

第七章　发展中国家的系统性灾变

“资本主义和新自由主义的全球化给我们带来了什么?资本主义存在了300年以后,此时此刻有8亿人口挨饿;10亿人口是文盲,40亿人口生活贫困,2.5亿儿童要做工,1.3亿儿童受不到任何教育,1亿孩子流落街头,每年有1100万5岁以下的儿童死于营养不良、贫困和可以预防或可以治愈的疾病;多个国家内部和多个国家之间的贫富差距不断加大;生态环境遭到无情的、几乎不可逆转的破坏;不能恢复的重要资源正在迅速被浪费和消耗;大气、地下水、河流、海洋受到污染;气候的变化已经带来了不可预言的、明显的后果。本世纪(20世纪),10万公顷的原始森林消失了,还有同样面积的土地变成了沙漠或无用的土地。”

——古巴国务委员会主席菲德尔·卡斯特罗(Fidel Castro)

新自由主义从起源到勃兴的几十年里,不断地向资本主义发达国家以外扩展着经济政治版图,无数国家和地区参与到了全球化的发展进程中。然而发展中国家,在新自由主义国际垄断为基础的国际生产、交换体系中,明显处于不利地位,不得不接受以不平等交换为特征的国际贸易体系强加的商贸规则,承受以垄断资本为基础的国际金融体系的严重冲击,并付出惨重资源环境及社会经济代价。事实上,新自由主义的国际贸易规则,必然导致生产利润及债务利息源源不断地流向富裕国家,国与国之间在国际收支不平衡,权利义务不对等,财富分配不均,利益获取不公等,使发展中国家的贸易条件日益恶化,农业和工业加工制造业为主的各部门产业,都遭到程度不同的打击,致使经济发展不断减速,国内生态环境严重破坏。发展中国家在参与全球化中所获得的贸易利益严重不平衡,国内经济、政治、社会、文化等各个层面所遭受的冲击和影响惨烈,乃至出现了系统性的灾变。

第一节 新自由主义给"亚非拉"造成的深重灾难

《华盛顿的全球赌博》一书的作者,英国学者彼得·高恩妙语连珠:"20 世纪 90 年代,随着苏联的衰退和解体,美国政府和商界精英试图使美国成为 21 世纪控制全球主要经济和政治局面的强权国家。它们尝试用两种新的办法——新自由主义运动和全球化运动,来分别改变其他国家的内部和外部局势。这样一来,美国将得到全球跨国新秩序的种种好处,而随之带来的风险和成本则被分散到了美国国外。这就是华盛顿全球赌博所不为人知的另一面。"新自由主义所及之处哀鸿遍野,给"亚非拉"各国带来了深重的灾难。

进口替代工业化政策开始向"融入世界"、开放和私有化政策转轨时,新自由主义就像毒品注入身体一样,给拉美国家带来短时间的兴奋与狂乱之后,留下的却是对整个国家无孔不入的伤害。

亚洲一些国家也随着新自由主义全球化向亚洲输入,在美国诱惑下开始推行新自由主义的所谓"改革"。其间,泰国、韩国、印度尼西亚、菲律宾、马来西亚等国家表现最为积极,然而在爆发全球化危机时,这些国家的损失也最为惨重,给这些国家和人民带来挥之不去的噩梦。而俄罗斯更是盲目全盘采纳了美国哈佛大学教授杰弗里·萨克斯(Jeffrey Sachs)给出的"改革方案",即所谓"休克疗法"方案。新自由主义的"休克疗法",使美国国际垄断资本毫无障碍地迅速侵入,不仅摧毁了苏联的以公有制为基础的经济原社会主义体制,更是改变了当时世界战略格局,给苏联各国尤其是俄罗斯人民带来了深重的灾难。

然而资本主义和新自由主义对发展中国家的戕害并没有就此结束,许多曾经推行过新自由主义经济改革政策的国家,先后都相继发生十分严重的经济社会动荡问题。新自由主义的全球化风行,已经给亚非拉国家造成系统性的灾变。

一、“华盛顿共识”下的重灾区——拉美地区

拉美地区作为美国的“大后方”，是美国推行新自由主义的试验田。从20世纪80年代开始就在西方国家和多边国际经济组织的压力下，从新自由主义经济理论和政策出发，进行了经济结构调整，大力推行贸易自由化、投资自由化和金融自由化等一系列改革。新自由主义在拉美地区扩张的鼎盛时期，除古巴外，几乎所有的拉美国家将新自由主义认定为“唯一的指导思想”。然而这些“调整和改革”，无一例外都给拉美地区带来了巨大的灾难，使拉美占世界贸易的份额从1970年的8%下降到1980年的5%，1990年下降到3%，2000年只占1.6%，经济增长率仅为1.8%。即使在官方统计数据方法存在争议，甚至存在掩盖真相的情况下，拉丁美洲经委会统计出的公开失业率，也从60年代的3.8%上升到了2000年的10.4%。1970年拉美地区的外债总额是278.1亿美元，到1999年增长到7620亿美元。1986—2004年不到20年的时间里，拉美国家和加勒比地区19个国家被迫向美国等发达国家国际垄断资本偿债付息总额高达惊人的20 750亿美元！新自由主义通过提供外债的形式敦促拉美国家开放贸易市场，开放金融市场，偿债付息成为套在拉美国家身上的沉重的枷锁。外债成为新自由主义在拉美国家安营扎寨的突破口，成为美国为首的发达国家对拉美国家实施新自由主义整套政策主张的严重恶果，并一步强化为经济入侵拉美的利器。拉美国家在私有化浪潮中，在偿债付息的恶性循环压迫下，出现了十分严重的社会民众贫困化或收入分配两极分化。从1992年到2001年的10年间，该地区的贫困人口上升到人口总数的44%之多。

当然，追本溯源，导致拉美地区造成如此巨大的灾变的还是美国。20世纪90年代初，在美国的压力和诱惑下，拉美国家开始推行和落实“华盛顿共识”政策要求，即大力推动国有企业私有化，金融和利率的自由化，放任外来资本的进入，降低公共开支特别是社会福利的开支，放弃国家对经济的管制和控制，等等。

“华盛顿共识”的实施，加速了国际垄断资本对拉美国家的强力渗透。这个时期，拉美国家大量出售国有企业和大公司，而以美国为首的西方跨国公司成为最大的并购买家。拉美国家由此成为发展中国家私有化和“开放度”最高的

地区,但它也变得更加依赖私营经济和国际市场,更加依附于国际垄断资本。现以受到冲击较为严重的阿根廷为例,不仅工业、商业、服务业,就连银行、电力、石油、公交、水利、邮电、铁路这样一些国家重要部门,也几乎全部实行了私有化"改革"。国际金融投机集团趁机在阿根廷兴风作浪,冲击股市,廉价收购本土上市公司,为引发金融、经济危机埋下了巨大隐患。当阿根廷国内危机爆发时,参与"华盛顿共识"的重要成员世界银行和国际货币基金组织等金融机构和形成"华盛顿共识"的所有西方国家,不但没有兑现援助承诺,还强迫阿根廷以国有资产作为抵押才能贷款。然而,曾经为谋求发展和进步,急切向西方发达国家融合的阿根廷,在经历了"彻底"私有化"改革"后,实实在在地跌入新自由主义掘出的万丈深渊。阿根廷政治科学家阿提利欧·贝隆认为,新自由主义经济改革对绝大多数人来说一直是一场深重的灾难。类似阿根廷一样的悲剧,在拉丁美洲从秘鲁到巴拉圭,从巴西到玻利维亚,从厄瓜多尔到委内瑞拉等等不停地重复与上演。

作为新自由主义的试验场,美国将墨西哥拉拢到北美自由贸易区,企图塑造出一个在自由开放的全球环境中,同发达国家积极合作就能焕发出蓬勃生机的发展中国家典型。然而,这样的"改革合作"使得墨西哥的贸易、金融高度依附于贸易区内的美国。2016 年新当选的美国总统特朗普,在竞选中却抛出了对墨西哥不利的诸多言论,导致墨西哥比索出现激烈波动,直至汇率大幅下跌并震荡国内经济。在面临被北美自由贸易区抛弃或更为严重压榨的情况下,可想而知对墨西哥国内经济的发展和影响有多么恶劣。

二、亚洲挥之不去的噩梦

20 世纪 60 年代至 70 年代间,美国、欧洲、日本的贸易战争越来越激烈。为了减低成本,发达国家的跨国公司开始选择贸易环境优良、劳动力便宜的地区作为加工基地。从 70 年代开始,在新自由主义贸易理论的支持下,发达国家根据自身经济发展的需要,对亚洲各国陆续采取新自由主义的结构调整政策。作为许多亚洲国家,此时发展以出口为导向的劳动密集型产业,似乎已经成为它们参与到全球国际贸易中的不二选择。

东亚许多国家为了在国际贸易格局中求得一席之地,根据自己的区域性特征建立了“东亚模式”。然而,在新自由主义主导的全球化的浪潮中,首先侵袭的就是这些刚刚创造了神话的东亚国家,致使东亚国家对美、欧、日等发达国家的贸易依存,在它们新创立的这一区域性贸易格局中不断攀升。加之,在新自由主义和西方垄断资本势力的干预下,其在国际分工中的地位也被边缘化和定式化,因此也丧失了国际贸易中的话语权。对“东亚模式”国家来说,另一最主要的影响和震荡是亚洲众多国家均已走向金融自由化的快车道。由于亚洲多数国家缺乏完善的市场监管机制,再加上资本量本来就有限,又采取了和美元挂钩的汇率制度,这为国际金融炒家提供了极大的投机空间。

新自由主义主导下的金融自由化,也促使了国际金融投机的加剧,且投机花样不断翻新。投机不限于私有银行、大型跨国银行、机构基金,还有所谓的风险规避基金,即投资对冲基金也加入投机行列。泰国、韩国、印度尼西亚、马来西亚、菲律宾等国,在新自由主义“改革”中最为积极,因此,在1997年爆发的席卷亚洲的金融危机中损失也最为惨重。当时,亚洲脆弱的金融防线被国际金融投机商索罗斯等轻而易举地击破。新自由主义的所谓“金融自由化”制造的漏洞,成为国际金融大鳄肆意吞噬“东亚模式”各国国家财富的绝佳机会与途径,它使得曾经被称为是经济奇迹的亚洲遭受了深重的灾难。亚洲金融危机爆发后,美国不仅令人发指地袒护和纵容国际金融大鳄在金融货币市场上疯狂掠夺和套利的行为,还蓄意加剧危机,不仅操纵国际货币基金组织迟迟不向亚洲有关受害国提供贷款,反而利用贷款要挟它们必须遵守进一步推行新自由主义“改革”的各种苛刻条件。

新自由主义打开了各国贸易自由化、金融自由化的大门,并肆意培育了亚洲这个贸易全球化的加工制造基地,在经济低迷时期,使之更加依赖国际市场。而在国际贸易格局中不平等的地位,却使它们付出巨大的生态成本代价才积累起来大量财富和外汇储备,在国际金融资本、国际金融组织机构的操纵下,在一轮轮的投机风暴中被无情洗劫一空。新自由主义不仅给“东亚模式”国家造成巨大灾变,即使那些没有受到金融危机严重影响的亚洲国家也不例外,如印度、蒙古、尼泊尔等国,它们在实施新自由主义改革过程中,同样也出现了程度不同的经济、政治和社会动荡。

总之,在亚洲,新自由主义的风行已经给它们造成了巨大的灾难性结果!

这种灾难的严重程度，还是用亚洲金融危机的始作俑者索罗斯(Soros)的话来形容最有说服力，他说："东亚国家拿尽了天下的贸易顺差，一场金融危机是什么结果呢？所有的这些财富都转移到美国人手里！"

三、转轨国家的深切痛楚

前苏东地区国家，在有着西学背景的政治新贵们打着"最彻底的规范经济改革"幌子下，按照新自由主义经济思想推行所谓的"休克疗法"式经济转轨方案，导致了苏联和整个东欧国家经济社会的严重倒退和巨大的社会灾难。私有化过程中腐败和掠夺泛滥，形成了操纵经济的暴富权贵阶层，使当时工业生产力下降了 50%。与此同时，还造成企业严重亏损，国有资产大量流失。以俄罗斯为例，其国内生产能力大幅下降。俄罗斯的 GDP 在 1989 年是中国的 2 倍多，而到新自由主义改革的 10 年之后，却严重倒退到仅为中国的 1/3。更令人痛惜的是，俄罗斯人民承受的外债达到相当惊人的程度，亦即相当于俄罗斯 GDP 总值的 85%左右，是全联邦全年预算的 4—5 倍。到 2010 年前，俄罗斯每年大约需要偿还 180 亿美元的债务。故此，有人形象地说，每一个俄罗斯婴儿在出生时，就带有 1000 美元的债务。再加上一些传染病在俄罗斯死灰复燃，肺结核病流行，艾滋病蔓延，患精神病的人数也在增加，这一切使俄罗斯人口出生率下降，死亡率成为欧洲之最。在俄罗斯转轨过程中，居民的实际工资不增反降，失业队伍大量涌现，居民生活水平显著下降，社会两极分化日益严重，使俄罗斯社会中出现"天堂"和"苦海"二元对立的局面。

而其他东欧国家，如吉尔吉斯斯坦、波兰、乌克兰、保加利亚、罗马尼亚、阿塞拜疆等国，在实行私有化过程中，国有资产都有不同程度的下跌，国家政局十分混乱，使民族矛盾、贫富分化、经济冲突等等更加突出，国力也更趋贫弱。

新自由主义"休克疗法"使苏联及东欧各国的改革彻底失败，使俄罗斯经济几近崩溃，因而引发了俄罗斯人民对"全盘西化"和实行新自由主义"改革"的深刻反思。普京顺应民意参与大选，成为俄罗斯的执政者，对俄罗斯进行大刀阔斧的重新治理，取缔了一系列新自由主义政策导向，加强了国家对经济的宏观调控，恢复了法制和国家的必要权威，重新推进了国家战略资源和企业国有化重要举措。自此，俄罗斯逐步扭转了新自由主义"改革"给其经济、政治、社会造成的重大破坏。

四、哭泣的非洲

非洲人民遭受的新自由主义苦难与债务危机密切相关。早在20世纪70年代,西方巨额的石油美元就以资本输出的形式放贷,使非洲国家的债务与日俱增。非洲国家向西方国家获取贷款的重要条件之一,就是必须要执行新自由主义的结构调整方案。世界银行和国际货币金融组织事实上也成为强迫非洲国家实施"结构调整方案"的帮凶。世界银行"一半左右"的援助项目,附加有要求非洲推行私有化的相关条件。据估计,过去20年来,为获得世界银行贷款和债务减免而被迫推行贸易自由化的非洲,其贸易经济损失了2720亿美元。

以埃及为例,在1991年为了免除美元债务,埃及政府同国际货币基金组织签订了一项关于经济结构改革,即在埃及推行新自由主义改革方案的具体"协议"。埃及应国际货币基金组织的强制要求,必须实行金融自由化、私有化,解除政府对金融的管制,开放资本市场等措施。数年之后,埃及被标榜为北非和中东地区推行新自由主义的典范。但可悲的是,同印度尼西亚、阿根廷等国家一样,埃及在经历20余年新自由主义改革后,国家经济命脉被英美国际金融垄断资本集团基本把持,国家财富落入国际金融垄断资本和国内小部分私人手中,社会出现严重的两极分化,失业率急剧攀升,物价全面失控,最直接冲击的首先是社会民众的日常生活。因而,由此也导致了2011年被称为"阿拉伯之春"的暴动,并迅速冲击突尼斯、也门等多个阿拉伯国家。

如果说"债务"是西方有意打造的"新奴隶制的金色锁链",那么"援助"将是把这种"金色锁链"套向发展中国家的令人炫目的诱惑。2005年7月,八国峰会专门为非洲援助召开会议,时任美国总统的布什在会议上说:援助必须附加条件,如非洲国家必须购买美国服务和产品,必须私有化公共设施等。在非洲实施的结构调整方案,不仅加重了众多非洲国家的经济危机,造成这些国家的贫富分化、人才外流、社会动荡等问题,而且使一些国家的生态环境也遭到极大破坏。在国际政治舞台上,非洲也日益被边缘化,这与"三个世界划分"时代非洲在联合国地位跃升的状况形成了极大的反差。

第二节　自由贸易冲击下的生态灾难

新自由主义至今垂而不死，不是在于其创造出了对人类社会和自然界有益的惊人的成就，而是正像阿根廷社会和经济学家阿提利奥·波隆(Atilio Boron)指出的那样:新自由主义的统治时期,其绩效被定位为经济失败、社会灾难及其在意识形态和政治方面的卓越而荒诞的成功。新自由主义给众多国家遗留了太多挥之不去的创伤,至今伤口依然在溃烂、滴血。

也有学者指出：人类是唯一一个能够不负责任地锯断自己赖以栖身的树木或森林的物种。全球生态环境日益恶化的进程几乎与西方发达国家主导的全球化进程同步，这不能不使人们把生态环境的恶化归咎于西方发达国家主导的全球化进程。对环境的掠夺同新自由主义全球化无情地携手前行,此乃利益驱动而非理性使然。在资本主义历史上,利润法则从来就是凌驾于生态环境之上的;全球化时代,技术的普世化和污染的输出令资本主义具有更强烈的毁灭力,它可以摧毁世界任何角落的环境。更可怕的是西方发达国家的贸易精英们及其控制的经济实体做出的决定均在利益驱使之下，在这场生态灾难中扮演着掠夺者的角色,道貌岸然地列出无数的规则,“慷慨地”让第三世界国家的人民——让世界的大多数人民“尽情品尝”全球生态环境日益恶化的恶果。

发展中国家的珍贵矿产资源、珍稀野生动植物被无情掠夺。经济全球化前提下的收获,在发达国家和发展中国家之间是不平等享用的。财富、资源源源不断地输入到发达国家，物质资料日益集中于发达国家和发展中国家中的少数既得利益群体。而产业结构畸形,资源配置效率受损,价格体系紊乱,权力寻租严重,疾病、贫穷、饥饿、水质污染 、土地沙漠化、酸雨、雾霾、有毒物质肆意排放 、外来洋垃圾及有害物种入侵 、珍稀物种流失与灭绝、自然资源枯竭和生态环境的严重破坏,生存环境的极度恶化等,这些恶果充分表明,新自由主义的风行,已经导致发展中国家的系统性灾变。而灾变的具体原因就是新自由主义所谓的“结构调整方案”和不平等国际贸易秩序所致,换言之,就是新自由主义为代表的资本主义国家意识形态及其主导的不平等的国际贸易本身造成的。①

不少发展中国家在对待新自由主义的侵袭问题上的警惕性并不很高，对于生态系统平衡、自然环境保护等观念同样长期缺位。在发展过程中，忽视长远利益，环境成本意识淡漠，社会责任缺乏，环境的保护让位于经济发展等问题十分严重，即如受新自由主义之影响而在本国已经淡漠的社会正义那样，在发展过程中，没有将环境正义放到应有的重要位置，可持续发展战略更没有被提高到“国家战略和安全”层面去加以重视。

一、自然资源贸易的两端

自然资源贸易可以分为可再生资源贸易和不可再生资源贸易。鱼类资源、森林资源以及风能、水能、潮汐能、生物质能等属于可再生资源贸易范畴；不可再生资源主要包括各种矿产贸易（含煤炭和铀）以及石油、天然气等。可再生资源和不可再生资源的贸易特点虽然有较大不同，但是各种资源贸易构成了发展中国家参与国际贸易的主要途径。大约五分之一的世界货物贸易是自然资源贸易。根据WTO统计数据来看，近20年来，自然资源贸易的增长率高出世界货物贸易年均增长率2—3倍。

新自由主义在全球蔓延的几十年间，众多发展中国家在寻求参与全球化自由贸易时，国家主权、民族独立地位和民族工业、自主创新能力等都受到非常大的挑战。产品开发、加工、销售逐渐受控于西方跨国公司，很多发展中国家只得选择以其本不丰富的生态精华矿产资源或自然资源原料、特色农作物等净出口产品，来弥补自身在国际贸易方面的不足。第三世界显然已经沦为发达国家的廉价资源提供地。尽管如此，众多的发展中国家宁愿付出高昂的成本，还是要试图争取自身发展权，以获得为数不多的外汇，来交易有限的工业产品和生活用品，进而维持本国薄弱而畸形的经济发展。然而，发展中国家能够真正实现贸易顺差的几乎没有。

① 陈玲.新自由主义对发展中国家的商贸冲击及因应策略[J].兰州商学院学报，2014(2).

(一)矿产资源流失

发展中国家的锶、锡、钶、石墨、锰、铝土矿、石油等10多种矿产资源80%左右的出口份额集中在发达国家。不可再生资源产量的绝大部分都用于国际贸易。根据WTO贸易数据统计,发达经济体中,美国、德国、日本都是自然资源的净进口国。美国、欧盟、日本对发展中国家拥有的13种重要原料的平均依赖程度分别为60%、90%和92%。另一边是很多资源所有国几乎把开发的全部资源商品用以出口创汇。在全世界范围,自然资源出口占经济体出口总额比重超过90%的经济体有10个,包括安哥拉、阿尔及利亚、黎巴嫩、伊拉克、阿塞拜疆、委内瑞拉、尼日利亚等。自然资源出口占该经济体出口比重超过50%的经济体有25个,自然资源出口占该经济体出口比重超过40%的经济体有28个,这些经济体全部都是发展中国家或者最不发达国家。

在自然资源贸易的一端是发展中国家由于受国际金融霸权、国际市场机制、汇率机制的影响而缺乏商品交易价格话语权,外汇收入额对国际资源价格波动有很强的依赖性,从而造成国内经济增长的起伏波动以及居高不下的自然资源出口依存度带来的经济风险。发展中国家的矿产资源开发方式呈粗放型,出口依存度如此之高,地理方向又主要集中在欧、美、日等国,珍稀资源随着国际需求量而攀升,加之出口价格低廉,造成了国内矿产资源的快速流失,严重影响到了国家的可持续发展及自然资源的代际生态合理配置。国家发展步履维艰,丰富的自然资源并没有成为第三世界国家发展的基础,反而成为其贫困落后的导火索;而另一端,却是发达国家操纵金融货币、操纵市场价格,大量低价获取资源发展国内高新技术经济,在国际上占据垄断优势和攫取超额利润,维持其国内生产生活需要。更有甚者,是一些发达国家关闭国内矿产,转而斥巨资大量进口自然资源作为战略储备。

从世界范围看,自然资源在各国经济体间的地理分布极不均衡,大部分自然资源生产集中在少数经济体,根据历年UNCTAD数据加总计算的结果表明,最近10年间世界各类资源产品前三大生产国的生产份额均占到世界总产量的50%以上,有的甚至高达90%。世界铝矾土前三大经济体分别为占有34.3%份额的澳大利亚,占有21.2%份额的中国和占有11.3%份额的巴西;世界铝矾土前三大经济体分别是:澳大利亚占有31.4%,巴西占有12.0%,中国占有10.2%;世界锰合金生产前三大经济体分别为中国占有44.7%,南非14.8%,日本11.0%;世界铅生产前三大经济体分别为中国35.9%,澳大利亚19.4%,美国12.1%;世界锰生产前三大经济体分别为中国35.9%,南非16.2%,澳大利亚14.0%;世界锡生产前三大经济体分别为中国42.5%,印尼26.4%,秘鲁13.4%;世界锌生产前三大经济体分别为中国29.2%、澳大利亚14.1%,秘鲁13.2%。另外,中国一国占到世界钨产量份额的85%,巴西一个国家占到铌世界生产份额的93%;南非和俄罗斯两国占到世界铂产量的91%;南非、俄罗斯两国占到世界钯产量的83%;南非、俄罗斯和中国三国占到世界钒生产的95%。钨、铌、铂、钯、钒等稀有金属都是重要的战略资源,是现代高新技术产品和军事产品必不可少的原材料,在欧洲、美国和日本上述战略资源的产量很小,甚至几乎为零。①究其原因,一方面是特殊资源分布不均衡,另一方面是发达国家对战略资源的开采和出口加强保护。

从以上数据中可以看出两点:

第一,发展中国家在自然资源贸易量中起到的重要供给作用,也体现出在新自由主义式的资本主义国际贸易格局中,发展中国家遭受惨烈掠夺的首先是自然资源,尤其是珍稀的不可再生的战略性资源。

第二,中国是各类资源产品出口的大国,几乎在各种自然资源出口中都有着举足轻重的地位,因此,事实上中国是在自然资源出口中遭受经济掠夺的最为典型国家。

根据中国有色工业金属协会的数据统计,按照现在的开采速度预计,中国钼仅供开采16年,锌仅供开采10年,锑仅供开采4年;自20世纪80年代以来,中国钨资源迅速枯竭,目前剩下不到200万吨仅供开采20年。2006年,中国稀土储藏量占到全球57%,产量占到全球75%,稀土出口贸易却占到全世界稀土出口总量的95%,据预测,世界最大的稀土矿包头白云鄂博矿藏将在20年内开采殆尽。随着稀土出口量的加剧,中国稀土储量已经下降到世界总储量的20%—30%。在中国稀土拉动GDP的同时,美国封闭了境内最大的稀土矿,随后加拿大、澳大利亚等国纷纷效仿关闭稀土矿。中国稀土贸易的63%以上是供

① 樊瑛,樊慧.自然资源贸易:全球治理难题[J].国际贸易,2010(3).

给日本、美国和法国的需求，其中日本大量进口的稀土足够支撑其使用三四百年。不仅如此，为了耗空中国，日本还将从中国进口的稀土出口给第三方！在发达国家如此惨烈的自然资源贸易掠夺下，发展中国家的可持续发展何以为继？

（二）动植物的灭顶之灾

除了珍稀矿产资源，全球化的贸易将邪恶触角还伸向野生动植物和经济作物贸易方面。发展中国家野生动物保护立法滞后，野生动物贸易的犯罪成本远远低于发达国家，野生动物贸易有着丰厚的利润回报，商业化的贸易形式正在将本来就已经家园破碎、岌岌可危的野生动物推向穷途末路，也将发展中国家野生动物锐减乃至物濒临灭绝的程度。野生动物贸易金额每年高达100亿美元之巨，是世界仅次于毒品和军火的第三大非法贸易。单就亚洲区域，非法野生动物交易市场每年涉及的灵长类动物就多达3万只，鸟类500万只，爬行动物毛皮1000万张，热带鱼5亿条。南北众多国家都参与到了野生动物贸易之中，被取食的野生动物种类包括了梅花鹿、穿山甲等野兽类，麻雀、蓝孔雀等鸟类，巨蜥、眼镜王蛇等爬行动物类，虎纹蛙、大鲵等两栖类，中华鲟等鱼类，共计80多种；药用的动物超过了1500种，其中脊椎动物占到60%以上。目前，全世界涉及中医药的贸易国已经超过120个，尤其是英国和美国的此项贸易需求，更是增加迅速，导致药用野生动物资源日益减少，虎骨、麝香等需求量的持续增大，使不少野生动物濒于灭绝；发达国家和东南亚某些发达城市出于追赶时髦和好奇心作祟，购买奇特怪异野生动物做宠物的贸易也迅速兴起。还有各类皮草热销的巨大利润诱惑伴随着偷猎、捕杀和走私活动的肆无忌惮。所有这些，对西伯利亚虎、非洲黑犀牛、摩路加白鹦、亚洲黑熊、玳瑁、沼泽龟、奥里诺科鳄鱼等珍稀动物来说不能不说是一种灭顶之灾。相对于发展中国家来说，无疑也是对动物共生性栖息种类延续的破坏。拉丁美洲和非洲不少国家参与国际贸易的商品更是指向野生动植物。为换取有限外汇或满足私欲，把野生动物血淋淋地作为商品进行交易，“丛林肉贸易”的猖獗，以及将动物狩猎开放给发达国家、发展中国家的富豪群体以供娱乐，成为野生动物头号杀手。出于商业利润之目的，对于拉美和非洲的野生珍稀植物来说更是如此，其破坏性也是前所未有的。所有这些，都给当地生态带来巨大威胁。

在不平等的国际贸易中，发展中国家似乎一定程度上使对外贸易额有所上升,但同时所造成的生态灾难是无法想象的惨烈。森林退化、沙漠化和土地肥力的锐减等自然环境问题日益凸显。化学品的滥用造成的土壤污染和水污染十分严重。为了扩大出口,自然资源还算丰富的拉丁美洲国家,由于人类活动,使近两亿亩土地遭到严重破坏,几乎是全球耕地面积的1/3。巴西、乌拉圭、墨西哥、智利等一些典型的拉丁美洲国家,集中种植棉花、橡胶、咖啡、新鲜果蔬等热带经济作物。为了提高经济效率,它们密集使用化学投入品,致使其土壤肥力迅速下降,土质污染、水污染和森林退化十分严重。

近20年来,发展中国家出于开垦农田、牧草和能源及商业上的需要,森林毁坏速度和规模达到相当惊人的程度。据科学家估计,亚马孙河流域平均每6分钟就有一片足球场大小的林地被毁。西非9国,每年开垦封闭林70万公顷,占到非洲毁林面积的54%。在亚洲,东南亚每年毁林130万公顷。亚洲热带雨林从1981年到1985年间,估计每年毁林200万公顷。在南美,平均每年毁林率为0.7%,估计为600万公顷。其中,仅巴西每年就有100余万公顷。据世界银行《世界发展指标2007》的数据显示,1990—2005年年均森林消失量为8348万平方公里,其中中等收入国家或地区的森林面积以年均4228万平方公里的速度消失,低收入国家森林面积以年均4834万平方公里的速度在消失,而高收入国家的森林面积却增加了714万平方公里。[①]难道说这是发达国家有更强烈的环保意识不使用木材了吗?绝对不是。而是通过国际贸易的形式对发展中国家进行掠夺!90年代造纸所消耗木材为50年代的两倍,美国、日本、欧洲纸制品消费占到世界2/3,发展中国家供给了世界市场中3/4以上的纸张,其中,一半以上是用木材制成的。发展中国家为了要参与到国际贸易中,换得有限的外汇,毁林伐木造成了森林覆盖率锐减,这与发达国家对木制品贸易强烈需求,以及它们转移环境危机的利己主义的恶劣行为不无关系。与之不同,自1962年以来,日本不曾砍伐本国一棵树,其森林覆盖率达到了70%。即使如此,其所需木材还全部从国外进口。据日本农林水产省林野厅2003年统计,日本全年一次性筷子消耗量为25亿双,人均200双左右,但日本国内一次性筷子的产量仅占3%,97%依靠进口,仅从中国进口的就占96%。然而,中国森林

① 樊瑛,樊慧.自然资源贸易:全球治理难题[J].国际贸易,2010(3).

覆盖率却仅有18%。在这种情况下,为了追求短期利益和满足出口之需,还要毁林伐木,致使珍稀植物遭受毁灭性的破坏。

中国的红豆杉被砍伐殆尽也是最明显的例子。其大量毁灭性的砍伐,只是为了供给发达国家抗癌药物的提取之用和自身微薄的外汇收入之目的。马达加斯加热带雨林的"长春花"的消耗量极大,现已经濒临灭绝,同样也是为了供发达国家制造治疗儿童白血病特效药。但是,当发展中国家需要购进这些包含着本国出口的珍稀原料的成品药品时,却需要支付上百倍的高昂的费用。这是南北国家不同的贸易与经济发展,本就是地球生态家园中的居民其"资源配置"(新自由主义常常挂在嘴边的话)和福利分配是多么的严重不公!

可见,新自由主义所推行的经济全球化和贸易自由化,实质上是发达国家掠夺和剥削发展中国家的制度性工具。毫无疑问,推行这种经济模式就是对发展中国家的一种赤裸裸的经济侵略!

二、国际上的天灾与人祸

以美国为首的新自由主义代表利用全球化作为伪装,对发展中国家进行完全市场化改造,高举贸易全球化和贸易自由化大旗打开发展中国家市场,向发展中国家倾销自身商品,并剥削其廉价劳动力。通过它们精心设置的各种国际贸易规则、技术壁垒、绿色壁垒等手段限制发展中国家商品进入其市场。与此同时,它们利用跨国公司将大量污染密集型产业外迁至发展中国家,在亚、非、拉建立许多就近利用资源和廉价劳动力的污染性工厂,对发展中国家的自然资源进行掠夺性开发,把整个第三世界作为自己工业污染物的排放地和垃圾场。不仅如此,它们还在这里不断地制造和挑起战争、实验和使用大规模杀伤性武器,传播其掠夺资源、破坏环境的不可持续性生产方式和生活方式。将它们掠夺性赚取的最大化的丰厚利润,源源不断地转移回本国。相反地,却把灾难或经它们蹂躏、践踏和严重破坏的自然界,把生存发展的种种危机留给了发展中国家。

(一)贸易自由化前提下的工业恶果

在新自由主义的贸易自由化旗帜下,发达国家从增强本国环境保护和产业结构调整的需要出发,一方面,利用隐蔽性更强的贸易壁垒对发展中国家的工业发展和贸易进行限制，迫使它们只能从污染密集度较高的工业产业开始发展，使之产业范围主要集中在能源、造纸、制革、电镀、洗涤、纺织、印染、金属冶炼和加工，及食品饮料与化学工业等方面。而这些行业，对技术要求往往不高，因而都是形成环境污染的主要来源；另一方面，它们利用广大发展中国家急于脱贫的愿望，以援助的名义将重污染产业和工厂，即“肮脏的部门”大肆搬迁到发展中国家。

在印度、印度尼西亚、菲律宾、泰国等国，化工部门的FDI投资额所占比重居各部门之首。2004年统计数据表明，仅马来西亚，跨国公司占农药零售额的75%，菲律宾258家跨国公司中，60%涉及污染密集产业。日本将60%以上的高污染产业已经转移到东南亚和拉美国家。美国将其39%以上的高污染产业转移到了发展中国家。资料显示，在1995年，外商在中国投资于污染密集型产业的企业有16998家，占三资企业总数的30%以上，其中投资于严重污染密集型产业的企业就占到三资企业总数的13%左右。①

数据表明，中国的污染密集型产业在已有外资中所占比例达34%。中国丰富的劳动力资源使中国在劳动密集型产品的生产和出口上具备比较优势，按照要素禀赋假说，这种贸易分工不会恶化中国的环境质量。而事实上通过对数据的测算，自1985年起中国出口商品碳排放含量逐年增加。外商直接投资主要流入中国相对清洁的制造业行业，但是当从产业关联的角度分析时，FDI不仅增加流入行业的产出和污染排放同时也扩大对其他产业的需求，间接导致了中国制造业污染排放的整体增加。

全球每年产生的废弃物中有90%来源于发达国家。但是，按照它们的法律标准，有毒废弃物的处理成本非常之高，相当于发展中国家的20—50倍。而发展中国家的环境标准远远低于发达国家，这就为发达国家有毒废弃物处理提供了天然的廉价场所。更为严重的是，发达国家还将80%以上的电子垃圾出口到以亚洲为主的发展中国家。单是美国西部地区回收的电子垃圾中，就有50%到80%被运送到了亚洲。欧盟每年向亚非拉68个国家出口有毒垃圾。2006年，仅日本一国向印度尼西亚出口有毒垃圾就高达3100万吨！发展中国家由

① 洪大用.社会变迁与环境问题[M].北京：首都师范大学出版社，2001.

于环保意识淡漠和处理手段原始等原因，对有毒垃圾的处理方式也是极其落后的。一般说，填埋是其处理洋垃圾的首选方案。被掩埋在土壤中的有毒垃圾，它们并不做任何处理。久而久之，渗透出的有害物质对土地和地下水资源造成了十分严重的破坏性污染。除此，处理垃圾的另外方式就是进行焚烧。由于没对垃圾进行分类处理，各种有毒有害物质的燃点又不尽相同，故此，经燃烧释放出的大量有害气体对当地空气又造成了严重污染，进而形成的酸雨，不仅波及动植物，而且对山川、河流及居民的身体健康造成威胁，迫使洋垃圾进口国生态环境的污染呈几何性的不断加以放大和扩大，并形成了恶性循环局面。十分清楚，发达国家的洋垃圾出口，对发展中国家人民生活造成了极大的伤害！由洋垃圾导致的环境污染，使发展中国家人民健康遭到极大的损害，譬如愈来愈多的垃圾处理工人和高污染产业工人，都患上了其现存经济条件根本无法医治的各种疾病。在这些国家，儿童的出生率也每况愈下，人口素质和身体健康状况都明显受到了直接影响，它们正承受着被发达国家罪恶性转嫁的环境污染的严重恶果。

2002 年 2 月 25 日，美国西海岸的两个环保组织——总部设立在西雅图的巴塞尔行动网络（Basel Action Network ,BAN）和硅谷防止有毒物质联盟（Silicon Valley Toxics Coalition ,SVTC）发表了联合撰写的长篇报告《输出危害：流向亚洲的高科技垃圾》。这篇长达 50 多页的报告用大量的图片、录像以及实地取样化验分析数据揭示出：美国正在向中国、印度、巴基斯坦和澳洲等国家和地区，大量转移高科技垃圾，并在当地造成难以逆转的环境生态灾难。报告中详细介绍了电子垃圾重灾区：广东潮阳贵屿镇（China:The Story of Guiyu）的情况。始于 1995 年的这项产业，是贵屿镇雇用了十几万来自安徽、湖南等地的民工，每年处理逾百万吨来自美国、日本等国的电子垃圾。由于处理手段极为原始，只能通过焚烧、破碎、倾倒、浓酸提取贵重金属、废液直接排放等方法直接处理，给当地造成了非同寻常的生态恶果抑或环境破坏。据对当地河岸沉积物的抽样化验显示，对生物体有严重危害的重金属钡的浓度 10 倍于 EPA（美国环保署）认定的土壤污染危险临界值，锡为 152 倍，铬 1338 倍，铅为危险污染标准的 212 倍，而水中的污染物超过饮用水标准达数千倍。由于地下水源污染的不可逆转，贵屿镇现在不得不从 30 公里以外的地区买水饮用。污染导致了当地许多疾病大比例发生，如大比例的呼吸道疾病，大面积的肺炎流行，各种癌症及不明病症频发，等等。①

（二）生态环境的灾变与生存困境

资本主义制度的逐利性本质，在开放和自由的国际市场中，为发达国家创造了绝好的机会去转移污染。低成本不负责任的跨国污染将发达国家的巨大的“外部负效”抑或“外部不经济”通过国际贸易的形式非法传递给了发展中国家，造成了这些国家的生存困境与生态环境的严重恶化。

1. 自然资源退化导致生存环境的恶化

自由贸易造成国家企业对自然资源的过度开采，资源危机成为一个全球性问题。这一问题，在发展中国家表现得尤为突出和触目惊心。土地资源的过度利用和利用不当，已经造成土地的严重退化，使一些土地永远失去生产能力。土壤荒漠化是土壤退化的极端形式，荒漠化已经成为世界各国面临的最严峻问题。目前，全球有9亿多人受到荒漠化的影响，其中，50%左右的人居住于荒漠化严重的地区。此外，有100多个国家和地区受到荒漠化的危害，以非洲的撒哈拉地区最为典型。该地区毛里塔尼亚和塞内加尔向东延伸到苏丹，跨9个国家，居住人口约1.5亿人受到荒漠化的严重影响。

工农业用水的增加，加之农业在化学工业和重金属污染的双重影响下，淡水资源严重不足，已经达到危及人类生存的地步。水危机将成为石油危机之后的另一个全球性危机。全世界人口的40%，约有80个国家将深受淡水危机的困扰。如果按人口计算，全世界大约将有14亿人无法得到安全的饮用水，而且这个数字还在增加。除此，每年将有300多万人因缺水或饮用不洁净的水而死亡。

生物资源中部分物种的消失，正在威胁着整个生态系统，因为它打破了整个生态系统的自然的共生性联结。工业文明的发展，人类社会的极速扩张，对大自然的过度开发和索取，已经改变了很多地区的生态环境，也严重影响了生物的多样性。人与自然的和谐被打破。

① 赵波.反思：中国垃圾问题[J].智囊—财经报道，2003(1).

2. 跨国污染致病致死

根据2010年的人口数据，美国人口仅相当于世界人口的5.1%不到，人均商业能源的消费量却高出世界平均水平5倍。平均1000名美国人拥有750辆汽车。发达国家排放了一半以上的二氧化碳，仅美国排放量就相当于全球排放总量的22%。美国人二氧化碳的平均排放量超过20吨，是第三世界国家人均二氧化碳排放量的10倍，几乎是拉美国家人均排放量的8倍。按照市场经济的所谓环境逻辑，美国需要促进这些有害的废弃物和有毒的洋垃圾的出口。因为在发达国家处理这些废物的成本高达每吨3000美元，如果出口到第三世界国家，不经处理地埋入地下，成本不到每吨5元。

瑞士环保组织“绿十字基金会”在2013年对发展中国家环境污染、人民健康以及死亡原因进行调查发现，发展中国家死亡者，四分之一的人是由环境污染造成的。在全球低收入国家中，也有两亿人的健康受到环境污染的严重威胁，其中，铅、汞等重金属污染所占比重比较高，这些污染源同重化工业有着密切的联系。随着美国等发达国家对镍－镉电池的管制加大，镍－镉电池产业大量外迁，大部分在中国安家，镍、镉同水银、铅一样都属于是对人体有毒害的成分，可致肾衰竭、肺癌和骨质病变。中国环境保护部披露的数据显示：中国已有超过10%的耕地受到镉等重金属的污染，有90%的地下水源已经被剧毒工业废水污染，有64%属于重度污染，这些污染物正在进入中国人的食物供应链。

世界卫生组织在2016年9月发布的一份报告显示：每年因空气污染致病死亡600多万人中，超过300万人死于户外大气污染。在这超过600万人的死亡案例中，近90%发生在中低收入国家，东南亚、太平洋西部和地中海东部地区为重灾区。在中国，每年约有40万中国人因为废气引发的疾病而死亡。2016年召开的第二届联合国环境大会上发布了一系列环境污染导致的死亡数据：空气污染，导致世界各地每年700万人死亡。其中，430万人死于室内空气污染，尤其是发展中国家的妇女和儿童。缺乏洁净水和卫生设施，导致每年有842000人死于腹泻病，其中97%在发展中国家。腹泻病是导致5岁以下儿童死亡的第三大杀手，占所有五岁以下儿童死亡人数的20%。化学品暴露，导致每年有107000人死于石棉中毒。2010年654000人死于铅中毒。

3. 污染导致自然灾害频发

发达国家包揽享用着全球化最为光鲜的一面，全球化的丑恶一面引发的“人祸”灾难，却非法强加给了发展中国家。不仅如此，大自然还以频繁的“天灾”对肆意践踏自然法则的人类予以报复。

人类面临的与气候有关的自然灾害是十分严峻的，具体说，与气候有关的灾害次数及其所造成的损失在成倍增长。20 世纪 60 年代发生大灾害总共 16 起，造成损失 500 亿美元。而在最近 10 年里，这种灾害频发增加，已经发生了 70 次之多，造成的损失高达 4000 亿美元。仅在 1998 年，环境污染造成的灾害就使 2500 万人沦为难民，这一数字比受战争影响的人数还要多。45 个国家遭受旱灾。而受到狂风暴雨、山崩、泥石流、海啸影响的人则高达 3 亿。据英国《卫报》2000 年 15 日报道，英国基督教援助组织公布的一份题为《非自然灾害》的报告指出：在发展中国家发生的、造成成千上万人丧生的与气候有关的灾害大多数是由于西方工业国污染环境造成的。西方发达国家的污染导致了恶劣气候的形成，而受害最深的却是最贫穷的发展中国家。

由于矿物燃料的持续使用，造成了全球的气温持续上升，由此导致印度和非洲之角干旱的情况日益严重。气温上升使世界许多地方成了蚊虫的新的滋生场所，导致患疟疾的每年增加 5000 万到 8000 万人。海水的上涨和风暴的增加每年使印度和东南亚沿海的 9400 万人面临洪涝的威胁。与气候有关的灾害迫使大批人涌向城市，使城市增加了贫民窟，生活的贫困使疾病、犯罪率逐步上升。

三、粮食危机与粮食战争

国际市场上，世界农产品贸易作为特例，一直处于世界贸易组织管辖之外。有资料显示，世界农产品贸易主要在发达国家之间进行——与此相对应，占世界人口 75%以上的发展中国家农产品贸易量只占 30%左右。发达国家的农产品生产科技化、机械化、良种化以及工业化的发展水平，均远远高于发展中国家。世界发达国家的农业科技进步贡献率达到 75%以上，在包括专利、地理标识、植物新品种等农业知识产权方面，西方发达国家处于垄断地位，使得发达国家的农产品在世界市场上具有很大的技术竞争优势。以欧盟和美国为首的发达国家,都对本国农业投入大量的补贴,对敏感农产品继续实施高关税保护，全程食品安全控制正逐渐成为发达国家进口食品市场准入的新技术壁垒。相比之下,中国家的传统果蔬、玉米和大豆等农产品根本无法与之匹敌,完全不具备国际竞争能力。导致发展中国家在农产品贸易方面处于极度不利的弱势状态。

新自由主义的推行,使第三世界国家的土地,有的改建为适应西方和本国富人需要的休闲娱乐场所,有的成为环境破坏的牺牲品或垃圾场,有的只种植西方需要的产品,结果使本国所需粮食的种植面积大为减少。西方农业垄断公司在第三世界扩大对土地、种子、水、农用机械、化肥、农药以及农产品加工与农产品市场的控制,西方国家给自己的农业提供高额补贴,美国还特别把粮食作为外交政策的武器,从而使西方从中牟取暴利,使第三世界农业越来越走向萎缩,农民大量破产,粮食生产者不得不高价购买粮食,第三世界人口或者因饥饿、贫困、疾病而死,或者长期营养不良。发展中国家的"粮食危机"是资本主义全球化不可避免的结果,新自由主义则成为一种加速剂。

(一)发达国家的粮食垄断

正如美国前国务卿基辛格(Kissinger)的豪言壮语:"如果控制了石油,你就控制了所有的国家;如果控制了粮食,你就控制了所有的人。"

世界农业领域的自由化真正推动者是大型农业跨国公司，被称作"全球ABCD"的四大粮商,美国邦吉(Bunge)、美国 ADM、美国嘉吉(Cargill)、法国路易达孚(Louis Dreyfus),它们也是农业领域中的垄断者。这些跨国粮商通过控制农—工综合产业链条的顶端形成垄断地位。先是通过大量增加某种农产品的产出和供给,形成低迷的市场价格,从而挤垮发展中国家的小农场或农户。然后低价兼并收购农场进而控制农产品的生产种类、数量和出售价格。直至控制占到食品价值 65%的农产品育种、运输、加工、营销等高附加值环节,不仅获取高额利润,还对发展中国家的粮食安全构成直接威胁,尤其是一些跨国种业公司在研发和育种领域的高投入和高产出加深了发展中国家农户的对其依赖。

农业跨国公司还通过控制农业生物技术优势来巩固垄断地位。从 20 世纪 80 年代开始,西方农业跨国公司在农业生物技术上进行大量投资,却鲜有成熟可行的技术成果。进入90年代,为了回收投入,这些跨国公司加速将很多不成熟的、可能损害人类和自然环境的生物技术,如转基因技术和荷尔蒙生长刺激技术等引入市场。各类转基因作物是农业生物产业的最重要领域。全球十大种子产业跨国巨头包括美国公司 Monsanto(孟山都)、美国公司 DuPont(杜邦)、瑞士公司 Syngenta(先正达)、法国公司 Groupe Limagrain(利马格兰种业集团)、美国公司 Land O'Lakes(蓝多湖)、德国公司 KWS AG(KWS 种子公司)、德国公司 Bayer Crop Science(拜耳作物科学)、日本公司 Sakata(坂田种苗株式会社)、丹麦公司 DLF-Trifolium(丹农种子集团)和日本公司 Takii(泷井种苗株式会社),这些跨国公司都是转基因作物技术及产品的主要垄断者。除了通过生物技术研发转基因产品,这些公司甚至不惜代价获取发展中国家的种子,为植物种子的基因材料申请专利保护,窃取发展中国家的种子基因资源,从中打击和控制发展中国家的农产品生产,并征收高额的专利使用费从中获得巨额收益。众所周知,植物种子是世界人民世代耕作留下的宝贵遗产,而这些跨国公司却利用 WTO 等国际组织的庇护通过《与贸易有关的知识产权协定》来获取不合理的技术保护,建立和巩固垄断地位。同时这些跨国巨头还和全球十大农药跨国公司强强联合从事与转基因作物相匹配的生物农药生产及贸易。

以跨国公司为主导的发达国家把持了先进的科技和机械化优势相结合的粮食供应链,发展中国家的农业和粮食生产日渐式微,生产成本远远不及发达国家低廉, 在国际市场的竞争优势消失殆尽。世界银行 2008 年报告显示,2000—2004 年,中国农业人口的劳动力比例占总就业人口 44.1%,而同期美国的农业就业人口,仅占总就业人口比例的 0.58%—2%。准确的数字为 2 846 389 农业人口。也就是说,美国从事农业生产的人口,仅为不到 300 万人。美国以不到 300 万人农业人口,造就了世界上最强大的美国农业。美国用不到 0.58%的农业人口所生产的粮食,使美国人均占有的粮食超过了 1 吨(而中国人均占有的粮食仅为美国人均占有的粮食的 1/3),成为世界粮食生产出口第一大国,其一个国家的粮食出口,就占到了世界粮食出口总量的一半。美国既是世界上最强大的工业国, 又是世界上最强大的农业国家。美国是世界粮食出口第一大国,美国的粮食出口支撑着世界粮食出口市场的半边天。与之对应的是,小麦、稻米和玉米是世界人口主粮, 但很多发展中国家产量不足。绝大部分非洲国家，中国、朝鲜、孟加拉国、巴基斯坦、缅甸等亚洲国家，阿富汗、伊拉克、黎巴嫩等中东国家还有南美部分国家成为国际市场上粮食进口的主要国家和地区，需要大量进口粮食以解决吃饭问题，对粮食出口国家的贸易依赖非常强烈。由此，在遭遇极端天气导致全球粮食产量下降或者主要贸易国家采取限制出口政策时，全球会引发威胁世界2亿人口的粮食危机。

（二）粮食安全危机

由谁来选择农药的安全级别？如何界定“安全”这一标准？谁来决定实务的生产地？谁来决定农民和农产工人的工资？谁来确定安全的食物加工技术？谁从食物添加剂中获利最大？这些添加剂对人体是否有害？世界上到底有没有足够的便宜能源用来运输粮食？这是一场隐形的战争，是多方参与的世界上最复杂的战争，它不仅是国际力量、战略和策略的角逐，也不仅仅是金融大鳄资本的血腥和世界四大粮商逐利的阴谋，它最后的指向更关乎生活、生命和道德的批判，是国家力量的角逐。

发展中国家的人口增长迅速，成为经济发展的沉重负担，这也是造成南北国家在全球化中的竞争地位悬殊的一个重要原因。发展中国家人口增加的速度远远超过发达国家，这为国家政府解决日益庞大的人口之衣食住行和教育等基本生存和发展权利问题造成很大困难，不得不将本来不多的国民收入的大部分用于国民的基本生活消费。更为严重的是，一些国家由于人口增长率超过了其粮食产量的增长率，粮食自给率逐年下降，只得拿出本来就很紧缺又来之不易的外汇进口粮食，致使消费基金占国民收入的比例过大，而用于投资积累基金所占比例很小。许多国家基于如此困境，难以进行设备的更新改造和扩大再生产，经济增长缺乏动力，经济发展受到严重束缚和制约。同发达国家相比过快的人口增长反差，加大了南北经济差距，富国越富、穷国越穷的局面下，很多发展中国家被发达国家远远甩在了全球化竞争的末端。20世纪70年代到21世纪初，过分强调的贸易自由化以及发达国家跨国公司的垄断策略致使粮价持续低迷，这为发展中国家选择依靠国际贸易而不是国内粮食生产提供了理由。随着进口粮食价格降低以及发达国家过度生产导致的国际市场供给充足，进口粮食似乎成为一种安全且成本较低的满足粮食需求的政策，许多具有潜在粮食生产能力的发展中国家放弃粮食生产自给，将国内农业从粮食生产调整为以出口为导向的非粮专业化生产，日益依赖国际贸易，这一趋势在最不发达国家尤为明显。

新自由主义全球化的农业格局摧毁了广大发展中国家自给自足的农业生产体系，在形成有利于垄断资本的全球化粮食体系过程中，造成全球性的农业生态危机。不仅如此，发展中国家牺牲其粮食生产能力的长期利益，选择从国际市场采购廉价粮食满足短期需求，导致众多发展中国家面临着愈来愈严重对粮食的安全危机：一方面是国际市场粮食价格的大幅波动会造成国内不同层面的负面影响。从微观层面看，进口粮价飙升使进口国贫困人口无法负担。作为生产者，发展中国家的小农议价能力很弱，农产品价格上涨不一定使他们受益，生产价格远低于零售价，价格上涨的利润多被加工商和贸易商获取；而作为粮食购买者，他们则需支付零售价。价格下跌也对小农构成挑战，虽然他们支出减少，但收入也将缩减。从宏观层面看，当出口产品价格下跌时，发展中国家出口收入下降。当廉价的进口产品涌入国内市场时，国内生产者难以竞争遭受冲击；粮食价格上涨时，粮食净进口国就会出现国际收支平衡的问题。在依赖粮食进口的情况下，生产者和消费者均会对贸易条件恶化和价格波动显得更为脆弱，高度依赖国际贸易的国家将很难抵御其他国家过度生产或减产带来的外部冲击。依赖国际市场的风险在粮价低迷时还不甚明显，但当粮价飙升时则会发生粮食进口成本飞涨，难以保证粮食来源及融资困难等情况。

另一方面，新自由主义全球化的农业格局造成了发展中国家处于农业国际分工的劣势地位，由此带来的生态生存危机非常严重。

第一是农场专业化和杀虫剂、化肥的大量投入，农用化学物质的成倍使用，其后果是土壤侵蚀和土地养分流失、土地盐碱化、地表水和地下水污染以及野生植物、动物基因资源丢失，使得自然的自我平衡和修复能力遭受不可逆转的破坏。再加之发展中国家人口的不断增长和工业废弃物的排放量不断增加，大大提高了发展中国家食源性疾病的触发概率。工农业的污染造成水体中有机物污染，重金属在农畜水产品中富集，使污染加重（如农药、化肥、生长调节剂、兽药残留和持久性有机污染物的污染）。目前，中国有 850 条河、130 多个湖泊及近海受到不同程度的污染，其中，51 个程度相当严重。这些有毒化学物质可进入人类的食物链，通过食物进入人体而损害身体健康，降低人体抗病力。2000 年中国农业部对 14 个经济发展省会城市的 2110 个样品检测,结果检测取样中重金属超标的占 23%;种植业与养殖业造成源头污染,我国每年氮肥用量 2500 万吨,农药 130 万吨,单位面积用量分别是世界平均水平的 2 倍到 3 倍。二噁英污染是又一个环境污染主要元凶(焚烧废弃物、汽车尾气),直接或间接污染肉、乳、水产,并因此而致癌致畸,其直接致死量为砒霜的 900倍。[①]

第二重危机与基因技术位置中的生物技术有关。一些发展中国家受到发达国家的利诱,低价引进以孟山都、杜邦公司为代表开发的转基因技术、作物及其配套的化学肥料制剂供国内生产、加工和消费之用。这些技术不仅毁灭性地破坏了本地土壤再生能力,损害了生物基因的多样性,冲击了国内本土同行业农户,而且造成失业率的迅速攀升。更为严重的是,它还使国内绝大多数公民身处粮食安全危机之中,面临身体素质下降、冲击种族存续的灾难性后果。

由此可见,全球国际贸易一直处于为发达国家经济发展和生态平衡服务的畸形格局之中。发展中国家在新自由主义的主导下,既承受了冲击种族存续的灾难性后果,又承受了惨重的经济损失和生态环境破坏的严重代价。

第三节　后发国家加剧的国家矛盾与社会矛盾

一、贸易战争下的国家利益冲突升级

全球化自由贸易使经济利益在国家利益中的地位得以提升,且日益显现其重要性。众多国家为了在当前和未来的国际竞争中占据有利地位,都在自觉、主动地围绕经济利益调整自己的经济结构和政策。这使得经济利益的维护成为各国对外活动的主导因素;经济安全被纳入国家安全战略之中;经济手段成为解决国际政治问题的重要途径;经济外交成为当前各国外交工作的重要内容。发展国际经济贸易关系已经成为各国经济发展中不可缺少的重要组成部分,也是世界各国对外关系中的重要目标之一。许多国家纷纷以地缘、民

① 谭国新.我国食品安全与食源性疾病控制对策.清江论坛,2009(3).

族、宗教关系为纽带,积极开展经济交流与合作,寻求和开辟经济贸易关系的新途径。但是,全球资源的分布不均,资源流失与获取,也会引发众多的国际冲突甚至局部战争。全球贸易中的激烈竞争态势,国家间的存续,势必造成国家之间在政治、经济关联中的矛盾冲突加剧。

随着经济全球化,贸易自由已经成为不可逆转的历史潮流。无论是发达国家还是发展中国家,都把发展经济的立足点放到广袤的世界市场中。货物、资金、人力在全球范围内自由流动,发展中国家加入 WTO 后,逐步放松了原先多边贸易机制提供的一些保护机制, 一些发展中国家从普惠制特殊贸易优惠安排,及其与发达国家经济一体化所得利益被弱化或削弱。不仅如此,其国内产业还面临日益激烈的出口竞争和更为艰巨的调整任务。这就对各国的贸易制度和规则提出了更高的要求。但是,这些要求不可能很快实现,因为随着双方贸易关系的日益密切,贸易摩擦也不可避免。不仅如此,各大国都竞相扩大海外市场,积极参与世界贸易的进程中获得专业分工、规模经济、产品多样化、竞争扩大和技术增长等静态或动态的利益。但在各国积极参与世界贸易的进程中,由于国家大小不同,发展水平又有差异,故存在着巨大的非均衡性,这也使得国家之间出现贸易摩擦的频率加剧。对于不少发展中国家来说,贸易能够使其资源更多地流向外向型的生产部门(通常也是生产效率较高的部门)。但是资源的这种流动,会给其他部门造成直接或潜在损失。贸易开放程度的扩大可能导致一些部门的就业机会减少,并因此而造成结构性失业的增加。同时,一些中低收入国家缺乏有效的社会保障体系,故难以迅速缓解因为失业,哪怕是短期失业所导致的国内社会问题。不少国家,在这种情况引发的国内压力下,很可能会采取一些应急措施,而这些措施的实施,也很可能成为贸易摩擦的导火线。

发展中国家市场开放度的加快,特别是近 10 多年来,受亚洲金融危机,拉美金融危机以及美国金融危机等事件影响, 发展中国家普遍感到外国产品对本国产业冲击呈上升趋势,加之许多发展中国家的产业结构相似,国内企业的无序竞争导致大量项目重复,产品出现很大雷同,出于保护国内市场,减少失业,维护经济秩序的需要,挑起贸易摩擦的事例层出不穷。但从总体看来,贸易摩擦程度较浅,贸易摩擦形式也比较单一,常常表现为“反倾销”。

在此背景下,在全球贸易中扮演着越来越重要的角色的国家——中国,成为众矢之的。对于中国来说,同发展中国家之间最常见的贸易摩擦形式比较单一,主要表现为反倾销,且发展中国家对华反倾销国家的集中度非常高,主要是印度、阿根廷、土耳其、巴西、南非、墨西哥、哥伦比亚、秘鲁和埃及等国家,其中,以印度、阿根廷和土耳其为主,产品主要集中在化工产品,鞋、靴、伞等轻工业和纺织劳动密集型产业领域的商品。

从趋势上看,呈现着一国与其他国家联手采取贸易限制措施的现象。如墨西哥在诉诸中国某些品牌产品补贴案件中,先后与土耳其、哥伦比亚、厄瓜多尔、新西兰、澳大利亚等进行过联合磋商。又如2005年来自65个发展中国家的115个行业组织签署的《伊斯坦布尔宣言》中,50%的发展中国家要求WTO继续对中国纺织品出口实施配额管理。

虽然发达国家针对中国的贸易摩擦采取"反倾销"的比重有所下降,但是更高端的一些贸易摩擦方式诸如反补贴调查、逼迫人民币升值等,成了针对中国贸易战的焦点。除此之外,建立排斥中国加入的区域性贸易集团也是将中国在国际贸易中边缘化的手段。总之,在整个世界贸易中,中国始终处于贸易摩擦的风口浪尖中。在发达国家的带动下,众多国家将贸易战争的矛头指向中国。此举既造成了国际经济、政治局势的紧张,也打压了发展中国家之间进行良性贸易合作和互动的空间,对发展中国家经济合作和贸易发展带来不少的负面影响。

二、贫困和社会分化与全球化携手同行

美国为首的资本主义发达国家将新自由主义作为攻击福利国家降低实际工资、削弱工会组织的工具。新自由主义通过推行没有任何社会软化剂的、强硬的资本主义来提高资本利润率,用一个新的刚性工资理论束缚工薪族,竭尽全力追逐市场原教旨主义倡导的所谓"利润最大化"。所谓"全球化"本质上就是要营造资本逐利的生态环境,在此环境下,发达国家与发展中国家之间,以及各国国内的资产阶级和劳动大众在交换、分配、消费各个层面上,都出现了日益严重的两极分化。

如果单纯从人类社会进步和科技发展的角度,从生产力提高的标准看,经

济全球化促进了经济效益的提高和世界产业规模的扩大，全世界的大多数国家没有错过这一人类历史上最为重大的发展机遇。包括中国在内的一些发展中国家通过全球化的经济体系实现了经济的快速增长。新自由主义所推行的全球化政策认为，全球经济会产生一种“大坝效应”，财富将从富国、富人手中向穷国、穷人手中“渗漏”，最终实现共同富裕、社会公平。然而，事实恰好相反，随着全球化在新自由主义框架下的不断深入，中心国家与外围国家之间的贫富差距和收入与消费分配不公日益严重，全球国家之间的贫富差距越来越大，富国越富、穷国越穷的马太效应与日俱增。

美国前国务卿基辛格承认：“全球化对美国是好事，对其他国家是坏事……因为它加深了贫富之间的鸿沟。”联合国发展会议对世界各国收入分配长期趋势的分析表明，1820 年世界上最富有国家（英国）和最贫穷国家（印尼）的收入分配是 3∶1，到 1973 年增加到了 44∶1，贫富差距迅速扩大。而在全球范围出现如此巨大的两极分化情况的时期，恰逢里根、撒切尔夫人、皮诺切特、国际货币基金组织，以及世界银行唯“富有魔力的市场之手”马首是瞻时。到 2000 年，最富有国家与最贫穷国家贫富差距高达 227∶1，即从新自由主义勃兴之时起 27 年间贫富差距扩大了 15.5 倍。在全球化最受追捧的 21 世纪初，贫穷国家的经济也陷入了最低谷。在人均 GDP 和人均 GNI 两项指标上，不仅绝对值大大低于这一波全球化开始的 20 世纪 80 年代初，也就是新自由主义风行以前，而且与发达国家之间的相对差距拉大到了空前的历史最高点，分别达到了 243 和 218 的惊人倍数。对于世界上绝大多数国家来说，所谓绝对意义上的增长并未使它们摆脱相对贫困化的困境。

古巴的马丁内斯博士指出：“世界资源财富市场化配置只属于全球 20%的人口。全球最富有的 20%人口，消费了世界上 45%的肉类和鱼类，最贫困的 20%人口消费的肉类和鱼类只相当于全球消费量的 5%；最富有的 20%人口享受了全球 58%的能源，最贫穷的 20%的人口只能使用全球能源的 1.5%；最富有的 20%人口拥有全球 74%的电话线，最贫困的 20%人口只拥有其中的 1.5%。”[①]发达国家与发展中国家经济生活资源消费的巨大不平等，是新帝国主

① 奥斯瓦尔多·马丁内斯. 垂而不死的新自由主义[M].北京：当代世界出版社，2009.

义窃取资源与财富，造成全球南北两极分化的不公平的世界秩序所致。

新自由主义在全球的推行，加剧了国家间社会阶层的两极分化。从全球财富分配的角度来看，全球前三名首富拥有的财富超过了48个最贫困国家GDP之和，而在这48个国家中生活着6亿多人口。高收入国家10亿人口占有的财富占全球财富的60%，中等收入国家15亿人口所拥有的财富占全球财富的20%，低收入国家35亿人口拥有的财富仅占全球财富的20%。2009年时，世界60亿人口中，贫困人口近28亿，约占到世界人口的一半，赤贫人口约15亿，占世界人口的1/4。赤贫人口从20世纪60年代后期的1.38亿激增到20世纪90年代后期的3.07亿。

新自由主义全球化和自由化的国际贸易带来的贫富分化，不仅体现在国际层面，而且在一国内部也造成严重的贫富分化。国际垄断资本主义利益集团，不仅制造大量穷人于第三世界国家，同时也在被认为富有的国家中制造了模仿性消费的第三世界寡头集团与贫民窟。美国有20%的人口属于完全或者功能性文盲，17%为贫困人口。欧洲有1420万失业人口，6800万贫困人口。在日本表面的高收入不能填补精神的空虚，不能让人们生活幸福，致使日本的自杀率高居世界榜首。而第三世界国家的贫富分化更为严重，巴西是世界上四个基尼系数最高的国家之一，1999年巴西最富有的10%的人口拥有47%的国民收入，而最穷的40%人口仅拥有8.1%的国民收入。

自由贸易导致发展中国家工人大量失业，国际储备逐渐枯竭，产业结构畸形发展，结果是自由贸易不但没有消除贫困，反而加剧了贫困。发展中国家凸显的国内矛盾远远不只是指贫困，还指在政治统治范畴及经济管理层面的挑战，经济发展的多层次失衡，复杂而庞大的社会问题等多个方面，出现越来越激烈的冲突。

三、日益凸显的国内矛盾

（一）政治统治与管理面临冲击

新自由主义冲击下，很多发展中国家对国内政治统治和管理方式产生怀疑。一开始很多不明就里的国民，在发达国家文娱产品的影响下，内心开始接受新自由主义的“自由化”传教，希望打开国门拥抱新自由主义全球化。随之而来的,是新自由主义全球化对国内经济、政治、文化等方面的多重冲击,这使得他们的生活水平不升反降,贫富差距也逐渐加大。在国家金融危机时,货币贬值、银行瘫痪,成千上万的民众走上街头抗议。以阿根廷为例,一个月内就走马灯似地更换了5位总统。类似情形在智利、巴西不断重演。新自由主义所到之处, 使得跨国集团和地区寡头获得实惠, 国内政府对经济的调控力却大大减弱。在东亚经济快速增长的时期,各国政府重视宏观调控职能,控制外债规模,注重在私人动机与公共支持之间保持适度平衡。然而在金融自由化、贸易自由化和投资自由化的新自由主义风靡亚洲之后, 国家在面对国际金融大鳄的投机冲击时,政策失灵,毫无招架之力,整个地区蒙受了重大损失,国内经济严重动荡,政治局势也高度紧张。

(二)经济发展失衡

1. 结构性失衡

跨国公司高度集中的发达国家成为全球高新行业规则的制定者。很多高新技术的开发与使用,需要有强大的经济实力做后盾,因此以跨国公司为代表的发达国家在开发和应用中占据着绝对的垄断地位。伴随这一现象而来的是,高新技术产品所需要的规则、标准、协议目前完全由先进的跨国公司制定,最后以发达国家层面发布,发展中国家只能是这些规则、标准、协议的接受者,而非制定、参与者。从根本上讲,对于规则、标准、协议的控制,是更高层次的控制,不仅控制了今天的生产过程,而且控制了明天,控制了未来发展的趋势。在高新技术领域中,发展中国家的从属地位本来就极其明显,发达国家规则、标准、协议和技术制定得层次越高,这种从属性就越强,从属的持续时间也就越长,发展中国家因之而丧失的利益也就越多。由此带来的后果是,发展中国家的经济发展出现结构性严重失衡。

以拉美地区为例,产业部门的发展比例失调。首先是农业与国民经济其他部门的发展不相协调。农业占国民经济的比重下降非常快,与劳动生产率的提高不相适应。粮食作物落后于其他经济作物的发展,致使粮食进口量在1974年以后的十年内增加了一倍,急速增大了粮食危机爆发的可能。第二,制造业部门发展不足,在出口商品中有80%是初级产品,本地区所需要的资本品和中间产品却有一半以上依靠进口。第三,在整个工业生产部门中,出口部门占绝对优势，造成对国外市场的过分依赖。第四，服务业过于庞大，占拉美地区生产总值的一半以上。劳动力过早集中于非物质生产部门，形成劳动资源的浪费。[①]

2. 区域发展不平衡

跨国公司在调整自己产业结构的同时，将缺乏竞争力或即将缺乏竞争力的产业转移到其他国家和地区。跨国公司一般在发达国家发展垂直分工体系中的高层次产业，而在发展中国家发展低层次产业，由此造成了发展中国家产业结构的单一性、从属性。在此基础上，发展中国家引进的外资资金流动和劳动力供给都流向重点开放和发展的大城市和地区。由此造成了较为严重的区域发展不平衡，地区间的贸易竞争力差距扩大。工业化与城市化发展不匹配，国民经济具有极为显著的二元结构。以中国为例，经济发展呈现出多层次的二元化格局，中西部经济发展远远落后于沿海经济发展，农业发展严重落后于工业发展，而工业中传统工业和现代工业并存的二元结构，在中西部地区最为明显。不仅如此，随着全球化的加快推进，原有的城乡二元化结构问题趋于恶化。农村居民的收入严重偏低，与城市居民相比，两者之间的收入差距在继续扩大。考虑到中国农村人口要占到全国总人口的60%以上，而他们的收入水平又不到城市居民的1/3，且农村居民在消费行为上具有比城市居民更为强烈的自给自足倾向，所以中国城乡二元结构的固化与恶化将使中国的内需严重不足。

3. 城市化进程畸形

许多发展中国家本身在结束殖民统治以前就存在城市结构缺陷，而在全球化列车飞快驶入其国家经济发展轨道时，不仅受新自由主义的国际渗透的影响，而且更加依附于自身首位城市的发展，这使不少发展中国家城市规模的分布也出现了很不合理的“城市首位度”畸高现象。（城市首位度也称作“首位城市指数”，是指一个国家或地区最大城市人口数与第二大城市人口数之间的比值，通常用来反映该国或地区的城市规模结构和人口集中程度。一般认为该指标小于2表明结构正常，集中适当；大于2则存在结构失衡或过度集中的趋势。）不仅如此，新自由主义的“三化”冲击下，不少发展中国家都出现了“过度

① 卢韦.拉美经济的结构性发展危机[J].拉丁美洲经济研究，1987(4).

城市化”的现象。“过度城市化”又称为“虚假城市化”，是指城市化水平大大超过了本国的工业化水平和相应的经济发展阶段，表现为既没有工业化也没有经济发展的城市化。这一特征在受到新自由主义冲击最大的拉美国家表现最为突出。1950—1980年间，拉美国家的城市化水平从40%提高到64%，只用了30年的时间。相比之下，发达国家这一过程则花了50年的时间。在同样城市化水平增幅内，发达国家的人均国民生产总值增加了大约2.5倍，而拉美国家只增加了60%。以阿根廷为例，1997年阿根廷的城市化水平高达89%，超过了当时的美国、日本、德国和法国等大多数发达国家。除阿根廷外，同一地区的巴西、智利、委内瑞拉的城市化水平也都在80%以上。然而，拉美国家的工业化程度和经济发展水平却都远远落后于发达国家。

事实上，城市化进程的畸形发展同发展中国家经济结构发展的不平衡，及其城乡二元结构有着密切的关系。人口和资源朝城市、大城市的集中，加大了国家政府对地区治理的难度，使得城市贫困化、失业问题、城市环境污染等社会问题日益尖锐。

快速的人口增长和加速的乡城人口流动，也引起城市贫民区的急剧增加。从巴西里约热内卢的贫民窟和秘鲁利马的印第安人居住区，到印度加尔各答的平民街和孟加拉国达卡市郊贫民区，这种临时性社区每隔5—10年就增长1倍。在发展中国家里，贫民区的居民占到城市人口的1/3。在许多国家的城市中，贫民区的居民甚至超过了城市总人口的60%。随之而来的是过剩人口到城市经济的现代化（正规）部门和非正规部门求职的人数日益增多，劳动力供给远超需求造成了城市地区极高的失业率和就业不足。不仅如此，流动人口的大量增加，文化背景的不同，语言、宗教、伦理、种族的混杂，使城市中原来各种规范的礼貌和习俗受到冲击，进而导致宗教、民族冲突的加剧和恐怖性犯罪率上升。社会分配不公，社会服务水平参差不齐，传统价值观与社会发展之间矛盾重重。①

① 宋利芳.发展中国家城市化进程的特点、问题及其治理[J].中国人民大学学报，2005(5).

第四节 新自由主义意识形态的冲击

全球化和贸易向世界进行交换并传递着经筛选过的资本主义产品和信息。发展中国家在全球化浪潮中面对新帝国主义意识形态的冲击,它使国家文化、价值观、道德遭遇着巨大的挑战,甚至面临着被摧毁的可能。以美国为首的资本主义国家,斥重资在各国招收新自由主义信徒,通过为之提供留学机会和精英培训等方法,利用盘踞于美国高校课堂的新自由主义经济学家或学者,不断传播西方价值理念和学术思想,使大量受到美国主流经济学思想即新自由主义信条熏陶的"芝加哥弟子",成为其意识形态传播的代言人。他们往往借助学术交流、互联网络、文化全球化推广等方式争夺话语权。新自由主义作为向世界传统意识形态,尤其是原社会主义国家意识形态进攻的工具,对众多国家的价值体系和社会核心价值观不断发起挑战,导致许多国家都面临十分严峻的信仰危机。

一、民族文化和价值观的撕裂

(一)文化殖民主义的入侵

从文化层面上看,新自由主义作为资本主义全球扩张的主要理论载体,是资本主义文化殖民主义和帝国主义侵略逻辑的代言者。它们通过技术层面、经济层面、政治层面及相关的价值观念层面,形成一个一个文化霸权和文化入侵体系。在语言应用和传播上将英语作为正统传导工具,利用新媒体和跨国公司,通过高科技将资本主义的价值观夸张地形象化、具体化,并借此将"文化霸权"植入发展中国家的经济、社会和文化生活中。

全球化贸易中的文娱商品,大半是发达国家尤其是美国向世界各国、各地区单向输出的。国际垄断资产阶级借助于全球媒体,教育业、娱乐业、广告业、旅游业等各种方式进行文化输出,派出五花八门的技术援助组织、专家研究机构、和平队、宗教团体、基金会等,把西方文化中唯利是图、以邻为壑、享乐至上、追求物欲和感官刺激等输入第三世界,一方面瓦解和摧毁第三世界民族文化的根基，一方面用精神鸦片毒化第三世界国家的社会和人们的灵魂，霸道和狂妄地消灭原本多样性的人类文化，以取消第三世界人民的民族精神、自我意识和历史创造性。

科技的发展使得信息、思维传播的速度飞速提升，爆炸性增长的信息数据，除了在传统的报刊书籍、广播电视、文娱活动中继续存在外，在互联网的环境下出现了更活跃的变化。新媒体的发展，使得网络平台成为思想文化信息的集散地和国家软实力竞争的制高点，它已经深刻改变了意识形态的传播方式与效率。网络语言文字中有95%为英语，这为西方传播其资本主义文化和价值观体系，把持话语霸权，占据文化环境与成果高地提供了绝对优势。新自由主义的发展成型不仅仅是一种学术思维，已经形成了一整套完整而极具攻击性、侵略性的意识形态体系。网络搭载着新自由主义传播的致命病菌，将资本主义文化的影响和价值观系统呈几何倍数地加以放大，资本主义各国（尤其是美国）借助网络系统在发展中国家大搞文化入侵与文化殖民，并不断发起了对发展中国家文化（尤其是中国传统文化）的迅猛冲击。

新自由主义从文化上对发展中国家传统本位文化的削减与弱化是长期的、潜移默化的。它们的思想植入方式与意识形态渗透手段多样而具体。其主流杂志《时代周刊》《财富》《福布斯》《经济学家》《明镜周刊》中不断宣传的是西方“精英人士”的成功之道，虽然不乏创新、勤勉的一面，而更多传递的则是自我本位、利己主义、功利主义，以及无条件的生存竞争、无情的“丛林法则”，还有优胜劣汰与阶级差别等社会达尔文主义的逻辑，甚至宣扬并挑战传统文化，以不择手段方式获取财富和提升社会地位。以好莱坞为代表的影视文娱产品，俨然成为全球化背景下传播美国正面形象的傀儡，其热映影片中大力包装宣传的“钢铁侠”“蝙蝠侠”“超人”为代表的“救世主”，依然是对“精英群体”拯救世界惠及大众的个人英雄主义的标榜。此外，西方所谓的民主政治，挑战权威，质疑政府等思想也在其影视作品中不断出现，而影视明星们的奢侈生活，错综复杂的社交方式，社会中的奇谈怪论更是在影视媒体中体现得淋漓尽致。文娱活动中，社交聚会成为生活的一部分，飙车炫技是一种时尚，演唱会夸张的造型与令人咋舌的大尺度，层出不穷的荒诞歌词，纷纷传播着资本主义社会的自私、自我，轻浮、傲慢和脱离实际与目空一切，这些都对众多国家的传统文化和价值观造成不小的震荡。[①]

（二）传统价值观扭曲，“人权高于主权”的荒谬逻辑盛行

新自由主义所宣扬的“精英主义”“生而不平等”的个人中心主义价值观造成发达国家国内贫富差距急剧拉大，其上层群体的奢侈文化、享乐主义、超前消费等观点，通过其国内向外不断蔓延。它们通过跨国公司的营销宣传、互联网的普及、新媒体平台的推广等，不断向全球传播。以消费主义为特征的社会思潮对我国大学生的消费观、财富观、人生观都造成巨大的冲击，其危害是难以想象的，它导致发展中国家各阶层对收入与消费不公的认识出现了极大的混乱，消费价值选择与判断也严重错位。

新自由主义混淆个人责任，扼杀个人自由，美化西方的多党制的制衡思想，对公民的自由及政府应赋予的环境支持提出了所谓“新说法”，认为公民的自由是一种“积极的自由”，即以个人本位为出发点，将个人自由、个人价值和个人利益置于最高地位的利己主义自由。国家有责任通过政策来提供社会成员自由发展所需的外部条件，提供一个民主环境、保证平等的政治自由。新自由主义扭曲民主政治的含义，异化社会正义的观点，对各国青年的民主观念的冲击不可小觑。

最具有代表性的案例是中国香港的“占中”事件。血气方刚的青年大学生在西方殖民主义影响下轻易地被之利用。他们采用激烈对抗的方式非法表达政治诉求，以英美为首的国家通过背后策划，提供财政资源，指导教会人员参与等方式发动“占中”事件，并以此挑战中国民主政治权威，干预中国政治发展方向与进程。“占中”事件本身，及此后香港政改方案未通过，充分说明了少数香港大学生已经表现出在政治立场上被西方新自由主义意识形态侵蚀渗透的严重程度。香港的大学生，在民主政治教育上与内地严重脱钩，在爱国主义教育上也出现了断层。另一方面，内地大学生对此事件的态度有的漠不关心，有的甚至也对之表示认同，这在一定程度上也说明了内地大学生在民主意识方面受到新自由主义的影响是相当严重的，因而缺乏正确认识和理解。

---

① 陈玲.新自由主义思潮与当代大学生意识形态安全教育[J].哈尔滨学院学报.2017(2).

二、新自由主义意识形态对中国青年群体的冲击

新自由主义经过众多的西方经济学家几十年的精心雕琢与修正和西方多国政府大肆鼓吹与粉饰，在内容和形式上已达到精致、华美的程度，其包装极有吸引力和迷惑性。现今它已不仅仅是一套学术理论，而是全然成为一套完整的、冲击各国主体价值观、政治经济和文化连同意识形态的工具。我国在意识形态、文化价值观、政治体制和经济发展轨迹各方面都有别于西方资本主义国家，现今作为世界第二大经济体，作为正在崛起的社会主义国家和非西方的后发国家，是西方国家所倡导的价值体系的事实反证，是西方所认为的“异类”，也是新自由主义思潮攻击的前沿对象。从上述分析中不难看出，新自由主义思潮对中国国内群体意识形态的冲击不可小觑，尤其是青年群体的思想认识较为活跃和敏感，更容易被鼓动和误导。

新自由主义以无所不用其极的各种卑劣手段冲击和诋毁中国社会主义公有制，否定国家干预，宣扬“公有制早已过时论”，认为国有资产私有化改革能极大提高国家经济增长的效率，即使是小国弱国都能迅速跻身于发达国家之林。随着互联网多媒体技术的应用和推广，青年群体尤其是大学生能够接触到的这类信息呈几何倍数增加，更有甚者不惜运用“翻墙”软件，为自己接受新自由主义思潮提供便利，致使少部分大学生在意识形态和价值观方面已出现迷惘与混乱，甚至在思想行为上也有了偏差和失误，更有甚者，有的学生开始在高校课堂上、社团集会中公开表达对公有制质疑，表现出对马克思主义和思想的不屑一顾，对《资本论》的极尽嘲笑，丝毫不掩饰对西方新自由主义思潮与理念的崇拜。认为目前中国经济政治中存在的问题，就是源于没有采纳西方新自由主义倡导的全球化，没有进行彻底的所谓“市场化改造”，没有在社会生活中更多体现个人价值等。然而，他们中这些荒诞的认知和行为，都说明了国内大学生对新自由主义的真实面目知之甚少。事实证明，新自由主义并不是救世良药，也不是一些青年大学生无根据想象的“理想王国”，而是即如洛杉矶大学安德森教授所说的那样“新自由主义是一个令人生畏的、可怕的敌人”。

在经典的马克思主义学说中，早已深入剖析了剩余价值的来源，明确阐述了劳动创造价值的基本思想及其对促进社会进步与发展的重要意义和作用。

而新自由主义否定马克思主义劳动价值论，它们不遗余力美化资本主义国家群体设计出的美轮美奂的金融产品、金融衍生产品，在国际金融市场中广泛推广和传播，向世人植入一种利用货币游戏和金融工具所承载的虚拟资本可快速提振经济的假象，及一夜暴富的投机理念。利用货币霸权的巧妙运作，造成参与国际金融大市场就能创造财富，得到高回报的虚假逻辑，鼓吹投机意识合法化与经济效率的关联等等，显然，这些都与马克思的劳动价值论完全相悖。而这一假象在中国青年群体中，已经造成了很大影响。

广大青年大学生的消费开始出现脱离正常收入水平，呈现消费水平和质量与经济的发展水平不匹配的扭曲特征，亦即倾向于畸形满足虚荣心，体现身份感、地位感的高档、奢侈消费的炫耀性特征 。这种特征的出现，都严重脱离个人收入水平和社会经济发展水平，其消费承受能力给人以悬空消费之感觉。客观上，很多青少年大学生不再是以优异出色的成绩，积极参加社会实践的热情，健康阳光的思想意识，坚忍不拔且不惧困难的意志为傲，而是相反，攀比吃穿住用行，攀比夜生活的纸醉金迷成了一种不正常的常态现象。

这种现象的形成，除了新自由主义风行带来的恶果外，全球化带来的国内各阶层贫富差距的不断增大也是最直接的原因。他们直接面对的是较富裕家庭的学生充满优越感和自信心，且这一部分人容易滋生“炫富”心理，自觉高人一等，较严重的甚至模仿西方电影、连续剧中的情节，出现暴力帮派意识和学生中霸权主义特征，对家庭条件不好的学生进行打骂、虐待，这种情况频频出现，已呈年轻化趋势。相反地，而家庭条件一般或不好的学生，有的为了掩饰贫困，甚至置道德与法律不顾，不惜卖肾、卖血、贩毒和出卖肉体，这样做，有时只是为了拥有一只国际化的手机，或者是一个手提包；有的由于处于长期自卑和自我压抑的心态，“仇富”心理也表现出极端化，以致最终酿成流血惨剧。而所有这些，从本质上说，都是新自由主义风行导致的派生性结果，是新自由主义思潮所引发的消费观念扭曲的产物或异化性消费，是大学生群体不能及时辨识新自由主义的真实面目而带来的危害，对之疏于防范导致的严重恶果。

中国作为社会主义国家，对青少年传统文化体系的构建与培养主要通过学校、家庭、社会来实现。然而，面对多种媒介的信息传播，虽然青少年有较强的学习和接受能力，但自我鉴别和筛选能力却很薄弱。从目前高校大学生中所表现出来的思想行为方面看，一部分青少年对传统文化认知不足，本土文化认同度、参与度都很低，因此对中华民族传统美德的继承日益淡漠，对本民族文化往往缺乏自信，接受的自觉性更是表现很弱。这使得他们对传统文化和礼仪，以及价值观的丧失表现极为突出，以致使我国在国学认知与传承方面出现严重挑战。此外，传统节日的承袭，传统习俗的保留与延续等等，也都相应出现了危机问题。试问有多少大学生会包饺子汤圆粽子月饼，演奏民族乐曲，能准确地说出二十四节气，能在言行举止中得体地展现中国传统文化？恰恰相反，大学生群体中对情人节、圣诞节等外国节日的崇尚却一年胜过一年。热衷追逐西方电影和电视连续剧传递出的对父母直呼其名，过分强调自我意识和轻浮的性行为等，在大学生活中明显显现，奢靡之风也大行其道。一些体现此类意涵的娱乐和文化，诸如电影《小时代》，即使歪曲我国传统消费观念与价值观，但也票房爆满、备受追捧，还美其名曰“新型价值观”，并不可思议地使大学生趋之若鹜。很明显，新自由主义的文化入侵，很大程度上导致了中国经济发展同本民族文化素质下降及道德滑坡之间的突出矛盾。①

第五节　民族主权、经济主权、金融主权的流失

国家主权、民族独立是一切发展的决定性前提。它既是第三世界国家在第二次世界大战以后取得的最大成果，又是国际垄断资本彻底征服第三世界的最大阻力。新自由主义全球化把垄断资本控制的市场变成比国家更广阔和更权威的空间，要求第三世界国家政府放弃对经济与贸易活动的控制。

新自由主义推行的市场自由化，借机让大国强国担负起组织和管理世界经济的任务，阻止弱国拥有保护自己市场的机制和手段，从而保证其垄断资本对发展中国家、对弱国市场行使霸权。拉美国家、亚洲国家、转轨国家以及非洲国家，在新自由主义侵袭下已经造成严重的后果。跨国公司的数量和范围得到显著增长，其经济实力甚至超越了国家。发达国家的资本全面进入发展中国家

① 陈玲.新自由主义思潮与当代大学生意识形态安全教育[J].哈尔滨学院学报.2017(2).

后，可以在短短时间内就冲垮发展中国家的民族产业，并借助兼并、收购等私有化改制，从而迅速侵袭甚至控制了发展中国家的资源和国有企业，并从发展中国家攫取高额利润。经济全球化使跨国公司不仅从发展中国家攫取高额利润，而且侵袭它们的民族主权，使其对在本国领土上发生的经济活动丧失了有效控制权。而对民族主权的侵袭，必然也会破坏这个国家的民主程序，使其政治权利从民主国家政府转移到非选举产生一些公司和没有任何责任的国际组织手中，以致使国际性多边组织的权利和控制领域在发展中国家得到迅速扩张，相应地，国际性的非政府组织跨国公司和利润也都在新自由主义全球化中呈指数式发展，使国际政治生态越来越朝着寡头统治的方向演化。相反地，发展中国家的民族主权、经济主权在全球化的进程中，均程度不同地被跨国公司和帝国主义新侵略模式加以侵袭，有的甚至被窃取。

在全球化生产体系中，大型国际跨国公司主要从事研发、关键部件的生产、战略性营销及品牌管理等附加价值较高的核心生产职能，外围零部件生产、组装生产、物流管理及一般性市场营销等低附加值活动交由发展中国家的供应商来完成。在全球化生产体系中，大型跨国公司占据核心领导地位，通过控制商标品牌、知识产权、专利技术、营销渠道等手段，获得定价权，借此压低价格；而发展中国家的供应商因为缺乏商标品牌、知识产权、专利技术、营销渠道，只能为大型跨国公司代工，赚取廉价的辛苦费。与此同时，很多行业的大型跨国公司已经形成寡头垄断局面，发展中国家供应商数量众多，存在恶性竞争问题，形成自相残杀的局面，进一步压低了发展中国家供应商的利润。“跨国公司就是利用其在海外的大规模直接投资活动，通过……垄断东道国的某些产品和市场，在一定程度上影响，甚至左右东道国的生产、消费、内外贸易、产业结构调整和国家经济政策制定，从而削弱了东道国的经济主权。”①贸易自由化、金融自由化的开放中，发展中国家的众多民族产业被跨国公司渗透甚至控制，无数经过多年打造的民族品牌被跨国公司恶意收购后冰冻冷藏。发展中国家国民经济中一些关键行业和部门，不仅有被跨国公司控制的危险性，而且有些已被控制。

---

① 程琥.全球化与国际主权比较分析[M].北京：清华大学出版社，2003.

据《中国产业地图》(中国并购研究中心)统计,我国每个开放产业的前5名,都是由外资公司控制的。在中国28个主要产业中,外资在21个产业中拥有多数资产控制权。我国第二产业,以汽车产业为例,一汽除电力、军工等极少数国家核心行业以外,外资在水泥、钢铁、汽车、橡胶、机械制造、石化、玻璃、酿酒、医药、电子和通信设备制造、供水供气、煤炭、日用化妆品、食品、造纸、纺织、建筑、家具制造、文教体育用品制造、皮革、毛皮、羽绒、塑料制造、工艺品及其制造等行业中,都占有较高股权和市场控制权。(其中啤酒行业60多家大中型企业,只剩下青岛和燕京两个民族品牌,其余全部合资;玻璃行业最大的5家企业也全部都是合资;电梯行业最大的5家均为外商控股,占到全国产量的80%以上;家电行业中18家国家定点企业中11家合资;化妆品被150家外资企业控制。)大众、上海大众、东风、华晨、上海通用、长安福特、北汽现代、北京吉普、广州本田、广州丰田、天津一汽丰田、长安雪铁龙等中国汽车销量最大的公司,外资股权均为50%,不包括外资中小企业,外商在华投资和合资控制的53家大型汽车公司,销售额在1万亿元以上,占汽车市场总销售额的60%—70%;此外,外资在中国汽车零部件市场已占有60%以上份额,而在汽车电子、发动机零部件和摩托车配件等高技术含量领域,外资控制企业也高达70%以上;在汽车制造行业,法国米其林和新加坡佳通轮胎等外商独资企业和已被外商控制的轮胎企业,其产能与产量已占有中国汽车轮胎市场80%以上……①

新自由主义自由贸易的核心价值理念的本质就是强者拆除弱者的自我保护屏障,为发达国家的垄断资本进入发展中国家开辟一条畅通无阻的道路,使跨国公司侵袭、渗透、甚至控制了我国绝大多数行业。十分清楚,新型帝国主义的强盗逻辑已经体现得淋漓尽致。

发达国家国际贸易还利用了国际金融的配合对发展中国家进行经济掠夺。第二次世界大战后,美元所确立的国际金融体系霸权地位,为其在世界的任何角落购买所有国家和地区的通货及资产,提供了一张可无限透支额度的信用卡。这一独占性的"帝国"特权,可以通过联邦储备系统,以印刷美元为其净进口和透支消费买单。

---

① http://club.china.com/thread/1011/2764/22/50/9_1.html.

借此霸权基础,既可以肆无忌惮地进行全球并购,控制发展中国家的经济命脉,也可以全球采购,故意制造贸易逆差,为其制定下一轮的国际贸易游戏规则做好铺垫。有形贸易的巨额逆差使美元流出,通过金融领域的有效操作,又可以不同形式回归。在美元的保霸权地位不受挑战的情况下,美国可以通过自有贸易对发展中国家双重掠夺。同时,在各国经济依存度不断加深背景下,美国国内的经济风险通过美元的无孔不入转嫁给世界各国, 即使是由此引发世界性经济危机,都能够顺利地将后果传递给其他国家,尤其是发展中国家,它们将成为恶果的最后承担者。

发达国家拥有几乎全球90%的跨国公司,跨国公司是经济全球化的载体,在全球范围内的生产投资,促进各种要素的跨国自由流动,对经济全球化起着“推波助澜”的作用。同时,也是全球污染的推动者、散播者,是全球生态危机和发展中国家生存发展危机的“元凶”。发展中国家的国民财富不能毫无保留、无条件地向任何投资者开放,不能任由跨国公司无限制、无条件地投资、生产和销售,并不受被投资国生态环境保护方面限制地任意攫取自然资源。[①]发展中国家不能以对跨国公司无原则的让步为条件换取所谓“投资”。在利用国际资本时,需要加强对外资的监控,运用国家政策防止金融危机。完善关于跨国公司投资的法律法规,强化和改进对跨国公司的管理,使之行为必须符合本国的长远利益要求。

① 张英,张哲.新自由主义与生态危机[J].石家庄经济学院学报,2011(2).

第八章　对新自由主义主导的经济全球化的反思

第一节　基于生态正义与可持续发展的审视

对新自由主义学说思想和现实导向的认识，必须站在生态正义和可持续发展的战略高度加以审视，否则，将会逆生态系统法则和人类社会潮流而动，把我们生存的环境和人类社会带入灾难性深渊。

一、资源有限性和"新自由主义"理论悖论

第二次世界大战结束以后，众多发展中国家完成民族独立运动后逐步走向经济复苏和民族复兴之路。全球化的范围不断扩大，市场的供需持续增长，各国居民的需求呈现多样化、差异化的发展趋势。参与国际贸易的各国主体，一方面加快创新步伐抢占市场，同时，在供给规模上也不断扩张，以适应全球人口的爆炸式增长和旺盛的各类需求。日益活跃的生产、交易等全球化的经济活动，增加了对自然资源的需求，同时加剧了全球生态系统的负担。人类在以前所未有的惊人速度消耗着地球资源。

从新自由主义演进史来看，其兴起之时，正是全球化经济蓬勃发展时期，因而，它的本质特性也决定了新自由主义有着很强的掠夺性、占有性、私利性的帝国主义政治意识形态色彩。以新自由主义作为理论基础的国际垄断资本，在国际金融组织的鼎力支持下，以"纯粹"利己为动机，在全球范围内肆无忌惮地对资源和环境进行掠夺性破坏，故造成了全球生态系统的严重失衡，并因此而引发频繁的生态环境危机。

1962 年美国生物学家雷切尔·卡逊（Rachel Carson）出版了《寂静的春天》

一书，她通过调查，详细地研究和分析了大量使用化学杀虫剂对环境造成的破坏性影响，不仅在国际社会产生了强烈的反响，而且引发了全社会对生态危机问题的广泛关注。罗马俱乐部成员美国麻省理工学院的德内拉·梅多斯，在其《增长的极限》一书中，对传统的经济增长方式造成的人类困境提出警告："地球能够维持人类和经济发展的资源是有限的，在这样一个有限的封闭系统中，如果任由人口和经济自由发展的话，那么总会有一天地球的资源会耗尽，人就和经济因此而陷入衰退状态。"[①]新自由主义风行全球的短短几十年间，地球生态系统的生命力和恢复能力遭受了沉重的不可逆转的打击。根据《2004 年地球生态报告》显示，全球人类人均自然资源消耗量（该变量评估的是环境的可持续发展能力，显现的是人类过去和现在对于地球可再生资源的需求量）的增长水平超出气球生态负载能力的 20%。此后，《2006 年地球生命力报告》则以生物的多样性和生态足迹这两个指标检测地球的生态状况。在生物多样性方面，1970 年至 2003 年，脊椎动物种群减少了三分之一。检测的 695 种陆地物种已经减少 31%，344 种淡水物种减少了 28%。而 274 种海洋物种减少了 27%。按照这样的资源消耗速度，到 2050 年，地球人类将用掉相当于两个地球的自然资源。

由此看来，地球资源的有限性，同新自由主义所宣扬的无限"自由、平等"绝对相悖。在新自由主义看来，人的欲望和对经济利益的追求应该是最自由的两个领域，没有绝对充分的理由他们是不能被限制的，限制他们就等于违背西方民主社会的基本原则。但是，在地球有限性无法改变，资源萎缩枯竭的情况下，就必须对人的生殖和经济自由进行严格的控制，把人的数量和经济的发展水平控制在自然界所能容纳的范围之内。[②]事实上，新自由主义推动人类朝着严重的生态危机，以及我们的生存环境危机逼近，这些危机正是资本主义生产方式全球化的伴生性恶果。由于资本主义生产方式是以追求利润的最大化为目标，它必然不断扩大其市场范围，通过全球的所谓"市场经济资源优化配置"，以其经济和技术优势，最大限度地占有全球资源。从而对人类有限的、稀

① 德内拉·梅多斯等.增长的极限——罗马俱乐部关于人类困境的报告[M].李宝恒译.长春：吉林人民出版社，1997.

② 韩立新.自由主义和地球的有限性[J].清华大学学报（哲学社会科学版本），2004(2).

缺的资源实现生态帝国主义式的掠夺，并将生态危机转嫁给发展中国家。

二、生态正义与生态帝国主义

生态正义是指个人或社会集团的行为必须符合生态平衡原理，符合生物多样性原则，符合世界人民环境保护愿望的全球性意识，符合“只有一个地球”的全球共同利益，特别是符合为子孙万代保护环境的可持续发展观。而以美国为首的发达国家，通过新自由主义全球化对发展中国家、对整个地球资源无底线地索取和劫掠时，在掠夺世界资源并改变各个国家所依赖的整个生态系统时，资本主义正在朝着生态破坏和毁灭的方向迅猛发展。生态帝国主义既是资本主义发展的产物，也是资本全球扩张的必然结果。换言之，所谓生态帝国主义，究其本质而言，它是指帝国主义将强盗式掠夺延伸到整个地球生态系统。新自由主义主导的经济全球化的今天，发达资本主义国家正是通过破坏性地利用脆弱生态系统，来强化其帝国主义的全球控制。

（一）权利与义务的公平交换何存？

1. 生态帝国主义掠夺性本质

目前发达国资本主义国家，以占世界25%的人口消耗着占世界75%以上的能源和80%以上的原料。突破3亿人口的美国，占到全球60亿人口的4.5%，全民的消费却是占到了惊人的全世界三分之一的物质资源。过分消费对于环境的污染依然非常直接和突出，按照人均温室气体排放量来计算，美国到目前为止仍然是全球第一大污染源。根据美国农业部的统计，大约有27%可消费的食品被浪费掉，每个美国人人均每天会浪费一磅的食物，每年浪费4370万吨的食品。而食品垃圾又会产生温室气体甲烷，同时造成环境的污染。在美国过分消费以及浪费的同时，据世界银行和国际货币基金组织联合发布的报告所称，全世界现在有六分之一的人口处于长期饥饿中，总人数超过了十个亿！

发达国家对资源的消耗和浪费达到如此地步，与众多国家的消耗有如此悬殊，其在追求经济增长的同时，向发展中国家野蛮、无理地推行其生态帝国主义的强盗逻辑。它们人为制造了人与自然新陈代谢的断裂和人与自然关系的对抗，给发展中国家欠下了巨大的生态债务。那么作为领跑的资本主义大国们是否应该承担起与之相配的国际责任呢?

早在1995年,由洛克菲勒家族出资建立的“戈尔巴乔夫基金会”就召开了旧金山费尔蒙特饭店会议。与会的500名代表有:西方重要政治家、商界领袖、经济学人和“思想家”等等,涉及全球精英的方方面面。与会的所谓的世界“精英人士”,最引人注目的有:小布什、英国撒切尔夫人、布莱尔、布热津斯基以及索罗斯、比尔·盖茨和未来学家奈斯比特(John Naisbitt)等。在会上,具体讨论了2000—2100年内“全球精英”要处理的重大事务,已经设计出了所谓“人类走向21世纪的方案”,即清除地球“垃圾人口”的方案。与会者布热津斯基大言不惭地说:“未来人类社会是1/5的社会,在这个社会中,必须让其余4/5的废料人口被排挤出局,并依靠喂奶过日子”,旨在弃置和隔绝“无用的穷困人口”。

今天发展中国家所面对的所有灾变,从本质上说,就是新自由主义这种可怕的政治经济政策及其资本主义国家意识形态的必然产物和结果。不难看出,“费尔蒙特饭店会议”连同新自由主义的所谓“精英理论”,事实上已经将其鼓吹的“人权”“平等”“自由”和“博爱”的伪装撕得粉碎。在此,邪恶资本主义的真实面孔已经暴露无遗,这就是赤裸裸的“生态帝国主义”逻辑。事实证明,它们不仅无耻地抹杀了人类社会正义,而且将其无耻的罪恶行径扩大到了整个自然界和生态系统。

“生态帝国主义”对发展中国家的生态掠夺包括两个方面:一是直接掠夺,一是间接掠夺。所谓直接掠夺,是指发达国家将高污染、高耗费的企业迁移到发达国家,甚至把垃圾场建在这些国家,直接掠夺那里的土地、劳动力、洁净的空气和干净的水源,严重污染当地的自然生态环境;所谓间接掠夺,是通过强大的金融资本,加上发展中国家上层资产阶级通过政府制定的各种政治、经济和社会政策,对农民施加结构性暴力,迫使农村大量公有制土地被私有化,使之失去原有的土地生产资料,并被迫卷入世界资本主义市场的掠夺。在此前提下,为了降低农产品成本,而对有限的土地进行掠夺性开发,从而把自然条件推向生态的极限。试问,这种丑恶的行径同十六七世纪的黑奴贩卖,十八九世纪对落后国家的商品输出和资本输出的掠夺有什么本质的区别?

2. 虚伪的生态正义

在掠夺发展中国家经济、自然资源,进行人力资源盘剥压榨的同时,发达国家的领导人居然冠冕堂皇地以“地球卫士”“生态警察”自居，把造成生态危机的责任和后果推卸到第三世界落后国家身上，追求所谓的“生态正义”，并以此为幌子在国际贸易规则中制定出一系列的“绿色贸易壁垒”“蓝色贸易壁垒”，实在是太虚伪和无耻了。在制定这一切所谓规则和壁垒的时候，它们忘记了是它们推行的作为资本主义国家意识形态的新自由主义，并使跨国公司紧随其后，直接侵入发展中国家的事实本身。它们还忘记了它们借助跨国公司向发展中国家转移危害环境的有害产业，并借此转嫁环境危机的各种行径。

在对劳动力成本进行精确控制的外迁企业里，对利润的追求是毫无底线的。以“苹果”公司为例，“苹果代工厂工人时薪10元，每周工作超过70小时”。然而，即使如此“苹果也无法兑现承诺，其代工厂中雇佣童工对人如同机器”。如“印尼童工险被活埋的案例就说明了这一问题。其实，你用的苹果产品正是用他们挖的锡制造的”。总之，这样的事例在发展中国家屡见不鲜。所谓“人权”，所谓“保护儿童”“尊重劳动力”“给予基本良好的生活和工作环境”等，在国际贸易的“蓝色壁垒”中，均由发达国家详尽列出，但是在跨国公司执行时，它们制定的SA8000只是一纸空谈。

再从发达国家主导的绿色壁垒条例来看，生态正义视域下的绿色贸易壁垒，存在着极大的狭隘性和不对等性。

其一，高污染高能耗的产业向发展中国家转移，冲击国家间生态正义。绿色壁垒主要是发达国家对发展中国家农产品、食品和纺织品为主的相关出口产业进行限制而制定的。对发展中国家而言，本国尚没有完整、具体的与绿色壁垒相关的贸易政策和措施，导致了发达国家进口安全而优质的贸易产品，而自身产品流向发展中国家时品质很少受限。随之而来的是，发达国家的很多高污染高耗能的产业为了规避国内政策的限制，逐渐将其生产加工环节向发展中国家转移，发达国家利用发展中国家国内较低的环保标准，进行产业结构调整，节约成本，将国内高污染行业、废旧物和污染物种统统转移到了发展中国家；众多的海外投资者为了获得经济利益，逃避高额的高污染处罚，在发展中国家无环保标准和宽松的环境标准下，投资兴建污染密集型企业，对发展中国家的生态正义构成尖锐的挑战，严重影响到这些国家的进出口贸易健康发展，产业结构的良性调整和经济发展的可持续性。

其二,发展中国家消费的产品品质劣于发达国家,是对国家间生存正义的挑战。发展中国家企业根据发达国家制定的绿色高标准进行生产和加工出口产品,最后这些健康环保的贸易商品都提供给了外国消费者。而发展中国家环境标准过低,生态保护法律法规不完善,企业在生产中更少受到限制和约束。为了降低成本,从原料、原材料的采购,到生产过程,甚至在包装运输等多方面都是以节约成本为基本出发点。由此产生了,即使是同一家企业,出口和内销产品品质上的双重标准,往往销往国内产品品质低于销往国外的。以出口到日本的农产品和食品为例,日本"肯定列表制度"被认为是最为严苛的检测标准。该制度对每种产品制定的限量标准众多,而且执行难度极高,我国能在该高标准下出口的产品可以骄傲地誉为"世界最安全的产品"。然而,我国国内民众在生活中消费的产品,却饱受食品安全问题的严重困扰。从 2011 年日本地震引发核泄漏以后,有明确的规定不能出售其国内产品,而至今不断有新闻报道,"日本不断向外(主要是出口中国)出售福岛核辐射污染的生鲜产品"事例,甚至还签署协议将核泄漏地区的生鲜出售到台湾。

从爱护生态环境和保护人类及动植物健康安全为目的看来，国际贸易关于人类、动植物生态存续的条例设立无可厚非,不仅能有效制约贸易与环境产生的矛盾,还可以促进生态环境的良性发展。然而发达国家几何速度增长的烦琐、苛刻、精细化的条例规定,有些甚至高于国内标准,被应用于国际贸易绿色壁垒的构筑中,因此所引发的贸易失衡、生态公平失衡问题日益严重。其实质是以"生态保护"为名义,设置高障碍影响国际贸易的正常流动,扭曲国家之间的资源得到公平公正的配置。

(二)人与自然的和谐被打破

新自由主义主导的全球化对经济增长的片面追求，使人类对自然界的索取越来越贪婪，人与自然的和谐被无情践踏。弗里德里希·恩格斯(Friedrich Engels)早在 19 世纪就指出:"我们不要过分陶醉于我们人类对自然界的胜利。对于每一次这样的胜利,自然界都对我们进行报复。每次一胜利,起初确实取得了我们预期的结果，但是往后和再往后却发生完全不同的、出乎意料的影响,常常把最初的结果又消除了。"人与自然之间存在着共生性的相互作用,这是一种生态系统共生性的互动法则,亦即人类怎样对待自然界,自然界就会怎样回报人类。

在资本逐利中,人与自然界的和谐被打破,亦即河流被死亡、土地被沙化、温室效应、洪灾泛滥、生物链断裂、物种灭绝等,使全球性的生态危机日益严重。相对于众多发展中国家来说,情况更是严峻,这使得其经济社会可持续发展难以为继。自从资本主义盛行至今,大自然的报复接踵而至,英国伦敦的烟尘事件,日本的水俣病事件,苏联的切尔诺贝利核事故事件,美国洛杉矶光化烟雾事件等,都给全球生存安全敲响了警钟! 然而,资本主义披着"自由平等"的外衣,打着"开放互利"的旗号,公然将资本主义国家及其制度本身与自然界的强烈冲突借新自由主义的全球风行,非法地转移到了发展中国家。

嗜血的资本为了逐利,不仅疯狂地掠夺人类社会,而且贪婪无度破坏着自然界。自发达国家跨国公司侵袭全球发展中国家以来,每年 5 万种植物和动物从地球上消失。动植物品种正在以 50 乃至 100 倍于自然的速度被灭绝。荒漠以每年 600 万公顷的速度使人类农田丧失,荒漠化威胁着地表 40%的土地。而这些土地是足够 10 亿人赖以生存的生活空间。全球自然保护组织世界自然基金会(WWF)《2012 地球生命力报告》指出:人类现在使用相当于 1.5 个地球的资源来维系其生活,1970—2008 年全球生物多样性下降了 28%, 热带地区的生物多样性下降近 60%。但是以上的生态失衡和资源枯竭更多的是集中在发展中国家和不发达的地区, 而这都与跨国公司为了在这些国家攫取更大资本利润密切相关。

(三)国际正义与代内、代际公平缺失

全球化带来的生态恶果在不同群体间是不平等地承担的, 而且这一现象没有国界。负面影响最大的往往是低收入群体,不论是发达国家还是发展中国家。如英国地球之友发布的一项研究报告指出:"收入低于 5000 英镑的家庭比收入高于 6 万英镑的家庭受重污染企业干扰的比率高出两倍, 伦敦 90%以上的重污染企业坐落于低收入社区。"[①]但是,从全球整体来看,发展中国家群体在全球化中所遭受的资源分配和消费不公要严重很多。新自由主义针对广大发展中国家提出所谓贸易自由化、资本自由化。要求发展中国家全面开放市

① 王慧.被忽视的正义[J].云南财经大学学报,2010(6).

场，迎合发达国家在全球范围进行产业结构调整的需要。但在本国则重点发展科技含量较高的、无污染或污染较小的行业，而将科技含量较低的夕阳产业或污染严重的企业转移到发展中国家。很明显，以此方式不但掠夺了这些国家的生态精华（莱斯特·R.布朗 Lester R. Brown 语），还把它们作为“污染避风港”，输出高污染产业进行跨国污染转移。正是在这种新自由主义全球化模式下，发展中国家环境保护被国际垄断资本以行业污染转移方式同它们拉开了距离，并使之以庇古所说的“外部不经济”——发达国家人为制造的“外部不经济”造成被其侵袭国普遍的“公地悲剧”（加勒特·哈丁 Garrett Hardin 语）。以美国为首的发达国家出于自身利益的考虑，它们并不会放弃能够带来巨大利益的“生态殖民”机会。在“生态殖民”过程中，它们利用其所制定的绿色贸易壁垒，严格限制发展中国家商品进入其市场。但另一方面，它们又以危害发展中国家生存环境安全的方式，大量掠夺它们的生态精华，即大量从发展中国家进口优质资源，包括珍贵的动植物资源和稀有金属等。以消耗大量资源的方式，来确保国内利益群体和普通国民的奢侈生活之用。相反地，为了确保自己的生态成本和环境安全，它们却又违反其主导制定的绿色贸易壁垒，就连有毒的“洋垃圾”也要运送到发展中国家去处理。很清楚，这就是一种既不道德，又违法的生态殖民逻辑！在进行这些违法活动时，它们忘记了或者根本不想记得“濒临失衡的地球”（阿尔·戈尔 Al Gore 语）生态家园是一个整体的有机系统，对它的保护是全人类共同的责任。正因为此，挪威首相布伦特兰（Brundtland ）和她的委员会 1987 年就以《我们共同的未来》的长篇报告向人类发出忠告。但是，以美国为首的发达国家反自然、反人类的行径，完全背离了这一宗旨。故此，出于对发达国家与发展中国家之间的环境不平等的愤慨，台湾学者纪骏杰严正指出：“我们没有共同的未来！”并借此驳斥发达国家的“生态殖民”逻辑。[①]

三、生态文明建设与可持续发展

1992 年，联合国在巴西里约热内卢“第二次全球环境与发展大会”上要求

---

① 纪骏杰.我们没有共同的未来——西方主流“环保”关怀的政治经济学[J].台湾社会研究季刊，1998（总 31）.

与会世界各国首脑签署《21世纪议程》,正式提出"可持续发展战略",要求世界各国必须走可持续发展的道路。要求各国必须制止破坏地球生命支持系统的致命的竞赛,必须制止人类,特别是西方资本主义国家自杀的、破坏式的经济发展方式。自此,人类开始批判性反思以往新老自由主义的社会经济发展方式,并在世界范围内出版许多批判传统发展方式的绿色经典著作。以使人类社会走上健康的、与自然生态系统法则相一致的可持续发展轨道。继此之后,1994年中国也出版了《中国21世纪议程白皮书》,书中明确强调,"我们绝不走西方资本主义国家工业化发展的老路"。自改革开放以来,我国进行了"社会主义市场经济建设",目前,中国国内已经步入市场经济发展的快车道,使我国经济发展得到很大的进步。但是,在我们加入WTO,参与到全球化贸易中时,我们的生态环境也遭到了较为严重的破坏,使我国经济的可持续发展遇到了诸多挑战。今天,虽然国人对环境保护和环境正义意识在逐步增强,但是总体看来,对于国家环境危机、环境价值观,及可持续发展理念的认识和理解还不深刻,没有形成完整而系统的世界观和民族危机感,经济增长在一定时期内还会造成环境恶化。不过,随着人们对新自由主义片面的经济增长观导致环境危机问题的深入了解,随着人们生态理念的进一步加强,随着可持续发展成为我们现实生活的紧迫需求,生态环境保护和可持续发展战略将成为我国人民的自觉行动。

十八大以来,在习近平总书记的领导下,我国更加重视经济社会的可持续发展和生态文明建设。经济社会可持续发展和生态文明建设是我国的重大国策,它是对以往片面的经济增长观抑或GDP主义的历史纠正,旨在强调经济、社会和自然的生态合理性协调及经绿色化改造的GDP。目前,中国作为经济实力不断提升的最大发展中国家,必须确保发展的科学性和健康性,必须对以往发展过程的不足有清醒的认识,必须深刻反思以往经济发展中新自由主义给我们造成的种种危害。因此,在注重社会经济发展的同时,还必须正确处理各个方面的生态合理性协调关系。在对外贸易与国内环境的关系问题上同样如此,同样必须符合可持续发展和生态文明建设的基本宗旨。具体讲,主要应从以下几个方面入手:

一是,大力推进科技创新,发展循环经济,走可持续发展道路。技术创新可以有效解决传统产业,甚至是农业中边际报酬递减的困境,它可在利用有限的资源的同时,提升生产要素的边际收益,缓解因大量出口初级产品造成的自然资源枯竭和促进经济发展的现实需要二者间形成的两难困境，使发展中国家也走上可持续发展的道路。

科学技术不仅是生产力,而且有强大的协同力。科技创新在各产业部门中的应用和推广,既能使资源高效率地节约利用,也能使工业废水、废气、废渣得到有效处理,使之符合国际环境保护标准。应该说,各种污染物或废弃物在科技进步力量的作用下,都能得到生态合理性解决。因此,“没有真正的垃圾,只有没充分利用的资源”此话非常正确。利用科技创新,变废为宝,借鉴发达国家的先进经验,譬如,借鉴丹麦卡伦堡发展循环经济,创立工业生态共生园区,重复、高效率地使用资源,节省交易成本,创造综合收益,加速产业结构的升级,都是非常有益的。另外,发展现代化服务业、信息业、技术研发产业,调整产品出口结构,加大资本密集型产品的产出和出口,改善国家国际分工地位,使国内资源得到真正意义上的生态合理性优化的配置,从而步入可持续发展轨道,都是亟待解决的问题。

二是，利用信息技术和新媒体平台重视教育宣传。发展中国家大多存在“环境保护缺位”,忽视长远利益,环境成本意识淡漠,社会责任缺乏,使环境的保护让位于片面的经济发展等问题。随着中国国内智能手机的应用与普及,利用信息技术和新媒体平台,采用多元化的方式在国内大力开展环境保护宣传,促使人们树立正确的环境价值观及经济增长与生态环境保护并重的观念。另外,普及环境保护知识和相关法律法规,让全社会普遍知道如何防治由生产和生活引起的环境污染;如何防止由建设和开发活动引起的环境破坏,使全民真正树立起生态安全意识、危机意识。动员全民参与环保和监管,提高个人和企业环境保护水平,在抓贸易发展经济的同时,抓好环境保护,做到防治并举。除此之外,尚需通过宣传和推广国际环境保护标准,加强并完善各类商品生产和销售中有关环境保护的技术标准及法规，保证贸易环境管理与国际通行法规相衔接。最后,制定并强化国际标准制度及手段,使出口企业获得绿色企业和绿色产品认证等,这些都有利于打破发达国家的绿色贸易壁垒,提升出口产品层次和结构。

三是，明晰环境资源产权制度。长期以来，发展中国家自然资源产权不明晰，权责不分明，缺乏有效的资源产权制度，一直存在着对自然资源的粗放式开发和利用，在这方面中国也不例外。除了前述问题，环境破坏之所以严重还与监督执行、管理手段必须让位于经济发展，及相关制度和法律法规的严重滞后等问题密切相关。实践中，这些问题的真正解决，只有通过明确赋予资源、环境所有权，完善市场机制，建立有效使用、补偿和责任承担机制，在总量控制的基础上，完善市场的可交易排污许可证及可交易的资源配额制度等方式来确保。

四是，制定经济增长与贸易、环境协调发展方面的国内政策。经济增长与国家生态环境的可持续协调同等重要。发展中国家应该调整政府对自然资源保护不利，及对生态环境有负面影响的国内经济政策，实施绿色生态贸易产业政策，出台相关法律、法规，限制本国高污染产业产品出口，并增加其交易成本；借鉴发达国家有利于环境保护的政策和措施，鼓励和发展绿色产业，调整产品出口结构，加快产业结构升级。循序渐进地限制并淘汰对生态环境良性发展有阻碍的过剩产能；利用关税机制、非关税壁垒限制自然资源，尤其是稀有资源的出口；提高资源密集型产品的出口价格。同时，我国需要完善本国环境保护和贸易发展的法律体系，从环境评价标准、环保执行评价、处罚措施、监管机制等多方面，消除新自由主义推行的贸易自由化对发展中国家形成的贸易竞争压力。

五是，建立预警机制。发展中国家应建立专门的生态环境预警机制，并为此设立相应的专门机构。此项工作，既可为进出口企业提供咨询，也可为国家政府决策提供信息服务。同时，还可高效利用 WTO、TBT 等咨询点的窗口作用，搜集与“绿色贸易壁垒”“技术贸易壁垒”相关的各种信息，研究本国主要出口商品资源的利用现状，研究主要贸易国进出口商品的结构和趋势，及其出口竞争影响力，研究并借鉴国外新近出台的环境保护政策，建立国外与环境相关的贸易壁垒数据库，分析其特征和趋势，随时做好预警准备，以更好地服务于国家外贸系统。

六是，加强区域经济合作，形成发展中国家的总体利益和统一认识。发达国家借助新自由主义在国际贸易中的主导权，依然推行不合理的价格体系，使自然资源的环境成本被排除在产品价格之外。发展中国家在极大地破坏了国内的生态环境情况下，以极低廉的价格，透支式地出口有限的资源的以往政策必须改变。这些国家在生产资料的出口中，往往不具备价格谈判能力，只是国际贸易不合理价格的被动接受者。目前，通行的大多数原料和原材料的国际交易价格，是由极少数发达国家，更准确地说，是由华尔街决定的。但是，发展中国家必须拥有捍卫本国发展权、环境权的权利和要求。

单个发展中国家提高资源密集型产品的价格，自行内部化成本是不现实的，最终的结果会在多国博弈的价格竞争中依然处于劣势，并影响该国产品的国际竞争力。所以，要逐步建立符合发展中国家利益的公平合理的国际经济新秩序，必须使发展中国家形成对其总体利益的统一认识，进而团结合作，建立区域经济合作组织，在区域合作组织内达成共识，发出共同的声音，统一资源性产品出口价格，争取国际贸易话语权，并探索出一套应对不合理的国际贸易旧秩序的新的路径，逐渐对原有的国际贸易规则施加影响，使国际贸易朝着公平、合理的方向发展。

第二节　坚定而适应自身的明确制度和经济模式

经济增长不仅指存量产品和劳务的增长，更重要的是生产产品和劳务能力的增长。而这种能力的增长一方面源于先进技术，另一方面源于制度与意识的调整，制度是先进技术得以发挥作用的必要条件。俄罗斯、东欧、拉美、东南亚等国家和地区惨痛的教训表明，经济理论的误导，常常能够造成国家巨大的经济灾难，严重威胁和破坏国家经济安全。发达国家为了自身的利益，极力将新自由主义这套“操作系统”植入发展中国家经济运行体系之中。

市场经济制度不是属于资本主义特有，中国的市场经济模式是国家主导型，该模式与现代西方的凯恩斯主义、东欧转轨国家和俄罗斯的市场化模式、东南亚国家的国家主导型模式及南美洲国家的市场经济发展模式迥然不同。中国经济发展几十年取得的成就值得肯定，但是依然无法避免地同众多的发展中国家一样，遭受了资本主义发达国家利用新自由主义意识形态对国家各个层面的强烈冲击。因此,坚定而明确的制度和经济模式的立场,是国家可持续增长与发展的有力保障。一个国家的市场制度体系,需要从“质”和“量”两方面去考量。它既包括金融体制、财政体制、企业制度等对法律法规的完善,还包括司法体制、政府廉洁度、医疗卫生、社会保障、教育和环保方面的制度增进;它既包括对内建立完善的市场经济框架,构建对外投资促进体系,又包括建立双边区域投资制度等。

发展中国家能够承受新自由主义全球化下带来的消极作用,其出发点必然是在经济全球化发展过程中维护国家利益,使其更好地为本国服务。由此展开的稳健明确的制度立场在解决国家间政治、经贸利益的摩擦,国内区域发展以及中央与地方之间的利益平衡等方面都起到举足轻重的作用。

发展中国家经济主权的维护很大程度上取决于自身能力和选择。在经济全球化背景下,国家经济主权不仅需要维护和增强,更需要健全和重构。多数发展中国家的国家权利和职能的机构、性质与水平是在以往发展水平落后、市场化程度低、国民素质较差、整个国家比较封闭的条件下形成的。在全球化、现代化迅猛发展的全新环境中,这种低水平的国家主权职能结构自然面临极大的挑战,所以发展中国家要正视自身存在的隐患和缺失,积极且稳妥地推进本国制度建设以及经济结构调整,增强对外部环境的适应能力。

因此,作者个人认为,一方面发展中国家需要基于维护国家经济主权为基调的自由化发展中统一中央和地方开放口径的前提下,在国内创造机遇,通过对外开放促进国内改革,提高内部制度质量。例如,中国分批次建立了多个自由贸易区试点,招商引资带活地区产业发展。2013 年 9 月,中国(上海)自由贸易试验区挂牌成立,成为“为国家试点制度”基点。2014 年 12 月,广东、天津、福建自由贸易试验区及上海自由贸易试验区扩展区形成。2016 年 8 月,党中央、国务院决定,在辽宁省、浙江省、河南省、湖北省、重庆市、四川省、陕西省新设立 7 个自贸试验区,以点到面地加快改革开放的步伐,提高发展质量。然而这些地区成为众多发达国家跨国公司企图打开中国市场的试水门户,它们最期望中国开放的行业,是中国最不想全面开放的金融、电信、文化等涉及国家重要经济主权利益的敏感行业和部门。而国家层面的经济利益维护与地区经济开放的利益考量存在差距。例如上海自贸区的重要成功之处是列出了自贸区开放的“负面清单”,但是其他自贸区基于利益考量会在此基础上缩短“负面清单”,有的自贸区甚至希望没有“负面清单”。

所以作为发展中国家，要在核心制度中明确如何根据自身的需要，有计划、有步骤、有选择、有限制地引进资金和先进技术,弥补本国资金额不足,提高本国的生产水平。在开放市场过程中,以负面清单管理为核心,深化投资管理体制改革;以贸易便利化为重点,创新贸易监管制度;以提升服务实体经济质量和水平为目标,稳步推进开放创新举措;以防控风险为底线,形成严密高效的事中事后监管体系;以鼓励创业创新为着眼点,完善公共服务支撑体系;以服务国家战略为根本,在个别地方推出差别化功能区域。[①]

另一方面,发展中国家在维护国家经济主权的前提下把握外部机遇,积极参与和主导构建国际经贸新规则,适应和促进国家经济发展。对于中国而言,加速打造双边与多边自由贸易区,稳步构筑贸易与金融新边界,积极参与乃至主导全球贸易新体系的构建，是中国由贸易与制造业大国向产业与资本强国迈进的一般逻辑。随着“区域全面伙伴关系(RCEP)”、“一带一路”战略、促进亚太自由贸易区(FTAAP)的推进和实施,中国将初步建立以亚太为核心、深度嵌入中国话语范式的自由贸易圈,利用多维力量杠杆构筑全球贸易新规则。上海外国语大学国际金融贸易学院院长章玉贵曾提出设想:“如果中国最终建立了以人民币为核心交易货币之一、深度嵌入中国话语范式的全球贸易体系,以凝聚新技术和高附加值为特征的战略新兴产业体系，以及包容有序的国际经济与金融体系,并建立一支能够有效维护中国全球性利益的武装力量保障体系,则中国将在全球金融竞争与产业变迁中握有主动权。”笔者也非常赞同。

第三节　新自由主义理论及其经济模式的内外衰落

2016 年 11 月 10 日,在柏林墙被拆除 27 周年纪念日的这一天,美国人选

① 杨国亮.“国际经贸理论前沿与中国的自贸区实践”专题报告[R]. 2016(12).

择了一个不断声称要在美国和墨西哥边境筑墙的总统。在美国大选结果揭晓的当晚,象征共和党的红色一点一点浸染了美国地图。希拉里·克林顿(Hillary Clinton)的竞选阵营当中,不仅有民主党官员,还有 LeBron Jame、Kate Perry、Lady Gaga 这样号召力十足的体坛、娱乐明星,一个前任美国总统,一个现任美国总统,甚至几乎美国绝大多数的主流媒体。至于那个总是声称"我自己就可以搞定"(I alone can fix it)的唐纳德·特朗普(Donald Trump),几乎没有获得任何党派和建制派的支持。他以美国反全球化思潮的代言人形象,获得了国内大批讨厌全球化的白人中下层的支持,按照常理,没有迹象显示他可以取胜,但他却逆袭精英阶层,入主白宫。

美国总统大选投票之后的民意调查显示:在占到整体投票者 69%的白人选民当中,支持特朗普和希拉里的分别为 58%和 37%。那些选举人当中占到 37%的非白人选民,74%的票给了希拉里,21%给了特朗普。在白人男性中有 63%的人支持特朗普,31%的人支持希拉里。白人女性支持特朗普占到 53%,43%支持希拉里。而当中,有高达 67%没有受过高等教育的白人支持特朗普。受过高等教育的白人中,45%的人支持希拉里——其中 39%是男性,51%是女性。18 岁到 29 岁的白人当中支持特朗普的有 49%,也超过了希拉里 43%的支持率。在所有投票给特朗普的选民中,有 57%认为自己的祖先是美国人;有 54%的人居住在活动房中,有 47%有为种族隔离主义投票的历史;有 50%是在传统行业(农业、建筑业、制造业、贸易)工作。[①]

可见,希拉里作为美国向外推行自由主义的"精英群体"代表,其选票大都集中于美国富裕的东西海岸的精英群体,此外是移民人口。而另一方的特朗普是巧妙地为那些认为美国梦碎了的人、被系统抛弃了的人,那些锈带地区(锈带地区,也被称为制造带,是一个位于美国中西部和东北部的地带。底特律、匹兹堡、克利夫兰和芝加哥等大工业城市均在这一地区。1970 年代后,经济发展格局变化,"锈带"地区工厂大量倒闭,失业率迅速上升,遗弃的工厂设备锈迹斑斑,因此人们形象地称该地区为"锈带"。)的"声音从来没有被听到的选民",提供了一个宣泄内心愤怒的出口。这样的一个群体一直都存在,就隐藏在美国

---

① http://business.sohu.com/20161110/n472785776.shtml.

看似平静的水面之下，但是往往被忽略。《纽约客》一篇名为《特朗普国度中心》的文章中，西南弗吉尼亚社区和技术学院的历史教授查尔斯·基尼（Charles Keeney）有过这样的分析，“当人们在谈论特朗普的时候，他们会说起自己多么不喜欢那些精英。所以当他们看到媒体嘲笑特朗普的时候，就想跟他站到一边，想和另一个美国对抗”。

美国那些统称为“Flyover states”，意为“东西海岸之间一飞而过的州”，大都集中在东西海岸，是同芝加哥、旧金山形成鲜明对照的“另一个美国”。几十年以来，美国在向外大肆推行全球化的同时，历史遗留下来的贫穷和种族歧视现象没有得到改观，农业机械化淘汰了大批的传统农业劳动力。与此同时，国内不断萎缩衰败的制造业释放出大量的蓝领工人也加入失业大军，社会矛盾在不同阶层之间日益激化。2005 年，美国的失业率比 2001 年翻了一番。据美国人口普查局的数据显示，美国现有 1200 万人常年食不果腹、营养不良。在 3600 万贫困人口中，1170 万人是未成年人，340 万人是老年人。在全球化自由化的光环下，以智能技术产业为代表的硅谷，以投机为代表的华尔街，已经催生了无数个一夜暴富的“精英群体”，同那些被“遗忘的群体”相比，形成了极大的贫富分化悬殊。

就美国国内而言，精英阶层才是全球化的最大受益者，其所拥有的学识、阅历、地位、人脉，使得他们在全球化中，通过金融、高科技等高端领域的优势，从全世界范围内攫取利益。相反，白人中下层因为自身综合素质的缺陷，无法参与到全球化的高端的经济链条中。却需要承受全球化背景下的产业外迁，工作岗位减少和报酬率降低，有色人种涌入，挤占福利和生存空间的负面后果。特朗普的竞选口号正是吸引了这些全球化竞争中处于生存困境中的工人阶层、贫困人口的注意，迎合了这个群体对美国经济现状的焦虑。或许就像他在《交易的艺术》那本由影子写手为他完成的书中所说的，“迎合了人们的幻想”。

早在 2008 年时，德国知名哲学家和社会学家哈贝马斯（ Habermas ）在接受德国《时代》周刊专访《哈贝马斯谈新自由主义破产后的世界秩序》中一语中的地指出，新自由主义关于国家职能最小化的主张，比如承认券商们绝对的主导地位，对日益增长的社会不公无动于衷，容忍底层人群贫困、儿童贫困、低工资现象出现，怀着私有化妄想、削弱国家的核心功能，把公共领域廉价地出卖给金融投资商，文化和教育则取决于赞助商们不断变化的兴趣和心情，等等，早已丑态百出。美国大选“地震”般的结果，不仅仅是民主党与共和党之间的蓝红较量，不仅仅是传统白人对现有体制的对抗，而是美国长期以来的推行新自由主义全球化，在国内各阶级多重矛盾交织下对整个撕裂的经济、政治、社会、人文等问题的一次总爆发。新自由主义对整个世界经济、社会、意识形态、环境的冲击，不是单纯地以美国为原点向国外辐射，其带来的影响和杀伤力是资本主义的内生本质所决定的，新自由主义在全球蔓延并制造全球灾变的同时，必然会在美国为首的资本主义国家内部不可调和的矛盾中，不断孕育和膨胀，直至爆发宣泄。

参考文献

[1]〔英〕哈耶克(Hayek)·冯克利.哈耶克(Hayek)论文集[C].邓正来等选编/译.北京:首都经贸大学出版社,2001.

[2]〔美〕诺姆非·海铭.新自由主义和全球秩序[M].季海宏译.南京:江苏人民出版,2000.

[3] 马克思,恩格斯.马克思恩格斯文集(第八卷)[C].北京:人民出版社,2009.

[4] 张才国.新自由主义意识形态[M].北京:中央编译出版社,2007.

[5] 何秉孟,李千.新自由主义评析[M].北京:社会科学文献出版社,2012.

[6] 姜辉,于海青.西方世界中的社会主义思潮[M].北京:社会科学文献出版社,2012.

[7] 田腾飞.新自由主义思潮及述评[J].中国青年研究,2010(8).

[8]〔日〕不破哲三.郑萍译,新自由主义的后果及走向[J].红旗文稿,2010(5).

[9] 李其庆.新自由主义本质辨析[J].经济学家,2004(5).

[10] 萨德·费洛,约翰斯顿.新自由主义批判读本[M].南京:江苏人民出版社,2009.

[11] 约翰·格雷.自由主义的两张面孔[M].南京:江苏人民出版社,2003.

[12] 罗文东,郭志法.新自由主义“三大预言”的思想脉络与时代背景[J].人民论坛,2009(6).

[13] 刘静,徐莹.潮起潮落——谈新自由主义的兴起与衰落[J].宁夏党校学报,2004(6).

[14] 沃特·阿赫特贝格.民主、正义与风险社会:生态民主政治的形态与意义[J].周战超译.马克思主义与现实,2003(3).

[15] 张纯厚.当代西方的两种新自由主义——政治新自由主义与新保守主义的对立[J].政治学研究,2010(3).

[16] 李军.国际技术与服务贸易[M].北京:中国人民大学出版社,2012.

[17] 保罗·克鲁格曼.国际经济学[M].北京:中国人民大学出版社,2002.

[18] 世界经济百科全书[M].北京:中国大百科全书出版社,1988.

[19] 池元吉,李晓.世界经济概论[M].北京:高等教育出版社,2013.

[20] 傅星国.WTO 非正式决策机制“绿屋会议”研究[J].世界贸易组织动态与研究,2010(17).

[21] 冯雷.贸易全球化的新趋势[J].世界标准信息,2015(3).

[22] 陈沁芬.贸易全球化的特点及对策[J].中国商贸,2010(9).

[23] 谭红平.中国申请加入世贸组织评析[J].湖北大学学报,1998(1).

[24] 于晓丽.俄罗斯加入世贸组织问题评析[J].俄罗斯学刊,2012(1).

[25] 潘广辉.俄罗斯加入 WTO 的进程、问题及展望[J].国际论坛,2003(11).

[26] 孙凌云.俄罗斯与世贸组织[J].俄罗斯研究.2003(3).

[27] WTO. 2010 年度世界贸易报告[R],2010.

[28] 韩德强.碰撞——全球化陷阱与中国现实选择[M].北京:经济管理出版社,2000(173).

[29] 萧何.“市场经济地位”——最严重的非关税壁垒[J].中国五金与厨卫,2003(3).

[30] 熊周虎. 论非关税壁垒[J].国际金融研究,1984(3).

[31] 王希. 欧盟反倾销空危及中国鞋业长远发展 [N].. 新华网,2009-12-23.

[32] 胡萍.钢铁业:困局中突围[N].金融时报,2009-12-26.

[33] 居占杰.当前国际贸易保护主义对我国的影响及应对策略[J].东南大学学报(哲学社会科学版),2010(6),42-47.

[34] OECD.Agricultural Policies in OECD Countries:Monitoring and Evalu-

ation 2002.OECD,2002:49.

［35］何菲.WTO 框架下农业补贴的合法性研究［J］.法治与社会,2010(9).

［36］王玲莉.“两反一保”的新特点及发展趋势［J］.理论界,2007(8).

［37］赵育琴.新贸易壁垒及其应对［M］.成都:西南财经大学出版社,2012(6).

［38］珍妮. 反补贴：美国贸易政策的主攻方向［J］.WTO 经济特刊,2007(8).72–73.

［39］夏友富,俞雄飞,李丽.TBT 屏障——技术性贸易壁垒发展趋势及其对中国出口贸易的影响［J］.国际贸易,2002(10):4–9.

［40］秦泰.中国苹果汁国际竞争力研究［D］.西北农林科技大学,2007:36.

［41］刘蒌.绿色贸易壁垒之合理性分析——从国家环境权的角度［J］.天府新论,2003(6):69–72.

［42］黄卫平,程大.发达国家贸易壁垒分析:发展中国家的思索(一)［J］.国际贸易问题,2001(3):18–21.

［43］陈浩捷.我国应对绿色贸易壁垒体系的策略分析［J］.科技和产业,2011(10):20–24.

［44］季开胜.全球绿色贸易壁垒的现状及发展趋势［J］.价格月刊,2011(6):17–20.

［45］郭何根.贸易保护主义的新武器——绿色壁垒［D］.上海外国语大学,2006.

［46］夏友富.2002 年技术性贸易壁垒研究报告［M］.北京:机械工业出版社,2002.

［47］李江天.“蓝色壁垒”对汽车零部件产业出口的影响［M］.汽车工业研究,2007(6):20–24.

［48］刘丽,褚法政.SA8000 社会责任认证标准与蓝色壁垒的跨越［J］.黑龙江对外经贸,2006(7).

［49］王玲,陈伟航.WTO 蓝色条款的未来趋势及我国的相关对策［J］.山西青年管理干部学院学报,2002(4).

［50］陈志阳.多双边贸易协定中的国际核心劳工标准分析［J］.国际贸易

问题,2014(2).

［51］吴雪飞.蓝色贸易壁垒的理论基础影响和研究［J］.新乡学院学报,2010(12).

［52］徐明.中美贸易中蓝色壁垒对我国的影响和对策分析［J］.商场现代化,2012(10).

［53］李毅,李晓峰.国际贸易救济措施:反倾销、反补贴、保障措施与特保措施［J］.北京:对外经济贸易大学出版社,2005.

［54］国家经贸委产业损害调查局. 反倾销反补贴保障措施法律与实务［M］.北京:中国经济出版社,2004.

［55］陈卫东.WTO 例外条款解读［M］.北京:对外经济贸易大学出版社,2002.

［56］赵春明. 非关税壁垒的应对及应用——加入 WTO 后中国企业的策略选择［M］.北京:人民出版社,2004.

［57］王平.中国农产品贸易技术壁垒战略研究［M］.北京:中国农业出版社,2004.

［58］〔印度〕卡瓦基特·辛格.不纯洁的全球化［M］.北京:中央编译出版社,2001.

［59］李夏玲,洪毅颖.论服务贸易壁垒及其特点［J］.北方经贸,2004(11).

［60］张汉林.国际服务贸易壁垒［J］.国际商务,1996(5).

［61］国际服务贸易概况分析［J］.经贸实践,2016(14).

［62］程小雪.国际服务贸易发展的新特点［J］.智富时代,2015(6).

［63］陈玲萍.国际服务贸易概况分析［J］.经贸实践,2016(14).

［64］莒萍.发达国家服务贸易壁垒对我国的影响及对策分析［J］.四川文理学院学报,2012(7).

［65］周江燕,赵景峰.金融危机下国际服务贸易壁垒对经济的影响［J］.西安财经学院学报,2010(1).

［66］豪尔赫·贝尔斯坦.全球经济的产期危机［M］.布宜诺斯艾利斯:Corregidor 出版社,2001.

［67］鲁明泓.国际企业管理［M］.北京:中国青年出版社,1998.

[68] 孙李云,王立群.国际贸易[M].上海财经大学出版社,2008:190-200.

[69] 黄运成,王爱华.大宗商品定价权的路径[J].新金融发展,2015(19).

[70] 卢娟,李承文.初级产品价格下跌对第三世界经济的影响[J].国际问题研究,1985(3).

[71] 陆燕.国际贸易的主角——跨国公司与世界贸易[J].瞭望新周刊,2000(4).

[72] 全球大宗商品定价机制及其对中国的影响:结构性权利的视角——以铁矿石定价机制为例[J].外交评论,2013(2).

[73] 黄运成,王爱华.大宗商品定价权的路径[J].中国金融,2015(19).

[74] 郭明.大宗商品定价与经济安全[J].北方经济,2007(27).

[75] 崔明.大宗商品金融化的动因、争议与启示[J].现代管理科学,2012(12).

[76] 汪启兵.大宗商品贸易定价机制浅论[J].特区实践与理论,2013(6).

[77] 王宏.跨国农业公司对粮食安全的影响:机理与政策[J].甘肃理论学刊,2013(1).

[78] 孙国辉.跨国公司内部贸易与全球一体化经营[J].中央财经大学学报,2004(3).

[79] 张小瑜.国际大宗商品市场发展趋势及中国的应对[J].国际贸易,2010(5).

[80] 王淑云.关于提升我国大宗资源类商品定价权的思考[J].商业时代,2014(10).

[81] 宋清华.撕开大宗商品定价权幕布[J].英才,2009(5).

[82] 孙唯宇.我国大宗商品定价权研究[D].对外经济贸易大学,2015(3).

[83] 周丽娜.金融资源的富集作用与商品金融化[J].金融理论与实践,2007(5).

[84] 吴君杨.争取进口大宗商品国际定价权的对策研究[J].价格理论与实践,2008(5).

[85] 张桂梅,张平.价值链分工与发展中国家就业利益及风险分析[J].华东经济管理,2012(11).

[86] 李庸.跨国公司内部贸易的决定因素:一个研究框架[J].经营管理者,2012(7).

[87] 浅析跨国公司内部贸易的负面影响[J].经营管理者,2011(17).

[88] 李建岚.中美贸易失衡问题研究[D].山西财经大学,2015.

[89] 杨圣明.试析国际贸易失衡问题[J].对外经贸,2008(1).

[90] 黄卫平,程大为.发达国家贸易壁垒分析:发展中国家的思索(一)[J].国际贸易问题,2001(3).

[91] 李晓,丁一兵.亚洲的超越——构建动摇区域货币体系"人民币亚洲化"[J].北京:当代中国出版社,2006.

[92] 宋则行,樊亢.世界经济史:下册[M].北京:经济科学出版社,1994.

[93] 李琮. 经济全球化新论[M]. 北京:中国社会科学出版社,2005.

[94] 庞中英. 全球化、反全球化与中国[M].上海:上海人民出版社,2002.

[95] 高莉.新贸易模式与全球经济失衡[D].浙江大学博士学位论文,2008.

[96] 崔大沪.全球国际收支失衡下的美国贸易[J].世界经济研究,2007(12).

[97] 姚枝仲,齐俊妍.世界经济形势回顾与展望专辑——全球国际收支失衡及变化趋势[J].世界经济,2006(3).

[98] 贾林娟,杨宏哲.全球贸易失衡对国际经济秩序的影响及对策[J].河南科技学院学报,2013(3).

[99] 刘建江,杨细珍.产品内分工视角下中美贸易失衡中的贸易利益研究[J].国际贸易问题,2011(8).

[100] 张海燕,宋玉华.当前全球贸易失衡的机制及中国的地位分析[J].世界经济研究,2009(8).

[101] 蔡兴,刘子兰,赵家章.国际产业转移与全球贸易失衡[J].当代经济研究,2014(1).

[102] 沈红芳.东亚经济发展模式比较研究[M]. 厦门:厦门大学出版社,2002.

[103] 祝丹涛.国际货币体系和全球经济失衡[J].中国发展观察,2007(11).

[104] 李建岚.中美贸易失衡问题研究[D].山西财经大学,2015.

[105] 杨圣明.试析国际贸易失衡问题[J].对外经贸,2008(1).

[106] 肖鹞飞,邹霞影.全球贸易失衡成因分析:基于中美贸易失衡视角下的实证分析[J].金融教育研究,2013(6).

[107] 中美货物贸易失衡原因分析[J].经营管理者,2016(22).

[108] 国际产业转移与全球贸易失衡[J].当代经济研究.2014(1).

[109] 中国贸易失衡问题研究:成因、影响及对策分析[J].黑龙江对外经贸,2011(11).

[110] 当前全球贸易失衡的机制及中国的地位分析 [J]. 世界经济研究,2009(8).

[111] 陈继勇,吴宏.全球经济失衡的可持续性问题研究——基于美中贸易失衡的角度[J].武汉大学学报(哲学社会科学版),2008(4).

[112] 〔美〕迈克尔·波特(MichaelE.Porter).国家竞争优势[M]. 李明轩,邱如美译.北京:华夏出版社,2002.

[113] 刘萍.中美贸易失衡问题探究[J].中国商界(下半月),2010(12)

[114] 党印.全球经济失衡问题研究的新进展[J].当代经济管理,2008(12).

[115] 洪大用.社会变迁与环境问题[M].北京:首都师范大学出版社,2001.

[116] 赵波.反思:中国垃圾问题[J].智囊－财经报道,2003(1).

[117] 谭国新.我国食品安全与食源性疾病控制对策[J].清江论坛,2009(3).

[118] 卢韦.拉美经济的结构性发展危机[J].拉丁美洲经济研究,1987(4).

[119] 宋利芳.发展中国家城市化进程的特点、问题及其治理[J].中国人民大学学报,2005(5).

[120] 程琥.全球化与国际主权比较分析[M].北京:清华大学出版社,2003.

[121] 张英,张哲.新自由主义与生态危机[J].石家庄经济学院学报,2011(2).

[122] 向红.新自由主义的全球化与“替代”问题研究[J].泰山学院学报,2007(2):61–64.

[123] 陈玲.新自由主义对发展中国家的商贸冲击及因应策略[J].兰州商学院学报,2014(2).

［124］樊瑛，樊慧.自然资源贸易：全球治理难题［J］.国际贸易，2010(3).

［125］〔美〕拉吉·帕特尔.粮食战争——市场、权利和世界食物体系的隐形战争［M］.北京：东方出版社，2008.

［126］卫建林."新自由主义与第三世界"［J］. 红旗文稿. 2006(12)：29.

［127］黄卫平，程大为.发达国家贸易壁垒分析：发展中国家的思索(一)［J］.国际贸易问题.2001(3)：18-21.

［128］林玉伟.揭开国际四大粮商的神秘面纱［J］.黑龙江粮食，2010(3).

［129］焦力军.西方福利思想的演进及启示［J］.生产力研究，2011(1).

［130］杨华.透视废弃物国际贸易问题［J］.环境保护，2009(18).

［131］刘少才.附带灵魂的洋垃圾［J］.发明与创新，2009(11).

［132］赵立明.发展中国家国际贸易与环境保护趋势的探讨［J］.研究与实践——天津市国际贸易学会 2008 年征文获奖论文，2008.

［133］胡连生. 论西方资本主义的生态文明与发展中国家环境恶化的关系［J］. 当代世界与社会主义，2010(3).

［134］杨红梅. 洋垃圾毒害发展中国家［N］. 环球时报，2009(9).

［135］朱述斌，高岚.贸易自由化条件下发展中国家经济与环境关系的一般分析［J］.生态经济，2009(7).

［136］杨来科，张云. 基于环境要素的"污染天堂假说"理论和实证研究——中国行业 CO_2 排放测算和比较分析［J］. 商业经济与管理，2012(24).

［137］王文治，陆建明. 要素禀赋、污染转移与中国制造业的贸易竞争力［J］.中国人口，2012(12).

［138］任建兰，张伟.发达国家和发展中国家不同的贸易地位引发的贸易与环境问题分析［J］.人文地理，2003(4).

［139］刘珉，刘晖.自然资源贸易与贸易摩擦［J］.物流科技，2013(3).

［140］赵海乐. 论贸易救济措施对资源密集型产品的适用——后金融危机时代的资源禀赋之惑［J］.国际经贸探索，2011(12).

［141］杨国亮."国际经贸理论前沿与中国的自贸区实践"专题报告［R］.2016(12).

［142］纪骏杰.我们没有共同的未来——西方主流"环保"关怀的政治经

济学[J].台湾社会研究季刊,1998(总31).

[143] 王慧.被忽视的正义[J].云南财经大学学报,2010(6).

[144] 韩立新.自由主义和地球的有限性[J].清华大学学报(哲学社会科学版本),2004(2).

[145] 德内拉·梅多斯等.增长的极限——罗马俱乐部关于人类困境的报告[M].李宝恒译.长春:吉林人民出版社,1997.

[146] 刘珉,刘晖.自然资源贸易与贸易摩擦[J].物流科技,2013(3).

[147] 国际贸易经济合作研究院. WTO 与中国自然资源出口限制研究[D]. 2015.

[148] 丁俊凯.WTO 规则下我国自然资源产品国际贸易策略研究[J].现代商业,2014(11).

[149] 易寒洲.论绿色贸易与多边贸易规则[J].现代国际关系,2002(7).

[150] 樊瑛,樊慧.自然资源贸易:中国应对之道[J].国际贸易,2010(5).

[151] 林玲,余娟娟.中国对外贸易顺差背后的国民顺差[J].亚太经济,2012(4).

[152] 姚枝仲,刘仕国.中国国民对外贸易差额[J].国际经济评论,2006(5).

[153] 王进明.中美贸易:巨额顺差背后的利益流失[J].财经问题研究,2006(7).

[154] 贾怀勤.在地贸易统计还是属权贸易统计——FDI 对传统贸易统计的颠覆及其对策[J].统计研究,2006(2).

[155] 崔鹏,刘裕国,马冰一.现行统计方法造成我贸易顺差严重夸大[N].人民日报,2011 -10-21.

[156] 余莹.WTO 生物能源贸易规则:问题与对策——从我国粮食安全的视角[J].亚太经济,2012(3).

[157] 熊珍琴,郭铁民.对外贸易顺差本质的思考[J].福建论坛(人文社会科学版),2010(8).

后 记

本书写作历时两年,其间经过多次修改,然而学海无涯,碍于本人学识有限,依然存在着诸多的不足。但是在这两年的写作中,个人受益匪浅,将多年来本人研究领域的主要内容构建了一个框架体系,对今后的继续研究和教学工作都打下了基础。

本书在撰写过程中,参考了国内外的相关专著和学术文献,在书中尽量予以注明,对于借鉴的书籍也尽量在参考文献中注明。但是有可能依然存在遗漏,特别是源于网络的文献出处标注有欠精准,在这里对同行和相关作者表示歉意和感谢。

本书得以撰写完成并顺利出版,特别要感谢我敬爱的导师晔枫教授。从选题到内容构思直至本书完成,晔枫教授孜孜不倦地给予了我莫大的支持和帮助,感激之情无以言表。他严谨的治学作风、高尚的奉献精神是我努力追求并不断进步的激励。

山西经济出版社的李慧平主任亦为本书提供了许多帮助,并付出了不少心血,在此表示深深的感谢!

陈 玲

2016 年 12 月 于重庆